广视角·全方位·多品种

权威·前沿·原创

北京律师蓝皮书

BLUE BOOK
OF BEIJING LAWYERS

北京律师发展报告 *No.1*
（2011）

主　编／王　隽　周塞军
执行主编／冉井富

ANNUAL REPORT OF BEIJING LAWYERS No.1
(2011)

社会科学文献出版社
SOCIAL SCIENCES ACADEMIC PRESS (CHINA)

法 律 声 明

　　"皮书系列"（含蓝皮书、绿皮书、黄皮书）为社会科学文献出版社按年份出版的品牌图书。社会科学文献出版社拥有该系列图书的专有出版权和网络传播权，其LOGO（▌）与"经济蓝皮书"、"社会蓝皮书"等皮书名称已在中华人民共和国工商行政管理总局商标局登记注册，社会科学文献出版社合法拥有其商标专用权，任何复制、模仿或以其他方式侵害（▌）和"经济蓝皮书"、"社会蓝皮书"等皮书名称商标专有权及其外观设计的行为均属于侵权行为，社会科学文献出版社将采取法律手段追究其法律责任，维护合法权益。

　　欢迎社会各界人士对侵犯社会科学文献出版社上述权利的违法行为进行举报。电话：010－59367121。

社会科学文献出版社法务部

北京律师蓝皮书编委会

前　言

改革开放以来，我国律师制度日渐完善，律师队伍日渐壮大，律师业务日渐宽广。迄至今日，一支专业精干的律师队伍已然活跃在社会生活的各个领域，成为推动国家经济社会发展和法治建设的重要力量。然而，对于这样一支队伍，对于这样一个行业，人们还缺乏全面客观的了解。人们心目中的律师形象，人们所想象的律师工作，与律师的实际活动相比，与律师在社会生活中发挥的实际作用相比，还有一定的出入。这种出入，对于不同的人来说，可能是陌生，可能是误会，可能是以偏概全，可能是资讯陈旧，也可能是评价标准不符合法治要义，等等。这种出入，从社会的角度说，不利于培育正确的社会主义法治理念，不利于符合中国国情的律师制度的改革和完善，进而不利于国家法治建设事业的推进，不利于国家政治、经济、文化活动的顺利开展；从行业的角度说，不利于律师形成正确的职业定位，不利于律师制定合理的职业发展规划。有鉴于此，我们决定以行业发展蓝皮书的形式，推出这本《北京律师发展报告》，以期增进社会对律师行业发展状况的了解，提高对律师社会功能及职业使命的认知，从而促进先进的法治理念的培育。

《北京律师发展报告》重点介绍北京律师的发展情况，是一本地区性的律师行业发展报告。尽管重点介绍北京律师，但是本书有时也涉及对全国律师状况的考察。这是因为，一方面，我国是单一制国家，基本的律师制度是全国统一的，律师制度建立和改革的进程也是"全国一盘棋"，在这种情况下，有时需要考察全国的情况，才能更好地说明北京的律师发展；另一方面，虽然基本制度是全国统一的，但是北京作为首都，政治、经济、文化的发展，法治理念的进步和市场资讯的聚集，这导致北京律师的发展，包括规模方面和业务方面，在全国都处于领先地位，在这种情况下，为了说明和论证北京律师发展的突出成就，需要对比考察全国律师发展的平均水平和其他地区的发展水平。此外，为了说明北京律师在某些方面的发展成就或阶段特征，本书还会适当提到或介绍国外律师发展的某些制度设置或指标数据，以资佐证。尽管如此，展示北京律师的发展状况仍是本书的中心任务，介绍和考察其他地区、其他国家的律师状况，目的仍在于更充分有效地说明北京律师的发展。

《北京律师发展报告》将提供特殊的知识和信息，以这种方式增进人们对律师行业的了解。这些特点包括：①概观性。本书所展示的，是北京律师发展整体的、宏观的发展状况。为了实现这一目标，本书对大量的经验材料进行整理和浓缩，力图以指标、图表、标志性事例，展示北京律师发展的宏观图景。②直观性。本书尽量利用指标技术和图表技术，将北京律师发展的成就、问题、趋势直观地展示出来，一目了然，方便读者阅读和了解。③定量为主，定性为辅。本书尽可能通过量化的指标数据，展示北京律师的发展状况，与此同时，也有一定比例的制度分析或案例说明。定性分析的必要性在于，有时统计指标的内涵和意义需要借助定性分析揭示，有时考察对象本身更适合定性描述，比如重点事件分析。④客观性。本书立足于经验材料，尽可能客观地展示北京律师的发展状况，尽可能让统计数据、现实事例自己"说话"。当然，客观是相对而言的，指标的设置、结构的安排、材料的取舍等，在一定程度上都体现了我们对律师制度的理解和认识，因而具有一定的理论性和主观性。⑤连续性。本书是北京律师2010年的年度发展报告，本书之后，我们计划按照这样的体例，每年编写出版一部发展报告，从而形成一个系列，连续反映北京律师的发展进程。

北京律师发展反映在许多方面，经验素材无比丰富，本书采取点和面相结合的原则安排报告的结构，确定考察的范围。具体而言，本书在总体结构上，划分为四个部分：总报告、分报告、重点事件分析和大事记。其中，总报告是年度发展情况的总体考察，每年一个；分报告每年5~8个，数量不等，具体内容为北京律师发展某个方面的深度考察；重点事件是对当年影响重大的事件进行的考察和分析；大事记则是有关活动的忠实的、简明的记录。本书作为系列丛书的第一部，在结构和内容上，还有一些特殊的安排：一是在总报告中，增加了《北京律师发展历程：1949~2009》；二是大事记的内容不限于2010年度发生的，还包括新中国成立以来截至2009年间发生的重大事件。

本书是课题组分工负责、紧密协作的结果。课题组成员包括王隽、周塞军、冉井富、王笑娟、谢增毅、陈宜、王进喜、祁建建、宋刚、王碧青、卫海霞、张弛月等人。全书分工撰稿完成后，王隽、冉井富、王笑娟等从不同的角度对全书进行了统稿审订。对于本书的编写，北京市律师协会秘书处承担了大量的组织和保障工作，包括会议召开、资料提供、安排调研、联系出版等。

本书各章节撰稿人中，既有专门从事律师制度研究的理论工作者，也有长期从事律师工作的实务专家，还有处于律师行业自律管理岗位的工作人员。得益于这种人员构成，本书融合了理论研究、执业经历和管理经验三方面的知识和视角。不同的知识和视角相互印证和补充，力求准确反映北京律师发展状况。对于这些反映不同知识和视角的作品，经过主编统稿审订后，全书统一了体例和风格，整合了结构和内容，协调了主要的立场和观点，规范了名词和概念的使用。在个别分报告的一些章节中，存在一些概括或评论，可能不够平和，可能不够成熟，可能不够公允，但是出于对作者观点的尊重，出于对探索性思考的鼓励，我们在统稿时部分保留了这样的概括或评论。这些概括或评论仅代表作者本人观点，供读者参考。

本书由社会科学文献出版社编辑出版。社会科学文献出版社是中国皮书的发源地和集大成者，本书的出版计划和体例选择，最初源于社会科学文献出版社已出版的系列皮书的启发。在具体编写过程中，社会科学文献出版社谢寿光社长在本书的内容定位、写作方向等方面给予了诸多指导，刘骁军主任对本书的结构安排、写作特色等方面提出了大量的、有益的建议。这些意见和建议对本书的顺利编写，对本书的特色和品质的提升，均有重要意义，在此谨致谢忱！

由于我们水平有限，由于资料和数据获取方面存在困难，加上时间仓促，本书的不足乃至错误在所难免，敬请读者批评指正，以促进本书后续版本的修改提高。

北京市律师协会蓝皮书课题组

目 录

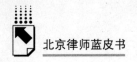
ℬ Ⅳ　大事记

皮书数据库阅读**使用指南**

总 报 告

B.1

北京律师发展历程：1949~2009

周塞军*

摘　要：自新中国成立以来，北京律师已经走过了60多年的征程。回顾这60多年的发展，一方面，北京律师的发展过程是我国律师行业60多年兴衰沉浮的一个缩影，北京律师和全国律师同行一同经历着初建、取消、恢复、改革、发展、壮大的阶段和历程；另一方面，因为北京特殊的经济、政治和文化地位，北京律师业的发展在全国又具有一定的领先地位：这里集中了全国1/8的律师，这里有着全国规模最大的律师事务所，这里每年的律师收费总额超过全国的1/4。总结这60多年的历程，北京律师的发展可以划分为五个阶段：①1949~1957：从废旧立新到初步建成；②1957~1977：遭遇"极左"冲击最后取消；③1978~1987：在恢复中试行改革；④1988~1996：从全面改革到基本建成；⑤1997~2009：深化改革，快速发展。从五个阶段去考察北京律师60多年的发展

---

* 周塞军，北京市律师协会副会长。

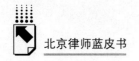

历程，既可以了解北京律师的历史，同时也可以把握中国律师制度发展的脉络。

关键词：北京律师　60 年　发展历程

在现代国家中，律师制度是国家司法制度的主要组成部分，而且随着经济的发展，律师制度在国家法律制度中的作用逐步加强。北京市的律师、律师制度、律师行业的发展是中国律师制度缩影，从 1949 年中华人民共和国成立至今已经 60 余年了，在这 60 多年间，北京律师制度经历了初建、取消、恢复、改革、发展、壮大的不同时期。回顾这 60 多年的发展历程，既可以了解北京律师的历史，同时也可以把握中国律师制度发展的脉络。

本报告具体将北京律师 60 多年的发展历程划分为五个阶段进行考察。这五个阶段包括：① 1949～1957：从废旧立新到初步建成；② 1957～1977：遭遇"极左"冲击最后取消；③ 1978～1987：在恢复中试行改革；④ 1988～1996：从全面改革到基本建成；⑤ 1997～2009：深化改革，快速发展。

本报告将大量运用各种经验材料进行描述和分析。除非特别说明，本报告各个图表中的数据来自北京市司法局和北京市律师协会。

一　1949～1957：从废旧立新到初步建成

新中国建立后，律师发展的主要任务体现在两个方面：一是解散、改造、惩处旧律师，废除私律师为主、公设辩护人为辅的旧律师制度；二是开展律师辩护活动，探索建立公律师为主、私律师为辅的新律师制度。① 这些工作最初在大城市中开展，随后推广到全国。北京因为解放较早，又是国家的首都，所以其废除旧律师制度、建立新律师制度的工作，走在全国前列。

1949 年 9 月，中国人民政治协商会议在北京展开，在中国共产党的领导下，会议通过了当时的"临时宪法"——《中国人民政治协商会议共同纲领》（以下

---

① 《中央关于改革律师制度的指示》，中央档案馆编《中共中央文件选集》第十八册（一九四九），中共中央党校出版社，1992，第 438～440 页。

简称《纲领》)。《纲领》第17条规定，"废除国民党反动政府一切压迫人民的法律、法令和司法制度，制定保护人民的法律、法令，建立人民司法制度"，中央人民政府宣布废除了国民党的"六法全书"和旧法统，律师制度也在废除的旧法统之中。1950年12月，中央人民政府司法部发出了《关于取缔黑律师及讼棍事件的通报》，明令取缔了国民党统治时期的旧律师制度，解散了旧的律师组织，并停止了旧律师的活动。

解放之初，北京市没有司法局，当时涉及司法行政的大部分工作由法院负责。按照司法部和中共北京市委、市政府的要求，律师工作由人民法院管理，人民法院设立了律师辩护组。

1950年7月，中央人民政府政务院公布的《人民法庭组织通则》第6条规定，"县（市）人民法庭及其分庭审判时，应保障被告有辩护和请人辩护的权利"。其后，中央人民政府法制委员会在关于《中华人民共和国人民法院暂行组织条例》的说明中又强调指出：公开审判要做到"当事人和他的合法辩护人在法庭上有充分的发言权和辩护权"。

1954年我国颁布了第一部宪法，其中第76条明确规定："被告人有权获得辩护"，这为律师的存在提供了宪法上的依据。同年公布的《人民法院组织法》也规定："被告人除自己行使辩护权外，可以委托律师为他辩护……人民法院认为必要的时候，也可以指定辩护人为他辩护。"这就标志着我国立法明确肯定了刑事辩护制度，肯定了辩护权是我国公民的一项重要民主权利，并允许律师依照法律规定参与诉讼活动。新中国法制事业奠基人董必武在1954年5月18日的中国共产党第二次全国宣传工作会议上指出："宪法规定人民有辩护权，这就需要有律师"，并在同年的司法工作座谈会和检察工作会上再次强调要建立辩护制度，他说："如果没有辩护，就是判得再正确，也不足使人心服口服。不准辩护会使我们错案更多。"

1954年7月31日，司法部发出《关于试验法院组织制度中几个问题的通知》，其中指定在北京、上海、天津、重庆、沈阳等大城市试办人民律师工作。8月，北京市开始试行辩护制度，北京市政府在北京市高级人民法院内成立辩护组，由人民法院抽调干部组成辩护组，担任辩护工作。1955年2月18日，北京市司法局成立，专管全市的司法行政工作，设立辩护组，管理律师机构的组织建设以及人员的配备、教育、培训和业务指导。从1955年4月起，北京市司法局

按照司法部的指示，着手筹建北京市律师协会。11 月 2 日，司法部正式批准北京市司法局成立北京市律师协会筹备委员会。

1956 年 2 月 18 日，北京市律师协会筹备委员会正式成立，其任务是：建立律师基本队伍，筹备成立律师协会，并在律师协会正式成立前先行组织律师开展业务，接收会员。律师协会筹备委员会下设 3 个法律顾问处，陆续接收律师 139 人（其中专职律师 41 人，兼职律师 98 人）。筹委会成员由北京市司法局聘请政法院校的教授、学者和曾在法院担任审判工作的人员组成。4 月 24 日，北京市第一法律顾问处成立，设专职律师 11 人，该处是新中国成立后北京市第一家律师执业机构。9 月，北京市第二法律顾问处成立，设专职律师 17 人。12 月，北京市第三法律顾问处成立，设专职律师 10 人。

随着律师制度的建立，国家在法律制度设立、法律法规起草方面，都对律师执业给予了明确的规范。1956 年 5 月 8 日，第一届全国人民代表大会常务委员会第三十九次会议通过了《关于被剥夺政治权利的人可否充当辩护人的问题的决定》，其中规定：被剥夺政治权利的人在被剥夺政治权利期间，不得充当辩护人。但是，被剥夺政治权利的人如果是被告人的近亲属或者监护人，可以充当辩护人。

1956 年 11 月 2 日，司法部、公安部下发《关于律师会见在押被告人问题的联合通知》；12 月 4 日，司法部下发《关于律师参加诉讼中的几个具体问题的通知》；12 月 6 日，司法部作出《关于律师工作中若干问题的请示的批复》；1957 年 1 月 22 日，司法部公证律师司作出了《关于二审法院不开庭审理的案件，律师如何发挥作用问题的批复》；1957 年 3 月 19 日，最高人民法院、司法部下发了《关于律师参加诉讼中两个问题的批复》；3 月 20 日，司法部、中国人民解放军军事法院下发了《关于军事法院审理的案件，受审的被告人有权委托律师为他作辩护人出庭参加诉讼的通知》等一系列规定，基本规范了律师在会见、调查、阅卷、出庭、辩护方面的行为，给予了律师依法执业的权利保障，为律师的发展提供了支持。

北京市的律师行业自 1956 年开始恢复，到 1957 年不足两年的时间内，在队伍建设、业务活动方面得到了一定的发展，但也仅仅是刚刚起步，法律顾问处只有 3 家，律师仅有百余人。1956 年全年，北京律师的主营业务刑事辩护也只有 318 件，但效果突出（见图 1）。

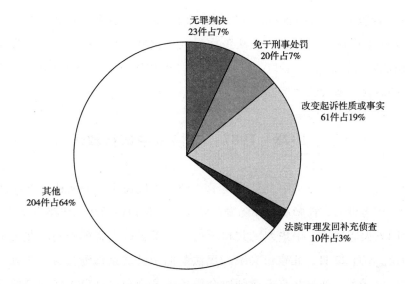

图1　1956年北京律师刑事辩护的效果图

综合起来看，北京律师在这一阶段的发展，具有三个特点：一是废旧立新，从无到有。截至1957年，新中国的律师制度已经建立起来了，这在制度设置、机构组建、队伍发展、业务开展等方面体现出来。二是新中国的律师制度仅仅是初步建立。这一特点具体体现为尚无法律予以正式的、系统的规定，律师业务范围仅限于刑事辩护，律师队伍规模较小等方面。三是当时国家建立的是公设辩护人制度，律师是国家干部，以司法工作人员的名义开展辩护工作。

二　1957～1977：遭遇"极左"冲击最后取消

自1957年下半年起，由于受"左倾"思潮影响，刑事辩护制度和律师制度受到很大冲击，律师出庭为刑事被告人辩护被说成是"丧失阶级立场"、"替坏人说话"、"替罪犯开脱罪责"等，律师坚持事实和法律是"不要党的领导、搞法律至上"等等，从1957年"反右"斗争开始，30%的专职律师被错划为右派分子。部分司法行政干部（包括局级领导干部）、律师被精简下放。这年内，北京市司法局机关下放和处理干部10人，北京市律师协会下放和处理13人。1958年，北京市律师协会筹备委员会被撤销。刚刚建立的律师制度被实际上中止，律师队伍停止了业务活动。

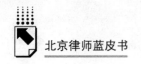
到了 1959 年，司法行政机关被撤销，北京市律师执业机构也被撤销。1966年，"文化大革命"开始后，政法工作受到严重冲击，公、检、法机关被"砸烂"，由法院代管的司法行政工作也被取消。从 1959 年起，中国步入一个没有律师制度的时代，前后长达将近 20 年的时间。

三　1978～1987：在恢复中试行改革

中国共产党十一届三中全会确立了"健全人民民主，加强社会主义法制建设"的治国方针后，律师制度伴随着国家法制建设得以新生。1978 年 3 月 5 日，五届全国人大通过的《中华人民共和国宪法》重新确立了辩护制度在国家法制中的地位。3 月 22 日，北京市高级人民法院向中共北京市委员会、北京市革命委员会提出《关于恢复北京市律师协会筹备委员会和北京市法律顾问处的请示报告》。

1979 年 7 月，五届全国人大二次会议通过了《中华人民共和国刑事诉讼法》，这部法律除明确规定"被告人有权获得辩护，人民法院有义务保证被告人获得辩护"原则之外，还对"辩护"作了专章规定。被告人除自己行使辩护权外，有权按照自己的意愿委托律师、近亲属、监护人、人民团体或所在单位推荐的辩护人为他辩护；辩护人在审判阶段介入刑事诉讼，享有阅卷和同在押被告人会见、通信等权利；公诉人出庭的案件，被告人没有委托辩护人的，法院可以为其指定辩护人；被告人是聋、哑或者未成年人而没有委托辩护人的，法院应当为其指定辩护人。

就在这一年，司法部和北京市司法局恢复办公，根据中共北京市委的决定，北京市律师协会亦恢复设立。

1980 年 8 月 26 日，第五届全国人民代表大会常务委员会第十五次会议通过了《中华人民共和国律师暂行条例》。这是中国律师制度发展的基础和里程碑，标志着北京乃至中国的律师制度确立了法律地位。此后恢复建立律师制度的工作走向快车道，具体表现在以下几个方面。

（一）律师执业机构的发展

1979 年 12 月 1 日，北京市第一法律顾问处恢复设立，次年 8 月，北京市第

二、第三法律顾问处成立。1980 年 11 月 3 日，北京市政府发出《关于建立区、县司法行政机构的通知》，要求各县和海淀、丰台、门头沟、石景山、燕山区建立法律顾问处，承担本区、县的律师业务。法律顾问处为事业单位。12 月 22 日，房山县率先建立法律顾问处，是北京市第一家区、县级的律师执业机构。此后，各区、县法律顾问处相继建立。截至 1981 年 9 月，全市 19 个区、县全部建立了法律顾问处。

1984 年，按照司法部的要求，司法局对各法律顾问处名称作出了新的规定：一是逐步把"法律顾问处"改称为"律师事务所"，突出了律师行业的特性，取代行政属性的名称。二是兼职律师事务所、特邀律师事务所出现。1984 年 12 月 18 日，北京市司法局批准成立北京市第六律师事务所。该所由中国政法大学的教师组成，是北京市第一家兼职律师事务所。12 月 18 日，北京市司法局批准成立北京市第一特邀律师事务所和北京市第二特邀律师事务所。北京市第一特邀律师事务所主要由北京市法院系统的离、退休人员组成。北京市第二特邀律师事务所是由司法部离、退休人员组成。三是冠以专业名称的律师事务所出现，如北京市法律顾问处分设北京市刑事辩护律师事务所、北京市民事代理律师事务所、北京市经济律师事务所、北京市法律咨询律师事务所、北京市对外经济律师事务所（见图2）。

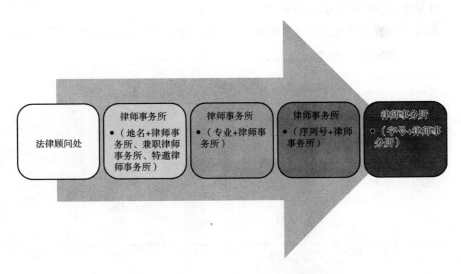

图2 改革开放以来律师事务所名称的演变

之所以出现这些变化，主要是因为随着改革开放的发展，社会对律师的需求逐步增加，对专业律师的需求也逐渐显现，而律师队伍的发展受到国家编制、经费的束缚。为了广开渠道，吸收优秀人才进入律师队伍，吸收法学院校的教师在业余时间从事律师工作，吸收法院离退休的法官到律师行业来发挥余热，市司法局采取了上述措施，通过利用高校、社会组织、民间团体的力量，加强律师事务所设立的工作，扩大律师队伍，以此达到增加律师事务所和律师人数的目的。实际上，设立专业律师事务所，目的仍然是为了增加律师事务所和律师的人数，同时也是试图推动律师业务专业化的尝试和考虑，但这在北京律师行业发展之初，专业分工还不具备条件，即使有行政机关的推动也很难做到严格的专业的分工。因此，一年以后，北京市司法局决定将刑事辩护律师事务所改称为北京市第一律师事务所；北京市民事代理律师事务所改称为北京市第二律师事务所；北京市经济律师事务所改称为北京市第三律师事务所；北京市法律咨询律师事务所改称为北京市第四律师事务所。1988年5月18日，北京市司法局将特邀律师事务所与其他类型的律师事务所统一编号，不再冠以"特邀"字样。北京市第一特邀律师事务所改名为北京市第十二律师事务所，北京市第三特邀律师事务所改名为北京市第十三律师事务所，北京市第四特邀律师事务所改名为北京市第十五律师事务所，北京市第六特邀律师事务所改名为北京市第十六律师事务所，北京市第七特邀律师事务所改名为北京市第十七律师事务所。

通过司法行政系统的努力，到1987年底，北京市司法行政系统共有律师事务所（法律顾问处）38个（见图3）。

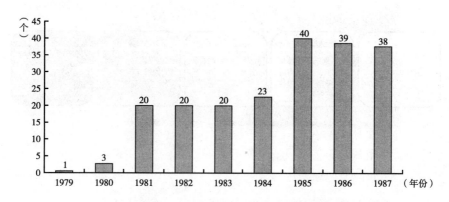

图3　1979～1987年北京市律师机构数量变化

（二）律师队伍的发展

1981年5月7日，北京市司法局根据《中华人民共和国律师暂行条例》的规定，批准授予周玉玺、傅志人、周纳新等41人律师资格。这是20世纪80年代恢复律师制度后北京市首批被授予律师资格的人员。到1981年底，20家法律顾问处的执业律师人数为178人。

发展律师队伍，必须采取符合当时国情的办法进行：①《律师暂行条例》规定律师是国家法律工作者。财政部、人事部、司法部规定，法律顾问处（律师事务所）是国家事业单位，政府核定编制、核拨经费。律师是国家事业单位干部身份，解决律师在计划体制下职业身份认同方面的问题。②考核授予律师资格，在1988年前是吸收律师的主要方式，这在法制建设初期是极为适宜的方式。③吸收各大学法律教师担任兼职律师，利用他们在业余时间从事律师业务；吸收离退休的法院、检察院和政府从事法制工作的干部，在离退休后，身体许可的条件下，以特邀律师身份从事律师工作，发挥余热。④组建兼职律师事务所、特邀律师事务所，在兼职律师、特邀律师聚集的单位，根据其执业特点，进行集中管理。1986年12月20日，北京市司法局正式发出《北京市兼职律师事务所经费管理暂行规定》和《北京市特邀律师事务所经费管理暂行规定》。规定兼职律师事务所和特邀律师事务所实行"单独核算，自收自支，结余留用"的管理办法。

从1980年底到1987年底，经过多方的努力，北京的执业律师从46人发展到510人。

（三）律师业务的发展

刑事辩护业务是律师的主要业务。在改革开放之初，律师业务基本为刑事辩护和少量的民事代理业务。在计划经济体制下，民事代理业务也是以婚姻、继承、邻里纠纷、房产确权为主。

1980年北京律师最重要的活动就是在最高人民法院特别法庭审判"林彪、江青反革命集团"以及其追随者的案件中，承担了相关案件的辩护工作。这些工作标志着，我国律师在取消20年后，正式恢复执业，并通过这些重大案件的辩护活动，迅速为社会公众所知晓。在这些案件中，律师站在法律的一边，履行自己的职业责任。依据事实，以理服人，许多观点被特别法庭采纳。

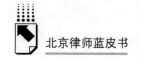
1983 年 8 月，中共中央、国务院发出严厉打击刑事犯罪的通知。1983 年 9 月，第六届全国人大常委会通过了《关于严惩严重危害社会治安的犯罪分子的决定》和《关于迅速审判严重危害社会治安犯罪分子程序的决定》。1983 年 8 月 8 日，北京市司法局发出《关于在严厉打击刑事犯罪活动中加强律师工作的通知》。1983 年、1984 年，北京律师的刑事辩护工作主要是配合在全国开展的"严打"活动，承办刑事案件的数量明显增加，1983 年全市律师共办理刑事案件 3273 件，1984 年办理 4616 件。"严打"结束后，1985 年刑事辩护案件下降到 2620 件。

律师从事民事代理是随着改革开放逐步发展起来的，尤其是经济交往的加大，公民、法人开始拥有财产，并有了财产纠纷，律师这方面的业务才开始增加；同时，随着改革开放，国内吸引的大量外资、港澳台投资的进入，经济纠纷的出现，使得律师代理民事诉讼的数量增加很快；1985 年《中华人民共和国专利法》的颁布，北京市发生的专利纠纷逐步增多，律师参与的案件增多。

1987 年 2 月 1 日，北京市司法局制定了《律师刑事辩护工作规程（试行）》、《律师民事代理工作规程（试行）》、《律师担任法律顾问工作规程（试行）》、《法律工作的若干规定（试行）》、《法律顾问处书记员工作若干规定（试行）》、《法律顾问处（律师事务所）工作若干规定（试行）》、《法律顾问处立卷归档办法（试行）》，规范了律师从事刑事诉讼、民事代理业务。

非诉讼案件代理是律师业务的一个方面，其服务范围非常广泛，包括非诉讼调解、仲裁、证券、房地产开发、期货、金融、商标注册、税务代理、专利申请等内容。非诉讼业务也是随着改革开放的发展逐步形成的，在 1980 年律师尚未办理过一件非诉讼业务。1981 年，北京律师总共办理了 3 件非诉讼业务。

法律顾问也是随着市场经济的发展而产生的，1980 年 8 月 15 日，北京市刘诚律师首次担任北京市城市建设开发公司的法律顾问，这也是律师制度恢复以来，1980 年北京律师担任的唯一一家法律顾问。1984 年 11 月 17 日，北京市司法局召开第一次法律顾问工作经验交流会。会议决定：①加快法律顾问工作发展步伐，提高法律服务水平；②加强律师的组织建设、思想建设、业务建设；③大力普及经济法律知识，提高广大干部特别是经济管理干部对经济法律顾问工作的认识；④区县政府要加强对法律顾问工作的领导。1987 年 2 月 1 日，北京市司法局制定了《律师担任法律顾问工作规程》（试行），对法律顾问的工作程序和职责作了规定。

自 1980 年到 1987 年底，北京律师办理刑事辩护 23477 件，民事代理 13111 件，非诉讼代理 2324 件；法律顾问 4282 家（见图 4）。

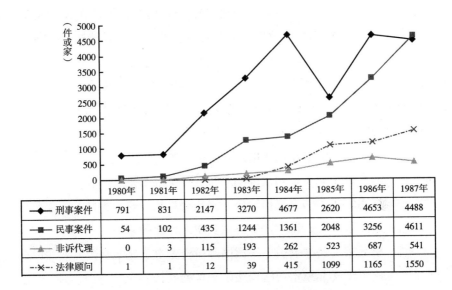

	1980年	1981年	1982年	1983年	1984年	1985年	1986年	1987年
刑事案件	791	831	2147	3270	4677	2620	4653	4488
民事案件	54	102	435	1244	1361	2048	3256	4611
非诉代理	0	3	115	193	262	523	687	541
法律顾问	1	1	12	39	415	1099	1165	1550

图 4　1980～1987 年北京律师主要业务办理数量变化

（四）律师协会的发展

律师协会是律师的行业自律组织，也是律师的行业管理组织，律师协会的发展与律师制度的恢复和建立始终是同步的。

1979 年 4 月 9 日，中共北京市委决定建立北京市律师协会，恢复律师制度，北京市的律师执业机构又重新建立，并逐步发展。8 月 6 日，北京市编制委员会批复同意北京市律师协会筹备委员会和北京市法律顾问处暂定编制 48 人。1979 年 8 月 10 日，中共北京市委政法委向中共北京市高、中级人民法院委员会发出通知，任命陈守一为北京市律师协会筹备委员会主任，傅志人任律师协会筹备委员会秘书长。北京市律师协会筹备委员会开始组建律师队伍和律师协会工作人员的调配工作。

但随着律师队伍的建立，在司法部的指示下，各级司法行政机关开始以行政机关管理律师，律师协会不再管理律师事务所和律师，而逐步转变为行业组织的模式，形成了独具中国特色的律师管理体制。

1982 年，北京市法律顾问处达到 23 个，律师工作人员 256 人，在此基础上，1982 年 4 月北京市律师协会在全国率先成立，开全国律师工作之先河。在总结北京律师协会的经验基础上，同年 10 月 29 日，司法部下发了《关于加强律师协会工作的通知》，通知明确，依据《中华人民共和国律师暂行条例》第 19 条的规定要建立律师协会。律师协会归各省、市、自治区司法厅（局）直接领导。

1982 年 4 月，北京市召开了第一届律师代表大会，会议讨论通过了《北京市律师协会章程》，选举产生了第一届理事会。理事会由 16 人组成，秘书长由张思之兼任。而协会的领导班子由以下人员组成：

会　长：崔　虎（北京市司法局局长、党组书记）

副会长：李　源（北京市司法局副局长、党组副书记）

　　　　李嘉华（中国人民保险公司调研处处长、兼职律师）

　　　　周玉玺（北京市律协筹备组负责人、律师）

　　　　李文杰（民建会员、中国国际投资董事、兼职律师）

　　　　桂子年（北京市司法局法院工作处处长）

　　　　张思之（北京市法律顾问处主任、律师）

北京市律师协会的成立，标志着北京市律师队伍的发展已经具备一定规模，律师行业需求的出现，需要行业组织为其服务。但在改革开放初期，律师的规模很小，律师的社会地位较低，同时律师的国家法律工作者身份，在当时还需要政府的扶持和领导。因此，北京市第一届律师协会的会长基本是由北京市司法局的领导组成，真正的专职律师只有一位，而且具有公职身份。

1986 年 11 月，北京市第二届律师代表大会正式召开，选举产生了第二届理事会，理事会由 31 人组成，秘书长由傅志人担任。协会的领导班子由以下人员组成：

会　长：孙在雍（北京市司法局局长）

副会长：周纳新（女，北京市司法局副局长）

　　　　江　平（中国政法大学校长、兼职律师）

　　　　李嘉华（中国人民保险公司调研处处长、兼职律师）

　　　　傅志人（北京市司法局公律管理处处长）

1984 年，上海市律师协会成立，1986 年，中华全国律师协会成立。

（五）其他配套制度的建立

1. 律师资格考试

1986 年 4 月 12 日，司法部发布了《关于全国律师资格统一考试的通知》，决定从 1986 年起，实行全国范围内的律师资格统一考试。考试合格者，由司法部授予律师资格。北京市的全国律师资格统一考试由北京市司法局负责组织。主要工作内容是：组织报名、审核、印发准考证、考场设置、考试监督、判卷、登录成绩、颁发律师资格证书等。

律师资格考试制度的确立，在我国律师制度发展中具有里程碑意义，是影响和改变律师行业的重大事件。它是律师职业规范化的基本要求，改变了审核授予律师资格的各种局限和标准不一问题；也是广开大门接纳各种人才进入律师队伍的主要途径，使得《律师法》涉及的律师基本制度的基础慢慢形成。同时也说明随着改革开放的发展，法学教育的推进，初步具备了在全国范围内举办律师职业资格考试的条件。

2. 律师职务①

1987 年 10 月 12 日，中央职称改革工作领导小组转发司法部《律师职务试行条例》，其中规定律师职务是根据律师工作的性质及其实际工作需要而设置的工作岗位。律师职务设一级律师、二级律师、三级律师、四级律师、律师助理。一级律师、二级律师为高级职务，三级律师为中级职务，四级律师和律师助理为初级职务。北京市司法局据此制定了《〈律师职务试行条例〉实施细则（试行）》，决定设立北京市律师职务改革工作领导小组，并组建北京市司法局律师高级职务评审委员会和律师中级职务评审委员会。

律师职务制度，在改革开放之初，是律师行业发展的重要制度，它构建了律师与其他行业职称转换的标准，使得律师与学者、工程师、经济师在专业职务等级上具备可比性，在推动律师提高业务素质方面发挥了一定的作用。但它仍是计划体制下的制度，进入 21 世纪后，该项工作逐渐停止运行。

3. 律师机构经费管理

随着市、区两级法律顾问处数量的增加，执业律师的数量也在缓步增加。但

---

① 可能将"职务"换成"职称"更准确，但是当年的法律文件的正式提法是"律师职务"，这里忠实于当年的实际情况。

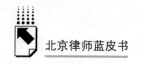

律师的国家法律工作者的身份，以及事业单位编制和财政经费的约束，使得律师数量上很难有大的增加。1985 年，市司法局陆续开始对律师事务所的经费管理进行改革，形成了三种形式：全额拨款、统收统支的律师事务所；独立核算、差额补助的律师事务所；自收自支的律师事务所。其中自收自支的律师事务所不占财政经费，因此能够较快吸收更多的有志人士加入律师队伍。

四 1988～1996：从全面改革到基本建成

在 1988 年前，北京的律师行业与全国其他地区的律师行业一样，处于恢复和重建阶段。真正对律师制度全面、持续的改革，是从 1988 年开始的。在这个期间，1996 年是中国律师制度发展进程中具有里程碑意义的一年，该年 5 月 15 日，七届全国人大常委会第十九次会议审查通过了《中华人民共和国律师法》，标志着我国律师制度基本形成。在这近 10 年中，律师行业的改革和发展主要体现在以下六个方面。

（一）律师资格考试制度逐步规范统一

1988 年 9 月，第一次全国律师资格考试举行。如果说 1986 年司法部试点举办全国律师资格考试是影响全行业的一件大事，那么 1988 年的律师资格考试就成为影响全国的一件大事了。因为从这一年开始，只要符合法律大专毕业这一个条件的人员，仅持身份证和学历证明，就可以申请参加律师资格考试，而不再受行业的要求、单位的约束、身份的限制了。司法部的这项规定在全国受到普遍的欢迎，它率先打破了当时国内各行业、各系统、各单位在计划经济体制下的条块分割、泾渭分明的人事管理体制，使得人才流动成为可能，同时开始为律师队伍的发展储备人才。从此，凡有志于律师职业，年满 23 岁的具有法律类大专或其他专业本科以上学历的人员，均可以参加考试，过去所在单位以不出证明进行阻拦的做法为历史所遗弃。律师考试组织之严密，录取率之低，质量之高，使之树立了权威。同时它也吹响了职业资格考试的号角，从律师资格考试发端，国家其他专业资格考试陆陆续续产生，如注册会计师资格考试、执业药师考试、房地产经纪人考试、房地产估价师考试，直至目前如日中天的公务员考试。

律师资格考试是改革开放的产物，到了1988年，全国各类法律大专以上毕业生达到近万人，这就为通过国家统一资格考试打下了基础；同时律师事务所的改革，使得纯国办所出现了变化，过去进入律师队伍的障碍得到了一定程度的破除。因此律师资格考试的制度化，又是律师队伍大发展的基础。

律师资格考试也是律师制度改革的产物，实行面向全国的律师资格考试，首先要建立律师资格与执业相分离的制度。这才能够使得取得律师资格独立存在，使得社会上为律师队伍储备一批人才。1988年10月6日，司法部颁布了《对取得律师资格后但先不从事律师工作人员的管理规定》，在制度上规范了取得律师资格人员与执业律师之间的区别。

从1988年起，司法部决定每两年举办一次律师资格考试。从1993年起，为了适应形势的需要，司法部决定每年举办一次律师资格考试。

北京律师行业的发展直接受益于律师资格考试，北京市拥有全国最多和最好的法律院系，每年大批的毕业生通过律师资格考试进入律师队伍，扩大了律师行业的规模，提高了北京律师行业的整体素质，也提升了北京律师在全国律师中的声望。因此北京成为每年参加律师资格考试人数最多的地区（见表1）。

表1　1988~1995年北京市律师资格考试人数统计

单位：人

年度	1988	1990	1992	1993	1994	1995
报名人数	4280	3735	2732	4769	5653	5842
录取人数	1392	49	510	1068	533	1204

（二）律师事务所组织形式改革

1988年6月3日，司法部发出《关于下发〈合作制律师事务所试点方案〉的通知》。《试点方案》规定：合作制律师事务所是由律师人员采取合作形式组织成立，为国家机关、社会组织和人民提供法律服务的社会主义性质的事业法人组织。合作制律师事务所应遵循自愿组合的原则，由3名以上专职律师组成。律师事务所应有自己的名称、组织机构、办公场所和章程以及必要的经费，能够独立承担民事责任。律师事务所工作人员不占国家编制。合作人可辞去原公职或经当地有关部门批准在试点期间停薪留职。律师事务所全体人员一律实行合同制。

律师会议是律师事务所实行民主管理的机构，由律师事务所全体专职律师人员组成。律师事务所主任由全体律师会议任免。律师事务所实行主任负责制，独立核算，自负盈亏，律师事务所财产归全体合作人共有。

1988 年 7 月 29 日，北京市司法局率先批准成立北京市第一家合作制律师事务所——北京市经纬律师事务所。经纬律师事务所也是全国首家成立的合作制律师事务所。之后，北京市司法局批准了北京市北方律师事务所、北京市君合律师事务所、北京市大地律师事务所。到 1993 年底，北京市共有律师事务所 90 家，其中批准设立合作制律师事务所 49 家，已经超过了国办所的数量。

但合作制律师事务所也有其局限性，它的自愿组合的机制必然导致成立与解散具有灵活性，但财产归全体合作人共有会导致退出合作与解散均不能顺利实施，导致合作所内部矛盾成为束缚合作制律师事务所发展的瓶颈。究其原因，这主要还是当时公有制观念对律师行业的束缚。

1992 年邓小平"南方讲话"后，律师行业发展迈上了快行道。1992 年，北京市司法局在国办律师事务所全面推行了效益浮动工资制，这是市司法局深化律师体制改革的重要措施。效益工资制的施行，打破了平均主义"大锅饭"，调动了律师的工作积极性和提高业务素质的自觉性，带动了律师管理机制的全面改革，促进了社会效益和经济效益的大幅度提高。

1994 年 4 月 15 日，北京市司法局批准成立了三家以个人姓名命名的律师事务所：谢朝华律师事务所、张涌涛律师事务所、李文律师事务所。

1994 年司法部成立"《律师法》起草工作小组"，开始《律师法》的起草工作。起草小组就律师组织"合伙制"进行了深入研究，并广泛征求意见，在法律界，尤其在司法行政系统内逐步形成了律师事务所可以以"合伙"的形式设立的共识。1994 年，北京市君合律师事务所经市司法局批准，宣布实行合伙管理机制。1994 年 3 月 1 日，北京市司法局批准成立北京市国证律师事务所，该所是北京市第一家以合伙人共同申请成立的律师事务所。合伙制律师事务所是由律师个人合伙成立的律师事务所。合伙人共同出资，独立核算，自负盈亏。合伙人对律师事务所的民事行为承担无限责任。合伙制律师事务所可以聘用律师、辅助人员和工勤人员。律师事务所的财产归合伙人所有。

1995 年 6 月，司法部党组提出了深化律师工作改革的总体思路，同年 12 月，国务院批准转发了司法部《关于进一步深化律师工作改革的方案》。《方案》规定律师不再是国家行政干部，而是为社会提供法律服务的执业人员；律师事务所不再是国家的事业单位，成为社会主义市场经济条件下的法律服务机构。1996年5月15日，七届全国人大常委会第十九次会议审查通过了《中华人民共和国律师法》。《律师法》在"律师事务所"一章中，明确规定了律师事务所的组织形式是国资所、合作所、合伙所多种形式并存的格局。

合伙制律师事务所的出现，实际上是打破了计划经济体制下的人事制度壁垒，使得成立律师事务所和担任律师不再受到人事部门的束缚，这为北京律师行业大发展提供了一个合适的载体，此后北京律师事务所的数量、规模开始了长足的发展，而在实践中，合伙制律师事务所成为律师事务所最普遍、最主要的组织形式。

1996年9月12日，北京市司法局作出《关于对43家律师事务所名称冠以"北京市"或"北京"的决定》，根据北京市人民政府〔1996〕第5号令和北京市机构编制委员会办公室〔1996〕第9号通知精神，凡经北京市司法局审批的律师事务所，其名称前必须冠以"北京市"或"北京"字头。

总之，1988年以来的将近10年中，北京律师机构发展快速。一方面，律师机构的组织形式进行了重大改革，如图5所示，从国办所一统天下的格局，发展为国办所、合作所、合伙所三足鼎立，个人所少量出现的格局；另一方面，正是由于新型律所，尤其是合作所、合伙所的出现，并在快速发展的市场经济的推动下，律所数量快速增长。如图6所示，截至1996年底，北京律所数量达到263家，是1991年底的45家的近6倍。

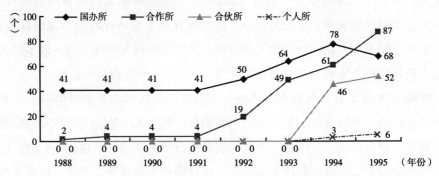

图5　1988～1995年北京市各类律所数量变化

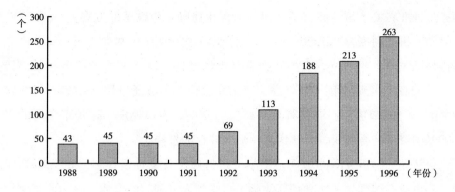

图6　1988～1996年北京市律所数量变化

（三）律师队伍的发展

从 1988 年开始，北京的律师队伍经历了从缓慢增长到迅速增长的过程。在这一阶段的前期，由于国家政治经济生活调整整顿的影响，律师数量并无太大的增加。然而，1992 年邓小平"南方讲话"发表以后，伴随着律师机构组织形式的改革，北京律师的数量迅速增长。

随着合作制律师事务所以及合伙制律师事务所的改革，吸收优秀人才进入律师队伍成为可能。在合伙制改革方案中，合作制律师事务所工作人员不占国家编制，合作人可辞去原公职或经当地有关部门批准在试点期间停薪留职。这就使得更多欲从事律师职业的人员不再受人事编制和经费的制约。1994 年 3 月 12 日，北京市司法局与市人才服务中心商定，北京市司法局"律师档案库"成立。其全称为"北京市人才服务中心中转库律师库"，隶属于市人才服务中心中转库，业务上受其指导和管理，负责北京市不占编制律师事务所律师的档案保存业务。凡是市人才服务中心能够管理的人事事项，该库都可以为律师办理，许多辞去公职的人员可以把人事档案放到"律师档案库"，并且保留相关的身份。

1992 年 8 月 2 日，北京市司法局在东城区文化馆举办了全市第一次公开招聘律师洽谈会。1992 年 10 月，北京律师培训中心落成，它是司法局为适应改革开放和经济建设需要，与律师协会自筹资金建设的一所培训基地。

律师资格考试与合作制律所的建立，在计划经济条件下，实际上打通了普通公民成为律师的通道，使得热爱律师事业、有志于律师职业的人员进入律师行业成为可能。1992 年以后，随着国家市场经济体制改革的推进，合作制律所数量迅速增加，合伙制律所也开始大量成立。而合伙制律师事务所的出现，为律师新成立律师事务所和律师在各所之间流动都打开了方便之门。这些因素加上律师不受地域限制的自由执业体制，使得大量取得律师资格的人员可以近乎自由地进入律师队伍，使得律师人数的发展在一定程度上只受市场供需的影响，而不受体制的局限。与此同时，法学教育的普及，全国律师资格考试的全面推行和逐步完善，一方面为律师队伍数量增长提供了大量的人才储备，另一方面也保证和促进了律师队伍专业化、职业化的稳步提升。

总之，在国家大力发展社会主义市场经济的大背景下，由于律师机构组织方式的这些改革，加上法学教育的普及和律师资格考试的推行，这一时期北京律师的数量迅速增加。具体而言，从 1988 年到 1996 年底，北京律师人数从 510 人上升到 3799 人，增长了 6 倍多。

（四）律师业务的开展

进入 20 世纪 90 年代以后，除传统的刑事辩护和民事代理外，经济诉讼（商事诉讼）法律顾问、非诉讼业务也得到大幅度发展，但刑事辩护仍然在律师业务中占重要地位（见图 7）。

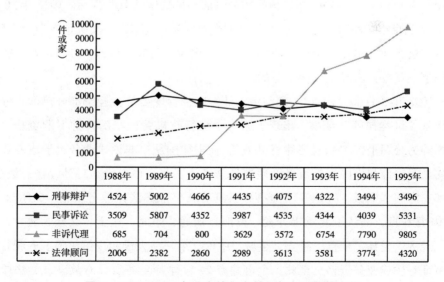

	1988年	1989年	1990年	1991年	1992年	1993年	1994年	1995年
◆ 刑事辩护	4524	5002	4666	4435	4075	4322	3494	3496
■ 民事诉讼	3509	5807	4352	3987	4535	4344	4039	5331
▲ 非诉代理	685	704	800	3629	3572	6754	7790	9805
✕ 法律顾问	2006	2382	2860	2989	3613	3581	3774	4320

图 7 1988～1995 年北京律师主要业务办理数量变化

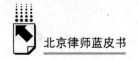

1989 年 6 月，北京市和各区县司法局组织了一批政治素质好、业务能力强的律师，开展对动乱、暴乱案件的辩护工作。全市有 17 个律师事务所共受理此类案件 329 件。

1996 年 3 月，全国人大通过《中华人民共和国刑事诉讼法》之后，市司法局、市律师协会在律师培训中心举办了多起《刑事诉讼法》培训班。全市律师普遍参加了培训。培训班聘请中国政法大学、最高人民法院、最高人民检察院、公安部、律师事务所等部门的专家、学者对修改后的《刑事诉讼法》与公、检、法机关工作及律师辩护相关的一些问题进行了讲解。参加培训的律师经过考核合格后，将取得由市律协颁发的办理刑事案件上岗证，否则不得办理刑事案件。1996 年 10 月，北京市律师参与修改后的《刑事诉讼法》审判试点工作。该月在北京市中级人民法院、东城区、海淀区、丰台区、顺义县等人民法院刑庭先后举行了八次适用新审判方式的试点。这八起案件中，市部分律师受当事人委托或法院指定参加开庭审判。

1990 年，北京市对外经济律师事务所承办了一批在国内外有较大影响的重大经济案件，总金额达 4 亿元，其中 100 万元以上的涉外案件有 28 件，为中外当事人避免和挽回经济损失达 2.1 亿元。1991 年 9 月 3～4 日，北京市司法局召开全市 45 家律师事务所主任会议，传达全国律师事务所主任会议、全国律师为清理"三角债"经验交流会议精神和司法部部长蔡诚的重要讲话。1992 年 10 月 12 日，北京市司法局批准成立"北京市隆源律师事务所"。该所是专门为台胞、台商投资企业的组建、转股、清算、金融、保险、税务、房地产开发以及台胞台属民事权益等方面提供法律服务的。

1993 年 3 月 22 日，司法部与中国证券监督管理委员会授予部分律师事务所和律师"证券律师"证书，出现了第一个由行政机关认定的律师专业资格。这些律师为公司上市"出具法律意见书"，使得律师从事非诉讼业务也形成专业化方向。司法部与中国证券监督管理委员会确认了北京市君合、对外经济、通商、经纬、海问、中银、大地等律师事务所具有从事证券法律业务资格。6 月 30 日和 10 月 6 日，确认了北京市开元、商海、陆通、中北、竞天、大众、北方、融商、经济、金杜、华夏、隆安、金城、中伦、第一、大成和华信律师事务所具有从事证券法律业务资格。至此，全市共有 24 家律师事务所具有从事证券法律业务资格。1996 年 1 月，通过考试、考核，司法部和中国证券监督管理委员会再次确认了一批从事证券法律业务的律师。北京市共有 172 名律师具有证券从业资格，30 家律师事务所符合从事证券法律业务条件。

（五）法律服务国际化的发展

法律服务的国际化是伴随我国改革开放发展起来的。在改革开放之初，在许多外资进入我国的时候，一批外国律师事务所就开始探访我国的律师制度，了解我国的法律服务市场。但当时我国的法律服务业定位是国家司法主权的一部分，律师事务所与律师还处于体制内，外国律师和外国的法律服务是不能进入中国的。随着律师制度的改革，尤其是中国共产党十四届三中全会把律师行业界定为第三产业后，法律服务作为服务业独立出来，可以采取国家、集体、个人一起上的发展模式，法律服务国际化正式成为现实。

1992 年我国启动律师服务业对外开放，允许外国和港澳律师事务所在我国设立办事处。11 月，经司法部批准，美国高特兄弟律师事务所、法国欧洲阿达姆斯联合律师事务所、英国路卫德邻律师事务所、英国邓何贝王国际法律事务所、香港廖绮云律师事务所分别在北京设立办事处。1996 年 6 月 26 日，司法部在部机关召开外国律师事务所在华办事处领证大会。会上有 14 家国外境外律师事务所被批准在华开业。其中在京开业律师事务所有 8 家。至此，国外境外驻京律师事务所已有 34 家。

但我国律师行业发展毕竟处于初期阶段，相对于西方发达国家成熟的法律服务业，我国的律师制度还处于计划经济向市场经济过渡的阶段，因此在相当长的时间内，法律服务国际化主要还是体现在国外的法律服务机关大量进入我国，而我国的律师服务走出国门还需要长时间的努力。

1993 年 7 月，北京市君合律师事务所经司法部同意，在美国纽约开设了北京市君合律师事务所驻纽约办事处。该办事处是中国的律师事务所在境外设立的第一家分支机构。

（六）律师协会的发展

在律师制度的各项改革中，律师协会的改革具有标志性意义。北京市律师协会第三届理事会基本还是延续过去的体制，重大改革主要发生在第四届理事会。

1990 年 12 月 17～19 日，北京市律师协会召开了第三届会员代表大会。会议通过了关于工作报告的决议，通过了经修改的《北京市律师协会章程》，选举出第三届理事会理事 34 人。协会的领导依然由市司法局领导担任。会长：孙常立（北京市司法局局长）；副会长：周纳新（女，北京市司法局副局长）；江平（中国政法大学教授、兼职律师）；李嘉华（中国人民保险公司调研处处长、兼职律师）。

1995 年 10 月，北京市第四届律师代表大会召开，这届大会是在《律师法》起草期间召开的，《律师法（草案）》中的许多改革措施由于已成为社会共识，被这届理事会先行采纳和实践。此外，当时即将由国务院批准转发的司法部《关于进一步深化律师工作改革的方案》，也成为这次律师协会改革的主要依据。北京市司法局勇于改革，使得北京律师协会再次领行业之先。在本届理事会中，最大的特点就是全体理事均由执业律师担任，改变了原有律师协会行政管理模式和行政官员占主要成分的组织模式，使律师协会真正成为律师行业的自律性组织。大会选举产生了由 51 名执业律师组成的第四届理事会和 9 名律师组成的常务理事会。选举武晓骥律师担任会长，刘红宇律师、赵小鲁律师担任副会长，吴文彦受聘担任秘书长。

随着北京律师人数的增加、业务范围的扩大和深度的增加，律师协会开始在专业化方向上发展。1991 年 12 月 31 日，北京市律师协会常务理事会为使疑难案件的讨论和研究向深层次发展，推动北京律师各项业务在理论上和学术上逐步提高，加强律师的业务研修，决定成立专业委员会。自 1994 年起，北京市律师协会先后成立了知识产权、证券、国际业务、房地产、企业产权交易、税法、劳动法、金融等 8 个专业委员会，并调整充实了原有的刑事辩护专业委员会。1995 年 8 月 14 日，北京市律师协会成立了金融专业委员会。1997 年 3 月 8 日，北京市律师协会第十一个专业委员会——妇女权益委员会成立。12 名女律师参加了会议并成为该委员会委员。

五　1997～2009：深化改革，快速发展

1997 年，随着《律师法》、《刑事诉讼法》开始实施，北京律师进入了稳步发展的阶段，表现为律师事务所的数量和律师人数稳步增长；律师业务服务领域向扩大和深入的方向发展；市律师协会的民主建构和自主管理能力增强。协会的建章立制、权利维护、业务培训、文体活动、纪律惩戒、对外宣传、对外交流等工作逐步开展。

（一）律师制度的进一步改革和完善

1997年1月3日，北京市司法局转发司法部《律师事务所登记管理办法》、《合伙律师事务所管理办法》、《律师资格考核授予办法》、《国家出资设立的律师事务所管理办法》、《合作律师事务所管理办法》、《律师执业证管理办法》、《兼职从事律师执业人员管理办法》、《律师资格全面统一考试办法》等8个《律师法》配套规章，开始依据国家法律法规和规章进一步规范北京市的律师行业。

由于《律师法》和相关规定不再保留特邀律师，市司法局开始将特邀律师事务所和特邀律师按规定进行清理，符合担任专职律师的，改为专职律师，超过年龄的不再注册；同时将特邀律师事务所逐步改造为合伙律师事务所。

2000年8月30日，北京市国资律师事务所改制工作全面展开。市司法局用了几年时间，对本市的国资律师事务所进行了改制，在界定清楚律师事务所资产权属的情况下，根据北京律师行业的基本状况，撤销了现存的国资所，将这些所进行合伙制改造，使北京不再存在具有国家事业单位身份的律师事务所，不再存在具有国家事业单位干部身份的律师。全体律师在身份平等的条件下通过在法律服务市场的执业活动，履行社会主义法律工作者的职责。

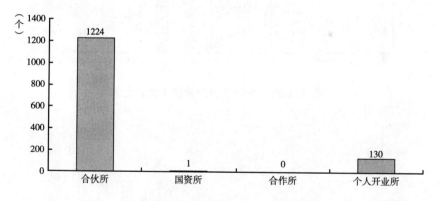

图8　2009年北京市各类律所数量对比

鉴于合伙律师事务所中律师与事务所的关系是合同关系，1999年1月11日，北京市司法局下发"关于印发《北京市律师事务所〈聘用合同〉标准格式及必备条款》的通知"。要求各律师事务所聘用人员均应按该《条款》有关规定与受聘人员签订《聘用合同》。

2005 年，北京市司法局在年检注册中，要求律师事务所出具律师办理社会保险的证明，把律师事务所建立律师的社会保障制度落实到位。

自 2006 年开始，北京市司法局把实习律师的培训工作委托给北京市律师协会。律师协会对申请律师实习的人员，采取一周的强制培训。2008 年 11 月 24 日，北京律协与中国政法大学合作的首期"北京律协申请律师执业人员集中培训班"开班。此次集中培训班是从 2008 年 6 月 1 日北京律协实施全国律协《申请律师执业人员实习管理规则》后，第一次举办的为期 4 周的实习律师集中培训。

（二）律师队伍的发展

《律师法》颁布后，北京律师的发展步入了快车道。律师事务所与律师的数量迅速增加。图 9、图 10 是这一时期律师事务所与律师发展的数据。

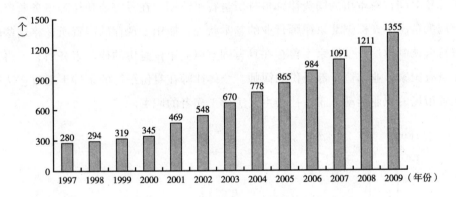

图 9　1997～2009 年北京市律所数量变化

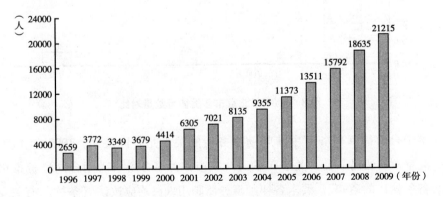

图 10　1996～2009 年北京律师数量变化

尤其自 2004 年到 2009 年短短的 5 年时间，北京律师人数翻了一番还多，人数净增加 1 万多人。北京律师的人数已经占到全国律师的近 1/8。律师占北京市人口的 1‰。北京律师在北京市人口中的比例，已经超过大多数西方发达国家律师在人口中的比例。同时，青年律师的学历普遍提高，律师的素质得到较大的改善（见图 11）。在律师队伍中，女律师所占比例大约为律师总数的 1/3，前后变化不大，但是绝对人数增长迅速，截至 2009 年，女律师数量已达 7346 人，比同期一个中等省份的律师总数还要多（见图 12）。

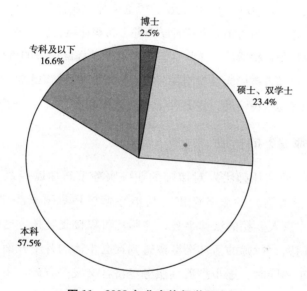

图11 2009 年北京律师学历比例

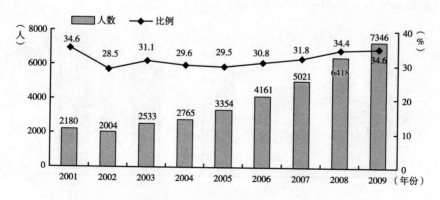

图12 2001～2009 年北京市女律师人数及其所占比例变化

自 2009 年开始，针对青年律师的需求，北京律协青年律师工作委员会启动了阳光成长计划，旨在培养执业 3 年以下的青年律师的职业素养，提高青年律师的办案水平。阳光培训班课程设计贴近青年律师实际，内容涉及执业道德、专业素质和具体办案实务。在律协会长的带动下，各专业委员会的数十位资深律师组成了阳光导师团，向青年律师们面授专业技艺，实现业内资深老律师指导和传帮新律师的重要突破。此外，在常规培训的基础上还创造性地增加了访谈教学、案例教学、情景模拟教学等互动式培训，受到青年律师的欢迎。

从 1998 年起，为加强律师队伍建设，规范律师执业行为，树立律师业良好的社会形象，北京律协开始每年举办律师学习并考核职业道德。此外，对新入行的律师，举办了执业律师宣誓活动，律师宣誓活动有助于提高律师的责任心和荣誉感。此后新入行职业律师宣誓成为一项制度，每一名新律师都必须参加，而且活动的方式丰富多彩，如参与植树活动、登山活动，加入国旗护卫队、八一仪仗队等。

（三）律师业务的拓展

1996 年颁布的《律师法》对律师的业务服务重新加以规范，内容大大超过了《律师暂行条例》的服务范围，其指导思想是对国家法律未明确禁止、社会有需求、当事人委托的法律事务，律师均可以接受委托。这就为律师的业务拓展开阔了门路，律师的活动渐渐渗透到社会生活的各个方面。律师的职责在维护司法公正的同时，逐步扩展到服务经济社会发展方面。由于律师的业务服务扩大，律师的服务职能加强，律师的业务收费也迅速增加，为国家上缴的税收也迅速增长（见图 13、图 14）。

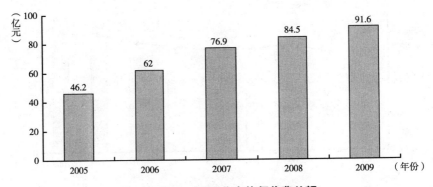

图 13　2005～2009 北京律师收费总额

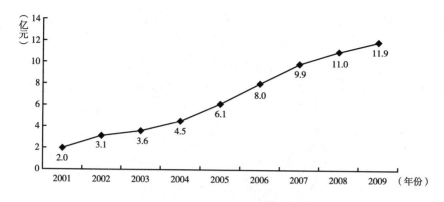

图14　2001～2009年北京市律师税收金额变化

　　律师业务的发展，除总量增加迅速外，在业务结构方面也发生了重要变化，刑事诉讼、民事诉讼这些传统业务在律师的业务总量中所占比例逐步减少；而国有企业改制、公司上市、兼并购企业、建筑与房地产开发、金融与保险以及法律顾问等非诉讼法律业务在北京律师的业务总量中所占比重在上升，表明服务经济社会发展成为律师业务的重要组成部分（见图17）。

　　图15、图16是以1996年与2009年律师业务构成的比较。

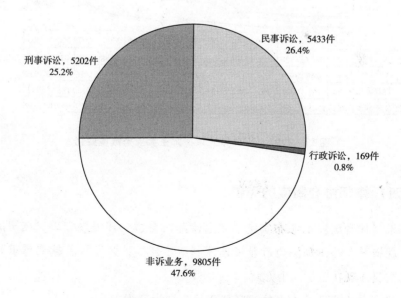

图15　1996年北京律师主要业务数量对比

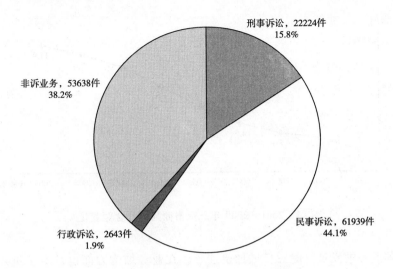

图16   2009 年北京律师主要业务数量比例

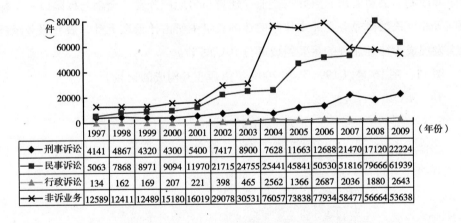

	1997	1998	1999	2000	2001	2002	2003	2004	2005	2006	2007	2008	2009
刑事诉讼	4141	4867	4320	4300	5400	7417	8900	7628	11663	12688	21470	17120	22224
民事诉讼	5063	7868	8971	9094	11970	21715	24755	25441	45841	50530	51816	79666	61939
行政诉讼	134	162	169	207	221	398	465	2562	1366	2687	2036	1880	2643
非诉业务	12589	12411	12489	15180	16019	29078	30531	76057	73838	77934	58477	56664	53638

图17   1997～2009 年北京律师主要业务数量变化

（四）律师协会制度的完善

随着《律师法》的颁布实施，北京律师协会进一步发展完善，在司法行政机关宏观指导下的律师协会行业管理体制逐步建立，并发挥着越来越重要的作用。这主要体现在以下几个方面。

1. 律师协会理事会由全体律师代表民主选举产生

律师协会理事会是律师协会的领导班子，它应当由律师行业中的优秀分子组成，引领整个行业的发展方向，保证行业的健康发展。自第四届起，协会的会长选举越来越民主，广大律师代表在选举会长、副会长和理事的过程中，手中的选票发挥着越来越重要的作用。

1998年11月20~22日，北京市律师协会第五次代表大会召开，来自全市290个律师事务所的162名律师代表出席会议。选举产生了由执业律师组成的新一届领导班子，69名律师当选理事。

会　　长：武晓骥

副 会 长：牛琳娜　刘红宇　张　庆　徐家力

副秘书长：张在萱　李冰如

2001年9月14~16日，北京市律师协会第六次代表大会召开，本次大会审议并通过了北京市律师协会第五届理事会工作报告、关于会费收支情况报告，选举了北京市律师协会第六届理事会、监事会。69名律师当选理事，7名律师当选监事。

会　　长：张庆

副 会 长：张涌涛　王俊峰　彭雪峰　李大进

监 事 长：王以岭

秘 书 长：季丽枝

副秘书长：李冰如

2005年3月25~27日，北京市第七届律师代表大会召开。来自全市700余家律师事务所的173名律师代表和44名区县司法局特邀代表参加了本次代表大会。大会审议通过了《第六届北京市律师协会理事会工作报告》、《第六届北京市律师协会监事会工作报告》和《第六届北京市律师协会（2002~2004年度）会费收支情况报告》，选举了第七届北京市律师协会理事会和监事会，35名律师当选理事，5名律师当选监事。

会　　长：李大进

副会长：王立华　巩　沙　金莲淑（女）　彭雪峰

总监事：赵小鲁

秘 书 长：萧骊珠

2009年3月27~29日，北京市第八届律师代表大会召开，选举产生了第八届北京律师协会理事会，45名律师当选理事，15名律师当选监事。

会　长：张学兵

副会长：张小炜　姜俊禄　王　隽　白　涛（女）　巩　沙　周塞军

监事长：赵小鲁

秘书长：李冰如

2. 设立专业委员会

律师协会在律师的业务发展方面发挥着重要作用，这种作用主要是通过设立专业委员会来完成的。通过设立专业委员会，进而组织律师进行专业探讨和经验交流，与司法机关进行业务沟通，引领行业内专业水平的提高，是历届律协工作的重点。

第五届北京市律师协会理事会成立后，调整专业委员会的设立成为全体会员极为关注的事情，根据业务需要，许多新的专业委员会成立。第五届理事会设立了 11 个专业委员会；第六届理事会则设立了 30 个专业委员会；到了第七届理事会成立时，专业委员会已经发展到 43 个；第八届理事会成立时，专业委员会破记录地达到了 61 个，为全国各省市区律师同行所推崇。专业委员会的增加，可以适应律师业务与国际的接轨，借鉴发达国家律协专业委员会专业分工细的经验，使专业委员会分工更具科学性、实用性。

专业委员会的设立，使得学有所长和用有所专的律师找到了交流、沟通的平台。同时，专业委员会对全体会员开放，对专业有兴趣的律师也可以参加专业委员会的活动。此外，专业委员会的活动加强了律师业务培训工作。由专业委员会聘请的专家、学者来到律师协会，给全体律师授道解惑，提高了行业整体的业务素质。

3. 设立专门工作委员会

专门工作委员会是律师协会对全体会员服务和管理的主要工作机构。

2005 年第七届北京市律师协会专门委员会主任联席会召开。律协下设 13 个专门委员会，分别为"权益保障委员会"、"纪律委员会"、"业务指导委员会"、"教育培训委员会"、"律师代表工作委员会"、"规章制度委员会"、"宣传联络委员会"、"财务委员会"、"律师事务所管理指导委员会"、"会员事务委员会"、"外事委员会"、"女律师工作委员会"和"律师行业发展研究委员会"。

2009 年第八届北京律师协会在第七届的基础上，又增加了"人大代表与政协委员联络委员会"、"青年律师工作委员会"、"区县律师工作委员会"、

"申请律师执业人员管理考核工作委员会"等，使得协会的工作分工更加合理、科学。

（五）律师的权利维护与纪律惩戒

2001年6月，全面指导北京市律师执业行为的根本性行规——《北京市律师执业规范（试行）》颁布。

2001年，北京市律协与中国平安保险公司北京分公司签署《律师执业责任保险协议》。该协议的签署既为北京律师的执业提供了保障，又为委托人争取自身的经济权益创造了必要条件。

2004年7月21日，依据《北京市律师诚信信息系统管理办法（试行）》、《北京市律师协会会员纪律处分规则》的规定，北京律协将纪律委员会作出的受到谴责（含）以上的行业纪律处分的案件（第二批）在首都律师网予以公布，请社会各界予以监督。

图18是1998～2009年北京市律师协会的纪律处分数量。

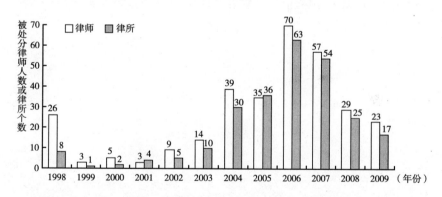

图18　1998～2009年北京市律师协会纪律处分数量

（六）法律服务国际化的发展

2001年我国加入WTO，取消了外国和港澳律师事务所设立代表机构的地域限制和数量限制，进一步扩大开放。

2005年2月4日，第二批赴港交流实习的北京律师完成实习，从香港返回北京。北京律师走访了香港律政司、中国委托公证人协会有限公司、中国法律服

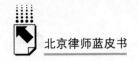
务（香港）有限公司等机构，并分别在 10 家律师事务所进行了业务交流。香港律师会表示，与北京律协的合作是非常愉快和卓有成效的。今后京港两地律协将继续推动此类律师交流活动的开展。

2006 年，北京共有 5 家律师事务所在美国纽约、洛杉矶、芝加哥以及印第安纳波利斯和荷兰海牙设立了分支机构。

2007 年 4 月 21 日，第十七届环太平洋律师协会年会开幕式在人民大会堂举行。中共中央政治局常委罗干、国务委员周永康、最高人民法院院长肖扬、司法部部长吴爱英、北京市市长王岐山、中华全国律师协会会长于宁、环太律协主席费丝西蒙出席开幕式。开幕式由环太律协候任会长高宗泽主持。本次年会由全国律协和环太律协共同组织，共有来自 45 个国家和地区的近千名代表参加。会议以"律师在促进亚太地区和谐发展中的作用"为主题，就公司上市、银行、金融、证券、电力、国际建设等律师法律服务业务展开讨论。此外，北京律师艺术团在 20 日的晚会上为各国律师代表表演了精彩的文艺节目。

截至 2008 年底，北京市的律师事务所在近 10 个国家和地区设立了 20 余个分支机构、办事处或合作机构。

北京律师 2010 年度发展状况

冉井富[*]

摘 要：在 2010 年，一方面，北京律师的各项指标，包括律师队伍的数量、律师机构的组织规模、非诉讼法律事务的比例、律师收费总额等方面，继续强势增长，行业发展势头不减，并继续在全国律师行业保持领先优势；另一方面，这一年发生了一些教训深刻的违规事件，北京律师甚至全国律师行业，以这些事件为反面教材，开始反思和检讨律师的职业定位和发展方向，创新了律师行业的引导和管理方式，行业发展悄然出现了一些转折和变化。这些转折和变化包括：强调律师的社会责任，强化律师的公益属性，并注重通过党建方式引导和管理律师行业发展。

关键词：北京律师 2010 年 年度发展

前 言

自改革开放以来，北京律师快速发展，队伍日益壮大。在 2010 年，一方面，北京律师各项指标继续增长，行业发展势头不减；另一方面，这一年发生了一些教训深刻的违规事件，北京律师甚至全国律师行业，以这些事件为反面教材，开始反思和检讨律师的职业定位和发展方向，创新了律师行业的引导和管理方式，行业发展悄然出现了一些转折和变化。对于北京律师一年来的这些发展变化，本文将全面而概要地进行考察和描述。

考察并非面面俱到，而是根据对律师行业发展的指标意义，选取律师行业年度发展的六个方面作为考察的范围。对于每个方面的考察，尽可能分别设置一定

---

* 冉井富，法学博士，中国社会科学院法学研究所副研究员。

的指标，作为描述和评价的依据。这六个方面及其指标设置是：①律师队伍的数量。具体从两个角度考察：一是律师的绝对数量，二是每10万人口拥有的律师数。②律师机构的组织规模。这方面主要设置三个指标：一是大型律所、特大型律所的数量，二是律师规模的排名，三是律所平均律师人数。③律师业务范围。这方面主要设置了两个指标：一是非诉讼法律事务的收费总额，二是非诉讼法律事务收费在律师服务收费总额中所占的比例。④律师收费。这方面主要设置四个指标：一是律师收费的总额，二是律师收费总额占地区生产总值的比例，三是律师业务的收费标准，四是律师人均业务收费。⑤律师社会活动。律师社会活动主要指那些有社会影响但又不属于有偿的、契约性的法律服务的活动。这方面具体考察律师的三类活动，即法律援助、社会公益和参政议政。⑥律师行业管理。这方面主要考察司法行政机关和律师的自律性组织——律师协会为维护行业秩序、促进行业发展所做的主要工作。

对于每个方面的考察和描述，尽可能通过量化的指标方法，以求精确和直观。但是某些方面可以通过特定事件的列举来说明行业的发展，这是因为这些事件的发生本身就具有指标意义，它们的发生标志着律师行业在某方面的重大发展，或者某种值得关注的转向。

为了进一步揭示各类指标的意义，本报告将根据情况，进行地区性的对比和历时性的对比。对比是初步的，只能得出一些大致的结论。任何需要对这些对比的意义作更精确的理解和把握，都还需要在本报告的基础上，结合更详尽的资料，作更进一步的分析。

本报告使用了大量的统计资料和案例材料。这些材料部分来源于司法行政机关的统计报表，部分来源于律师协会的档案材料，部分来源于有关部门的"官网"，还有部分来源于公开的出版物。前两类数据有关部门尚未公开发布，所以，将来正式公布的统计数据可能会作一定的调整。我们力求使用最新的统计资料，但是由于统计工作存在一定的周期，在报告撰写截止时，一些很有意义的统计数据仍未获得，于是某些考察只能截止到2009年底。这一问题在一定程度上影响了本报告的考察的完整性和时效性。

对于前面所述的六个方面，本报告将分为六个专题分别进行考察。在这些考察的基础上，报告第七部分对北京律师年度发展进行总结，对北京律师的发展前景作出展望。对于北京律师的年度发展变化，总结部分提供了更为概括、更为宏观的描述。对律师未来发展的展望具有很大程度的主观性和不确定性，仅供读者参考。

一 北京律师数量多

在全国省级行政区划中，北京的人口不是最多的，地区生产总值不是最高的，但律师的数量是最多的。北京律师数量多，体现在律师的绝对数量和一定人口拥有律师数两个方面。

（一）执业律师绝对数量全国最多

截至 2009 年底，全国共有执业律师 173327 人，其中，北京有执业律师 21215 人，约占全国的 1/8。如图 1 所示，在全国的省级行政区划中，北京的律师是最多的，然后依次为广东（18148）、上海（11405）、山东（10531）和江苏（10146）。同为直辖市，人口和经济发展情况接近，而北京的律师数量几乎是上海的两倍。

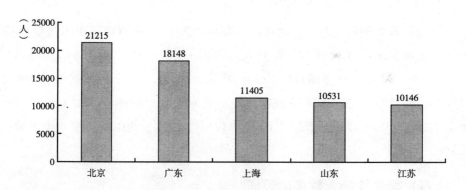

图 1 2009 年执业律师人数最多的五个省市

资料来源：全国和各省级行政区律师人数来源于司法部。

（二）每 10 万人口拥有律师数全国最多

如果除去人口规模的影响，按照平均每 10 万人口拥有的律师数进行对比，则北京的律师规模优势尤其突出。从这个角度考察，如图 2 所示，北京每 10 万人口拥有 120.9 名律师，是全国平均水平（13.0）的 9 倍多，是同为直辖市的天津（21.9）的近 6 倍，是位居第二的上海（59.4）的 2 倍多。

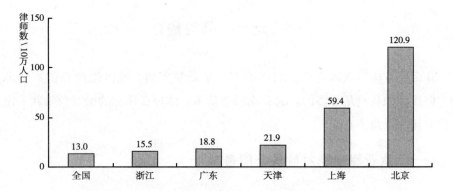

图 2　2009 年每 10 万人口律师数最多的五个省市和全国平均数对比

资料来源：（1）全国和各省级行政区律师人数来源于司法部，2009 年末人口数来源于国家统计局网站国家统计数据库"2009 年各地区人口数和出生率、死亡率、自然增长率"；（2）每 10 万人口律师为当年年末律师人数和当年年末人口数的比值。

（三）2010 年北京律师人数继续增加

尽管显著多于其他地区，北京律师数量在 2010 年仍然以较快的速度增长。如图 3 所示，北京 2010 年底的律师人数为 22937 人，比 2009 年的 21215 人增加了 8.1%，延续着快速增长的势头。然而，从 2007 年来的数据看，增幅明显放缓，而且显示出逐年减缓的趋势。如图 4 所示，2008 年律师人数较 2007 年增加了 18.0%，2009 年的年增长率仅为 13.8%，2010 年进一步下降为 8.1%。

（四）北京律师人数多的原因

北京律师人数之所以全国最多，主要由三方面原因所致：第一，由于律师执业不受地域限制，北京作为首都，其独特的地位吸引了全国各地的法律服务人才。第二，北京律师具有发达的资讯，具有先进的组织形式，因此在全国的律师同行中，北京律师可以保持显著的竞争优势，尤其是在非诉讼法律事务领域，优势十分明显。第三，北京本地区由于法治环境良好，经济、文化交流频繁，政治活动较多，因此本地区的法律服务需求总量也比较大。

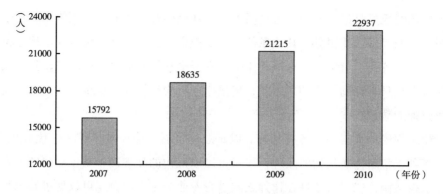

图 3　2007～2010 年北京律师数量增长

资料来源：2007 年北京律师人数来源于《中国律师年鉴 2006～2008》，人民法院出版社，2009；2008～2010 年的数据来源于北京市司法局。

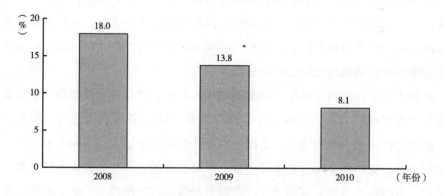

图 4　2008～2010 年北京律师数量年增长率

资料来源：根据图 3 中的数据计算得出。

二　北京律师执业机构规模化程度高

（一）律师执业机构规模化的指标意义

律师执业机构的规模是衡量律师行业发展的一项重要指标。根据《律师法》的规定，在我国当前，律师的执业机构就是律师事务所，简称律所。而律所的组织规模体现在多个方面，包括执业律师的人数、行政助理的人数、分支机构的数量、资金和设备的数量等。在这些参数中，对于律师机构组织规模的衡量来说，执业律师的数量是最重要的。这是因为，律师机构开展业务，主要依靠律师个人掌握的技能提供法律服务，其他条件，比如资金、设备、办公场所等，都是辅助性的。而在各类人员中，只有执业律师具有资格和技能提供法律服务，其他人员在性质上也只是辅助性质的。因此，衡量律师机构组织规模最重要的指标，应是执业律师的数量。

律所规模的大与小，各有利弊。但是总体上看，律所规模扩大，优势更多：一是有利于塑造律所机构的品牌，律所可以以机构的品牌而不是仅靠律师个人的声誉获得案源；二是有条件在律师之间进行专业分工，而分工可以促进知识积累和技能钻研，形成各类高水平的专业律师；三是在专业化的基础上，律师之间的组合可以整合各种知识，进行团队作战，从而更胜任大型的、复杂的业务；四是可以将多数律师从营销、应酬事务中解脱出来，专心于业务工作；五是律所提供的案源有利于青年律师的成长，克服他们执业初期的竞争劣势。律师规模扩大带来的问题则是，如何对专长、技能有所不同的律师进行整合，以及如何平衡能力超强的律师和律师机构之间的收益分配关系等。

从西方国家，尤其是美国律师发展的经验来看，律师行业发展的一个重要趋势就是大型律师机构的出现和增多，藉以满足法律服务做强、做大、做专的要求。而之所以出现这样的要求，是因为现代社会出现了越来越多的大型的、复杂的律师业务，这些业务部分是诉讼业务，但是更多的是一些非诉讼法律事务，比如公司、金融、证券等方面的业务。在很大程度上，律所规模扩张，大都是希望获得在非诉讼法律事务方面的竞争优势。从实际情况来看，目前国内规模排名靠前的律所，大多数都是以非诉讼法律事务为主营业务。相反，对于以传统的诉讼案件为主营业务的律所，规模化经营的优点并不突出，这也是目前仍然有大量的律所维持在 10 人以下的原因。

由此观之，律师机构规模化程度的指标意义在于：一方面，反映了社会中公司、金融、证券、期货、房地产等需要专业团队合作完成的非诉讼法律事务的需求状况，这种需求状况又折射了社会经济发展的规模和层次；另一方面，则反映了律师机构组织形式的发展在这类业务领域的竞争优势，同样的经济发展水平，一个地区如果发展出一批组织规模大、专业化程度高的律所，那么该地区的律师机构就在这类业务中具有竞争优势，这既可以在国内不同地区律师机构的竞争中获得优势，也是在国际竞争中保持优势所必需的。

我国自党的十四大确立社会主义市场经济的改革和发展目标以来，非诉讼法律事务需求日益增长，一些以非诉讼法律事务为主营业务的律师机构开始有意识地扩大组织规模，尝试专业化的团队作战。自 2001 年以来，我国逐步融入世界经济体系，由此产生的变化是：一方面，非诉讼法律事务更加复杂和高端；另一方面，在一定程度上，律师业务开展面临着国际同行的竞争压力。鉴于这些变化，为了提高办理非诉讼法律事务的能力，迎接法律服务市场逐步开放带来的挑战，律师机构加速了规模化的扩展，一大批大型律师机构出现。在一定程度上我们可以说，出现了律师机构规模化的运动。当然，这种运动是在律师行业相对分化的情况下进行的，一大批以传统的诉讼案件为主营业务的律师机构，依然保持着"船小好掉头"的较小规模。

在律师机构规模化发展的这一运动中，北京律师始终处于潮头地位，具有显著的领先优势。这种优势体现为：全国规模最大的数十家律师机构，绝大多数在北京；北京的大型、特大型律所全国最多，北京律师机构的组织规模在亚洲地区都具有领先优势，北京律师机构的平均组织规模是全国最大的。

（二）全国规模最大律所排名北京优势明显

对于国内律师机构规模的排名，这里直接借用《亚洲法律杂志》（*Asian Legal Business*，以下简称 ALB）的调查和评估结果。该项评估以执业律师人数为主要依据，同时辅之以合伙人人数、其他律师人数、外籍法律顾问人数和办公机构数量等指标，衡量律师机构的组织规模。调查和评估的最后结果如表 1 所示。

从表 1 来看，在全国规模最大的 20 所律所中，北京独占鳌头，不仅数量多，而且排名靠前。具体地说，在规模最大的 20 家律所中，扣除一家跨地域的律所（国浩所）外，北京占据了 13 家，占 19 家中的 68.4%，比 2/3 还多。如果缩小范围，仅考察最大的前 10 家律所，则北京占据了其中的 8 家，占到 80%。在北京之外，只有一家跨地域的国浩所排名第四，一家上海的锦天城律所排名第五。除了第四和第五不属于或不完全属于北京以外，前三位和后五位都是北京的律所。

北京的大型律所的规模不仅在国内对比具有领先优势，而且在亚洲地区的排名也处在前列。同样根据 ALB 调查和评估的结果，在 2010 年亚洲最大的 50 家律所中，有 15 家属于中国，而在这属于中国的 15 家律所中，又有 11 家属于北

表1　2010年全国规模最大的前20家律所排名

排名	律所名称	总部所在地	执业律师人数	合伙人人数	其他律师人数	外籍法律顾问人数	分支机构数
1	大成所	北　京	1406	522	884	5	34
2	金杜所	北　京	830	200	630	90	16
3	德恒所	北　京	685	127	558	0	16
4	国浩所	跨地域	495	123	372	5	12
5	锦天城所	上　海	380	85	295	5	6
6	盈科所	北　京	347	84	263	5	7
7	中银所	北　京	346	32	314	1	11
8	君合所	北　京	343	89	254	11	8
9	中伦所	北　京	331	126	205	6	7
10	中伦文德所	北　京	317	65	252	2	12
11	隆安所	北　京	310	90	220	2	8
12	广和所	深　圳	285	99	186	0	2
13	金诚同达所	北　京	237	73	164	0	6
14	泰和泰所	成　都	204	33	171	0	6
15	天元所	北　京	178	43	135	0	2
16	观韬所	北　京	161	45	116	2	10
17	方达所	上　海	157	30	127	10	3
18	德衡所	青　岛	134	33	101	1	4
19	万商天勤所	北　京	126	46	80	4	3
20	六和所	杭　州	111	30	81	0	3

　　资料来源：数据和排名来源于《亚洲法律杂志》（中国版），2010年7月7日，第30～34页，"全国律所规模20强"。

京。而且，这11家律所在亚洲最大的50家律所中，排名也比较靠前。其中，大成所连续两年排名亚洲第一，金杜所排名第三，德恒所排名第四。①

（三）大型、特大型律所全国最多

　　北京律师规模化程度高的另一个体现，是北京的大型、特大型律所全国最多。这里将有51～100名执业律师的律所称为大型律所，有101名以上执业律师

---

① See "ALB 50：ASI'S LARGEST FIRMS", in *Asian Legal Business*, pp. 30 – 32.

的律所称为特大型律所。如图 5 所示，在全国 190 个大型律所中，有 41 个在北京，超过 1/5；全国 46 个特大型律所中，有 19 个在北京，超过 1/3。

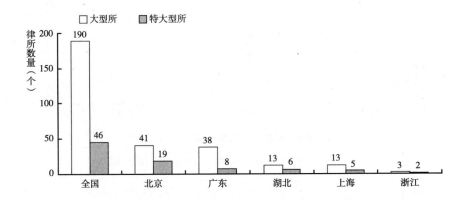

图 5　2009 年大型律所、特大型律所最多的地区对比

资料来源：2009 年全国和各地区不同规模律所的数量来源于司法部。

从不同地区的对比来看，北京的大型律所数量略高于广东（38 个），但是远远高于排名第三及以下的地区。而就特大型律所来说，北京的领先优势更明显，其 19 个特大型律所的数量，是排名第二的广东的数量（8 个特大型律所）的 2 倍多。

（四）律所平均规模全国最大

律所平均组织规模这一指标，由社会律师人数除以律所数量计算得出。社会律师为专职律师和兼职律师之和，不包括公职律师、公司律师、法律援助律师和军队律师。之所以这里用社会律师进行计算，是因为其他类型的律师不在律师事务所执业。

从平均组织规模来看，北京的律所也是最大的，但是差距没有那么大。如图 6 所示，2009 年北京律所的平均规模是 15.3 名律师，而排名第二至五位的分别是湖南（11.9）、湖北（11.6）、广东（11.4）、海南（11.3）。全国的平均水平是 10.3 人。

一方面，北京的大型律所、特大型律所数量多；另一方面，北京律所的平均规模只有 15.3 人。两方面的数据结合来看，说明北京当前尽管已发展了一批规模化、专业化、国际化程度较高的律所，比如大成所、金杜所、德恒所等，但是大多数律所的规模化程度并不高。

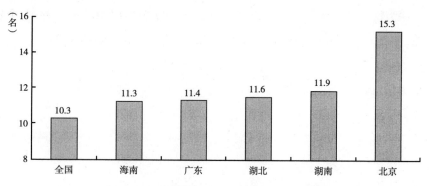

图6　2009年律所平均规模最大的地区对比

资料来源：2009年全国和各地区的律师人数、律所数量来源于司法部。

（五）律所大的更大，小的更小

北京律所的规模处于不断变化之中。在2009年的基础上，北京律所的规模在2010年的变化结果是：大的更大，小的更小。

如图7所示，2010年北京的大型律所增加了1个，特大型律所增加了6个，这是一种显著的增长，说明北京的大型律所越来越多。然而，如图8所示，2010年北京律所的平均规模略有下降，从15.31人减少为15.11人。在大型律所、特大型律所数量显著增加的情况下，平均规模反而下降，这说明，北京律所出现了大的更大、小的更小的分化，尽管这种趋势不是特别显著。

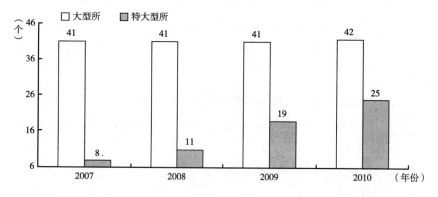

图7　2007～2010年北京大型律所、特大型律所数量变化

资料来源：2007年北京不同规模律所数量来源于《中国律师年鉴2006～2008》，人民法院出版社，2009；2008～2010年的数据来源于北京市司法局。

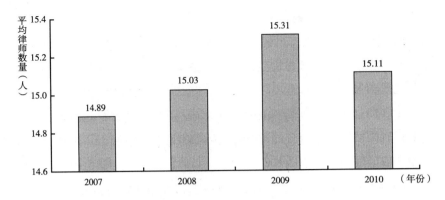

图 8　2007～2010 年北京律所平均规模

资料来源：2007 年北京律师人数、律所数量来源于《中国律师年鉴 2006～2008》，人民法院出版社，2009；2008～2010 年的数据来源于北京市司法局。

出现"大的更大，小的更小"这一变化趋势的直接原因在于，大型律所的竞争优势明显，导致优秀律师从中小型律所向大型律所流动。而深层的原因在于，一方面，规模化成为律师行业竞争尤其是非诉讼法律事务竞争的一个比较成功的策略；另一方面，就市场的角度说，非诉讼法律事务需求的增长，快于传统法律事务需求的增长。而后一结果的原因又是多方面的。一个原因是，市场经济的进一步发展扩大了非诉讼法律事务的需求；第二个原因是，相对来说，由于法治环境、收费标准等因素的变化，非诉讼法律事务执业环境更加宽松。第三个原因是，非诉讼法律事务受到地域因素的限制更小，而北京的大型律所由于品牌和能力的优势，能够将全国范围内更多的非诉讼法律事务争取到北京来，从而增大了北京律师业中非诉讼法律事务的业务总量。

三　北京律师非诉讼法律事务比例大

（一）非诉讼法律事务比例的指标意义

在我国目前的律师行业发展统计中，律师业务划分为八种类型：法律顾问、刑事诉讼辩护及代理、民事诉讼代理、行政诉讼代理、非诉讼法律事务、咨询和代写法律事务、纠纷调解、仲裁业务。其中，刑事诉讼辩护及代理、民事诉讼代理、行政诉讼代理属于诉讼业务，其余的属于广义的非诉讼业务。在广义的非诉讼业务中，还有一类属于狭义的非诉讼业务，为了便于区别，这一类业务称为"非诉讼法律事务"。在《律师法》第28条中，非诉讼法律事务被规定为一种律师业务类型。在现行的统计报表中，这种业务又具体划分为"知识产权"、"房地产"、"公司业务"、"金融"、"证券"、"期货"、"税务代理"、"其他"等项目。根据这些项目划分，当前所谓的"非诉讼法律事务"，是指诉讼、仲裁、咨询、代书、纠纷调解、法律顾问等业务以外的，非争议性质的，为市场经济活动履行法律手续的各类法律事务。

对于上述律师业务，在不同的社会条件下，人们所需要的比例是不一样的。从西方发达国家的历史经验来看，诉讼业务古已有之，源远流长，是传统的律师业务；而非诉讼业务则多数是现代社会才出现的律师业务类型，尤其是其中的非诉讼法律事务，更是20世纪以来随着经济法的兴起才发展起来的。西方学者统计分析显示，在20世纪50年代以前，传统的诉讼代理是主要的律师业务。但是，随着市场经济的发展和经济往来的加速，非诉讼法律事务逐步增长，成为律师职业中更重要的——至少从数量上来说是如此——法律业务。在发达国家，律师在非诉讼领域的业务量已经占到80%以上。①

在我国当前，也正在发生着类似的变化。一方面，随着国家经济、政治、文化的发展，随着国家法治事业的进步，律师业务中非诉讼法律事务的比例逐年增长；另一方面，在不同地区之间，即在城市和农村、东部沿海地区和中西部内陆地区之间，由于经济、政治、文化发展程度不同，法治建设成就大小有别，使得在发达的城市和东部沿海地区，非诉讼法律事务的比例更高。而北京作为首都，是发达地区中的发达地区，律师业务的非诉讼法律事务的比例也显著大于其他地区。

由此看来，律师业务中非诉讼法律事务的发展，具有重要的指标意义。首先，非诉讼法律事务的增长，表明律师业务向新兴领域拓展的成就。相对来说，诉讼业务受到诉讼案件总量的限制，这种业务发展到一定程度后，数量将接近饱和。相反，非诉讼法律事务的服务对象是经济活动，这种活动的总量的发展在理论上是无限的，可以为律师业务发展提供源源不断的动力。其次，由于非诉讼事

---

① 参见朱景文《比较法社会学的框架和方法——法制化、本土化和全球化》，中国人民大学出版社，2001，第320页。

务服务的对象是市场经济活动，所以，非诉讼法律事务的发展，也在一定程度上体现了市场经济发展的层次和规模。再次，市场经济活动之所以需要法律服务，是因为国家主要通过法律的手段调整经济生活，因此，非诉讼法律事务的发展，也在一定程度上体现了一个国家或地区法治化的程度，尤其是可以体现市场经济法治化的程度。最后，由于律师可以跨地域执业，所以一个地区非诉讼法律事务的发展，可以在一定程度上体现该地区律师行业在非诉讼法律事务方面的竞争优势。由于这种优势受到律师执业规模化、专业化等因素的影响，所以，非诉讼法律事务的发展，还可以反映一个地区的律师机构、律师队伍、执业模式等方面的特点和发展成就。

近年来，北京律师非诉讼法律事务发展迅速。一方面，非诉讼法律事务的收费以及这种收费在律师业务收费总额中所占的比例逐年增长；另一方面，在全国各省级行政区的对比中，北京律师的非诉讼法律事务收费具有显著的优势，该业务的收费所占比例也是全国最大的。鉴于非诉讼法律事务特殊的指标意义，北京律师非诉讼法律事务的增长及其在全国的领先优势表明，一方面，北京地区市场经济具有较高的发展水平，市场经济法治化程度高，因此极大地拓展了北京律师的业务领域；另一方面，在和全国同行的竞争中，北京律师显示了他们在非诉讼领域显著的竞争优势，而这种优势又和北京律师规模化、专业化的执业模式密切相关。

（二） 非诉讼法律事务收费总额全国最大

北京律师非诉讼法律事务的发展在全国处于显著的领先地位，这种领先可以从两个方面得到说明。首先，从全国省级行政区划的排名上看，北京律师非诉讼法律事务收费总额不仅全国最大，而且大幅领先于排名第二的上海和排名第三的广东。如图 9 所示，北京律师 2009 年的非诉讼法律事务收费总额达到 420452 万元，排名第二的上海只有 165183 万元，大约为前者的 39.3%，不及一半。北京和全国其他地区相比，则优势更为明显。其中，全国的平均数为 28349 万元，只有北京的 6.7%。而全国 32 个省级行政区（新疆建设兵团单列）中的中位数（排名第 16 位的山西省），更是只有 4517 万元，只有北京的 1.1%。

其次，这种领先还体现为，北京一个地区的非诉讼法律事务收费几乎占据了全国非诉讼法律事务收费总额的一半。如图 10 所示，2009 年全国非诉讼法律事务收费总额为 907154 万元，北京的收费是 420452 万元，为前者的 46.3%，接近一半。

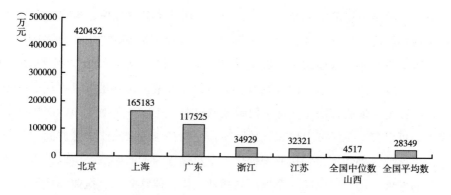

图 9 2009 年全国律师非诉讼法律事务收费排名前五的地区对比

资料来源：本图中的数据来源于司法部提供的统计报表。

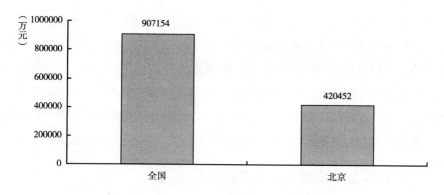

图 10 2009 年非诉讼法律事务收费北京和全国总数对比

资料来源：本图中的数据来源于司法部提供的统计报表。

（三）非诉讼法律事务收费所占比例全国最高

北京律师收费中，非诉讼法律事务所占比例在全国是最大的。如图 11 所示，在 2009 年，北京律师非诉讼法律事务收费的比例达到 43.5%，高于排在第二位的上海（38.6%），显著高于全国 28.0% 的水平。

（四）非诉讼法律事务收费快速增长

最近几年来，北京律师非诉讼法律事务收费快速增长。如图 12 所示，在 2007 年，北京律师非诉讼法律事务收费只有 267742 万元，此后三年中，每年都

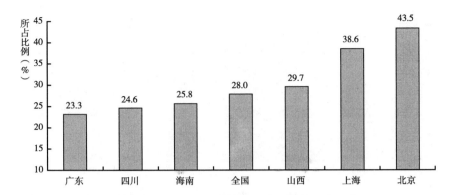

图 11　2009 年非诉讼法律事务收费所占比例
最高的六个地区和全国平均数对比

资料来源：根据司法部提供的各地区各类律师业务收费计算得出。

以较大的幅度增长。其中，2008 年增长了 14.5%，2009 年增长了 37.2%，2010 年增长了 20.4%。到 2010 年，非诉讼法律事务收费总额达到 506032 万元，增长速度非常快。

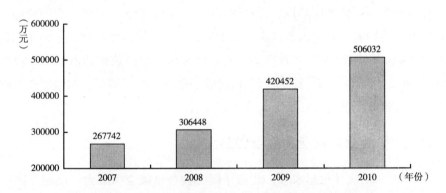

图 12　2007～2010 年北京非诉讼法律事务收费

资料来源：本图中的数据来源于北京市司法局提供的统计报表。

（五）非诉讼法律事务收费所占比例稳步增加

近年来，北京律师非诉讼法律事务收费所占比例体现了稳步增长的趋势。如图 13 所示，最近几年来，这一比例逐年提升。其中，2007 年的比例是 40.1%，2008 年增长到 42.5%，2009 年进一步增长到 43.5%，2010 年继续增长，达到 45.0%。

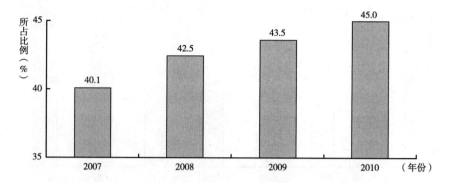

图 13 北京 2007～2010 年非诉讼法律事务收费所占比例

资料来源：根据北京每年各类律师业务收费数额计算得出。其中，2007 年的收费数额来源于《中国律师年鉴 2006～2008》，人民法院出版社，2009；2008～2010 年的数据来源于北京市司法局。

四 北京律师业务收费继续增长

相对于全国其他地区来说，北京律师的收费相对较多，具体体现在律师业务收费总额、律师业务收费占地区生产总值的比例、人均律师收费、律师业务收费标准等方面。在 2010 年，北京律师收费在继续保持全国领先的前提下，收费总额继续增长。与此同时，行业主管部门对收费标准进行了调整，加强了业务收费管理，也是这方面值得关注的重大事件。

（一）律师业务收费总额全国最大

从 2009 年的统计数据来看，北京律师的收费总额全国最大。全国律师行业收费总额为 324.5 亿元，其中，北京律师收费总额为 91.6 亿元，超过全国的 1/4。如图 14 所示，在全国的省级行政区划中，北京律师收费总额显著高于排名第二至五位的广东（50.5 亿元）、上海（42.8 亿元）、江苏（24.1 亿元）和浙江（18.4 亿元）。

（二）北京律师业务收费持续增长

在 2009 年的基础上，北京律师收费总额在 2010 年继续增长。如图 15 所示，2010 年北京律师服务收费总额为 113 亿元，比 2009 年的 91.6 亿元增加了

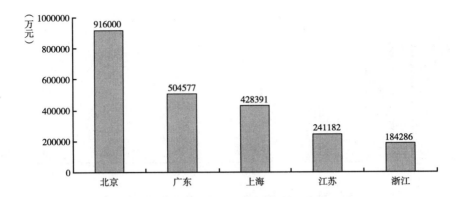

图 14　2009 年律师收费总额最高的五个地区对比

资料来源：全国和各地区律师服务收费总额统计数据来源于司法部，北京市律师服务收费总额来源于北京市司法局。

23.4%，增幅显著。从 2007 年以来的数据看，北京律师服务收费连续三年显著增长，在 2010 年增幅尤其明显，显示出持续增长的趋势。

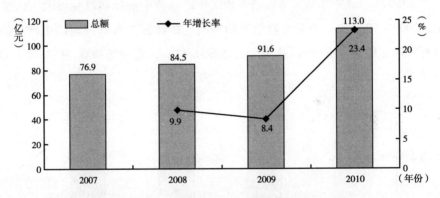

图 15　2007～2010 年北京律师服务收费总额变化

资料来源：北京律师服务收费的数据来源于北京市司法局。

（三）律师收费占地区生产总值的比例略有增加

1. 北京律师收费占地区生产总值的比例全国最高

从 2009 年的统计看，北京律师收费占地区生产总值的比例明显高于其他地区。如图 16 所示，在 2009 年，北京律师收费占北京地区生产总值的 0.75%，而位居第二的上海只有 0.28%，全国的平均数更低，只有 0.09%。

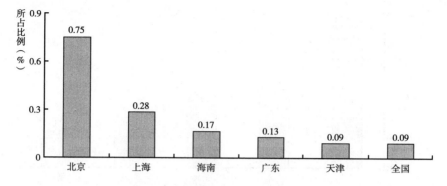

图 16　2009 年律师收费占地区生产总值比例最高的
五个地区和全国平均水平对比

资料来源：2009 年全国和各省级行政区律师服务收费总额来源于司法部，2009 年
国内生产总值和地区生产总值来源于国家统计局网站国家统计数据库"2009 年地区生产
总值"，北京市律师服务收费总额来源于北京市司法局。

2. 2010 年北京律师收费占地区生产总值的比例继续增大

在 2010 年，北京律师服务收费在地区生产总值中的比例继续增大。如图 17
所示，2007～2009 年，由于金融危机的影响，律师服务收费占地区生产总值比
例略有下降，但在 2010 年显著增大，达到 0.82%，超过了 2007 年 0.78% 的水
平。

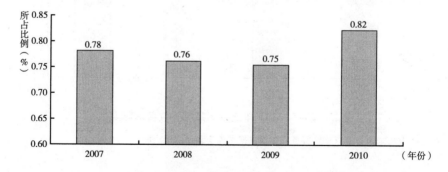

图 17　2007～2010 年北京律师业务收费在地区生产总值中所占比例

资料来源：（1）北京市 2007～2009 年的地区生产总值分别为 9846.8 亿元、11115.0
亿元和 12153.0 亿元，数据来源于《北京统计年鉴 2010》（中国统计出版社，2010）；
（2）北京市 2010 年的地区生产总值为 13777.9 亿元，数据来源于《北京市 2010 年暨"十
一五"期间国民经济和社会发展统计公报》，北京统计局网站：http：//www. bjstats.
gov. cn/xwgb/tjgb/ndgb/201102/t20110221_ 196297. htm，2011 年 7 月 20 日访问；（3）北
京律师业务收费总额的数据，同图 15，数据来源于北京市司法局。

（四）律师人均收费有所增长

1. 北京律师人均收费全国最高

和全国其他地区相比，北京律师人均业务收费处于最高水平。如图 18 所示，北京律师 2009 年的人均收费是 43.2 万元，明显高于排名第二的上海（37.6 万元）和排名第三的广东（27.8 万元），是全国平均水平（18.7 万元）的 2.3 倍。

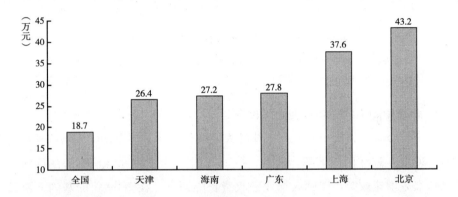

图 18　2009 年人均律师业务收费最高的五个地区及全国平均数对比

注：律师人均收费为律师业务收费总额和执业律师总数的比值。

资料来源：2009 年全国和各地区律师业务收费总额和执业律师总数来源于司法部，北京市律师服务收费总额来源于北京市司法局。

2. 北京律师的社会劳动生产率较高

在统计学中，律师人均收费相当于特定行业的社会劳动生产率。所谓社会劳动生产率，是指一定时期内全社会劳动者（从业人员）的劳动效率，由报告期内的生产总值除以报告期内社会从业人员人数计算得出。根据这一界定，律师行业的社会劳动生产率就是律师人均业务收费。

和北京地区有关行业的社会劳动生产率相比，北京律师的人均收费是比较高的。如图 19 所示，北京律师人均收费和所有行业的平均数相比，和所属的第三产业平均数相比，和第一产业、第三产业相比，都有显著的领先优势。其中，北京所有行业的社会劳动生产率是 122807 元，只占北京律师人均收费（431770元）的 28.4%；第三产业的社会劳动生产率是 126872 元，只占律师人均收费的29.4%；第二产业的社会劳动生产率是 140319 元，只占律师人均收费的 32.5%；第一产业的社会劳动生产率是 18898 元，只占律师人均收费的 4.4%。

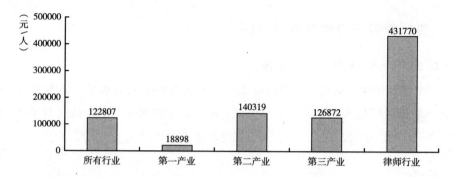

图19　2009 年北京各行业社会劳动生产率对比

资料来源：各行业的社会劳动生产率统计数据来源于《北京统计年鉴 2010》，"2～15 社会劳动生产率（1978～2009 年）"。

3. 北京律师人均业务收费止降回升

由于受金融危机的影响，加上律师人数增长较快，北京律师人均业务收费在 2008、2009 年连续两年下降。然而，在 2010 年，由于国家经济形势的好转，同时律师人数增速放缓，律师人均业务收费止降回升，在 2009 年的基础上增长了 14.1%，人均业务收费达到 49.3 万元。

当然，14.1% 是绝对价格的增幅。考虑到物价上涨因素，包括居民消费价格指数（CPI）和生产价格指数（PPI）在 2010 年的增长，这一增幅对律师人均业务收费增长的实际意义，尤其是对律师净收入的实际意义，要打一定的折扣。

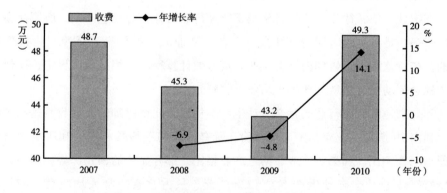

图20　2007～2010 年北京律师人均收费变化

注：律师人均收费为律师业务收费总额和执业律师总数的比值。
资料来源：北京市律师服务收费总额来源于北京市司法局。

（五）律师业务收费标准的调整

1. 2009 年以前律师服务收费实行市场调节价

在我国当前，律师收费标准实行政府指导价和市场调节价相结合的制度，其中，政府指导价的具体标准和浮动幅度由各省、自治区、直辖市有关主管部门根据本地区实际情况确定。

早在 1997 年 3 月，国家计委和司法部就发布了《律师服务收费管理暂行办法》，确立了政府指导价和市场调节价相结合的基本原则，但是，国务院司法行政部门一直未能制定出政府指导价的具体标准。由于长期标准制定不出来，国家计委、司法部于 2000 年 4 月发出《关于暂由各地制定律师服务收费临时标准的通知》，提出在全国性政府指导价标准制定出来之前，暂由各省、自治区、直辖市物价部门会同司法行政部门按照有关精神和原则，制定在本地区范围内执行的律师服务收费临时标准，并报国家计委、司法部备案。

在人们等待全国性的律师服务收费政府指导价标准的过程中，国家发展改革委、司法部于 2006 年 4 月颁布了《律师服务收费管理办法》，取代了 1997 年的《律师服务收费管理暂行办法》和 2000 年的国家计委、司法部《关于暂由各地制定律师服务收费临时标准的通知》。新的《办法》重申和发展了政府指导价和市场调节价相结合的原则，并且规定："政府指导价的基准价和浮动幅度由各省、自治区、直辖市人民政府价格主管部门会同同级司法行政部门制定。"

基于这一制度规定，北京市发改委和北京市司法局于 2010 年 7 月 13 日联合发布了《北京市律师诉讼代理服务收费政府指导价标准（试行）》和《北京市律师服务收费管理实施办法（试行）》两个文件。换言之，在 2010 年 7 月以前，北京市一直不存在政府指导价的具体标准。由于不存在这一标准，北京律师各项业务的收费，实际上全部实行的是市场调节价。两个文件颁布之后，北京律师收费有了地区性的政府指导价标准，2006 年《律师服务收费管理办法》所确定的政府指导价和市场调节价相结合的原则得以贯彻实现。

2. 2009 年北京律师服务实际收费平均标准较高

由于实行市场调节价，北京律师收费在 2010 年 7 月以前，完全是一种分散的、自主的、个体性的决策行为。尽管如此，我们仍然可以根据有关的统计数据计算出北京律师收费的平均标准，通过这个实际的平均收费标准，并通过与其他

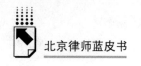

地区进行对比，获得对北京律师收费标准情况的一个初步了解。

这里具体根据 2009 年有关统计数据的整理和计算进行考察。律师实际收费的平均标准由律师业务收费总额除以律师业务数量（家、件或次数）计算得出。由于律师业务有多种类型，一般来说，不同的业务类型计费的方式和收费的标准都有所不同，因此，这里的考察进一步区分不同的业务类型。以这样的方法考察得出的结果是：在不同的业务类型中，和全国的平均收费以及其他地区的收费相比，北京律师的平均收费都是比较高的。

首先，北京律师各项业务收费均排名前列。具体地说，如表 2 所示，在该表所列的八种业务类型中，北京有四项业务收费排名全国第一，分别是法律顾问、刑事诉讼辩护及代理、民事诉讼代理和仲裁业务。而其余的四项业务，北京律师收费也都排在了第二位。

表 2　2009 年律师业务平均收费对比

单位：万元/家，万元/件

排名		法律顾问	刑事诉讼辩护及代理	民事诉讼代理	行政诉讼代理	非诉讼法律事务	咨询和代写法律文书	调解成功	仲裁业务
平均收费最高的前五个地区	1	北京	北京	北京	海南	海南	上海	上海	北京
		9.46	1.17	4.88	4.86	8.44	0.0401	1.6129	3.43
	2	海南	上海	海南	北京	北京	北京	北京	上海
		3.59	0.99	2.31	4.59	7.84	0.0287	0.6761	2.59
	3	天津	天津	天津	广东	上海	天津	天津	海南
		3.26	0.85	1.92	1.11	4.12	0.0136	0.5792	1.45
	4	广东	贵州	上海	上海	浙江	吉林	山西	四川
		2.47	0.84	1.81	1.02	3.47	0.0129	0.5235	0.93
	5	上海	广东	广东	天津	天津	广东	广东	天津
		2.19	0.76	1.52	0.63	2.27	0.0089	0.5166	0.87
全国平均收费		1.91	0.41	0.84	0.66	1.59	0.0058	0.2736	0.70

注：律师业务平均收费为律师业务收费和律师业务数量的比值。

资料来源：2009 年全国以及各地区各类律师业务收费和各类律师业务数量来源于司法部。

其次，北京每一项业务的收费，都显著高于全国平均水平。其中，法律顾问业务平均 9.46 万元/家，约为全国平均收费（1.91 万元/家）的 5 倍；刑事诉讼辩护及代理平均 1.17 万元/件，约为全国平均收费（0.41 万元/件）的 3 倍；民事诉讼代理平均 4.88 万元/件，约为全国平均收费（0.84 万元/件）的 6 倍；行政诉讼代理平均 4.59 万元/件，约为全国平均收费（0.66 万元/件）的 7 倍；非诉讼法律事务平均 7.84 万元/件，约为全国平均收费（1.59 万元/件）的 5 倍；咨询和代写法律文书平均 0.0287 万元/件，约为全国平均收费（0.0058 万元/件）的 5 倍；调解成功案件平均 0.6761 万元/件，约为全国平均收费（0.2736 万元/件）的 2.5 倍；仲裁业务平均 3.43 万元/件，约为全国平均收费（0.70 万元/件）的 5 倍。

3. 2010 年北京规范和调整律师收费

2010 年 7 月 13 日，北京市发改委和北京市司法局联合发布了《北京市律师诉讼代理服务收费政府指导价标准（试行）》和《北京市律师服务收费管理实施办法（试行）》。两个文件实际上是配套实施的一组文件。这组文件的法律依据是国家发改委和司法部于 2006 年 4 月 23 日联合发布的《律师服务收费管理办法》。该办法规定，律师服务收费实行政府指导价和市场调节价，政府指导价的基准价和浮动幅度由各省、自治区、直辖市人民政府价格主管部门会同同级司法行政部门制定。

两个文件的发布实施，对律师收费产生了两个方面的作用。首先是规范、统一作用。在此之前，律师收费没有统一的标准，各项业务由律师事务所或者律师个人根据市场行情、委托方的意愿自主确定。两个文件发布后，这种情况有所改变。一方面，各个律师、各个律师事务所的收费标准有了一定的统一性，尽管统一性是一个幅度；另一方面，对于各类业务采取何种方式收费、如何收费等提出了要求，提供了依据，从而可以对收费行为产生规范作用。

其次是调整作用。调整主要涉及诉讼有关的业务。这种调整作用可以通过前后收费的对比得到说明。如表 3 所示，一边是 2009 年的实际平均收费，一边是 2010 年政府指导价的上限。对比结果显示，刑事诉讼案件的收费前后大致相当，民事、行政诉讼案件则明显下调。以民事案件为例来说，2009 年的实际平均收费是 4.88 万元/件，约相当于 2010 年指导价中争议标的额为 75 万元的案件的收费。考虑到后者的收费一是上限，二是争议标的额 75 万元的案件在实际中已经是较大的案件，所以，后者的标准实际上有了一定的下调。当然，对于实际上的收费标准，两个文件留下了较大的弹性空间，如果委托人愿意，律师可以通过计时收费、风险收费、特殊或疑难案件收费等方式，提高实际收费标准。对于律师在 2010 年实际如何执行或规避两个文件的指导价标准，目前还没有全面的统计数据。

表 3　北京律师 2009 年实际平均收费和 2010 年发布的政府指导价对比

业务类型	2009 年实际平均收费	2010 年政府指导价标准调整后	对比结果
刑事诉讼辩护及代理	1.17 万元/件	1. 侦查阶段,2000～10000 元/件 2. 审查起诉阶段,2000～10000 元/件 3. 一审阶段,4000～30000 元/件	大致相当
民事诉讼代理	4.88 万元/件	1. 计件收费:3000～10000 元/件 2. 按标的额比例收费: 10 万元以下(含 10 万元),10%(最低收费 3000 元);10 万元至 100 万元(含 100 万元),6%;100 万元至 1000 万元(含 1000 万元),4%;1000 万元以上,2%。	明显下调
行政诉讼代理	4.59 万元/件	1. 计件收费:3000～10000 元/件 2. 按标的额比例收费: 10 万元以下(含 10 万元),10%(最低收费 3000 元);10 万元至 100 万元(含 100 万元),6%;100 万元至 1000 万元(含 1000 万元),4%;1000 万元以上,2%。	明显下调
法律顾问	9.46 万元/家	市场调节价	不变
非诉讼法律事务	7.84 万元/件	市场调节价	不变
咨询和代写法律文书	0.0287 万元/件	市场调节价	不变
调解成功	0.6761 万元/件	市场调节价	不变
仲裁业务	3.43 万元/件	市场调节价	不变

（六）北京律师收费总额较大的原因

在律师收费总额、律师收费占地区生产总值的比例、人均律师业务收费等三项指标上，北京律师均具有显著的领先优势。究其原因，主要存在于两个方面。

1. 北京地区经济、政治、文化和法治快速发展，产生了大量的法律服务需求

北京是国家的首都，是全国的政治和文化中心，经济发展水平也处于全国前列，需要大量的法律服务。北京是全国的政治中心，大量公权性质的或政治性质的机关、机构驻扎于此，大量的制度和政策在这里制定、修改和研讨，大量的政治活动在这里举行。北京作为文化中心，在教育、文学、影视、音乐、学术、体育、古玩、新闻出版等众多领域，机构众多，活动频繁。北京地区的经济发展水平也处于全国前列。以 2009 年为例，北京地区生产总值为 12153.03 亿元，在全国省级行政区划中排名十三，但是扣除人口规模的影响后，北京的人均地区生产总值达 70452 元，全国排名第二，仅次于上海的 78995 元。驻扎于北京的政治机构、企业总部、文化单位，频繁举办的政治和文化活动以及大量发生的经济交往，直接或间接地产生了大量的法律服务需求。

此外，人们法律意识的加强，人际关系的陌生化，法治原则的贯彻实施，也是北京地区法律服务需求大量产生的重要因素。北京作为国际大都市，作为教育和文化中心，人们的法律意识普遍较强，人们更愿意选择合法的手段进行经营或者争取利益。北京作为社会分工发达、流动人口众多的大都市，人际关系的陌生化不断加剧，各种纠纷发生后，通过正式方式解决的概率增加。北京作为国家制度文明的示范窗口，各项法治原则得到更为有力的贯彻和实施，司法活动、城市拆迁、治安管理等各项公权活动中，国家机关更愿意在律师的支持或参与下开展各项工作，以追求法律效果和社会效果的双赢。总之，在北京地区，法律对社会生活各领域的影响更加深入，法律服务的需求更加普遍，这为律师的业务开展提供了更加广阔的空间。

2. 跨地区执业的体制和显著的竞争优势

律师办理法律业务不受地域限制，是北京律师收费领先优势的体制基础。由于办理法律业务不受地域限制，全国的法律服务需求都可以委托北京律师办理，因此，北京律师的规模和收费总额与北京地区的人口数量、经济发展之间，并没有必然的联系，后者只是影响前者的一个因素。当然，外地的律师也可以办理北京的业务，因此，跨地域执业的体制只是导致北京律师收费领先的一个原因，该原因和另一个因素，即北京律师的竞争优势结合起来，才最终使北京律师收费在全国处于领先地位。

由于北京律师显著的竞争优势，不仅北京地区的律师业务主要由北京律师办理，而且全国各地当事人也有相当的比例到北京聘请律师。比如，2003 年的刘涌案，二审在辽宁省高级人民法院进行，辩护人之一田文昌属于北京律师；再比如，在河南"天价过路费案"中，北京律师王永杰受犯罪嫌疑人亲属委托，担任辩护人，等等。而且，那些到北京聘请律师的案件，通常都是社会影响大、案情复杂、当事人的支付能力比较强的案件，换言之，都是比较高端的案件，因而

收费也比较高。

北京律师之所以具有竞争优势，主要有五个方面的原因：①依托于全国最发达的教育和文化中心地位。自律师制度恢复以来，北京一直是高学历、高技能律师数量最多、比例最大的地区。②由于政治中心的地位，北京律师和国家的决策高层互动频繁，使得在解读国家的法律和政策方面，北京律师获得了更高的权威和认可。③北京律师机构的组织方式和组织规模，也是北京律师竞争优势的一个重要方面。北京具有全国数量最多的大型律所，这些大型律所的人员数量以及专业化的分工，为其在复杂的、大型的高端律师业务尤其是非诉讼法律事务的竞争中积累了优势。此外，北京大型律所遍布各地的分支机构设置，由此产生的人员、信息、知识整合能力，也强化了北京律师的竞争优势。④北京律师对于高端业务的研发能力，也是国内首屈一指的。一方面，北京律师队伍学历高，人才多，资源整合机制先进；另一方面，北京地区国际交流频繁和便捷，各种高端、新颖的业务不断呈现，各种先进的知识和理念在此汇聚和碰撞，使得北京能够快速总结和提升高端复杂业务的办理技能，从而不断拓展律师业务的范围和办理技术。同时，这类创新的不断推出，还为北京律师赢得了理念和技能方面的声誉。⑤北京律师行业高水平的管理和服务，也是北京律师行业规模和办案水平快速发展的重要原因。北京市律师协会的行业自律和司法行政部门的行政监管，促进了律师行业的经验交流和技能提高，降低了律师执业的困难和风险，规范了律师执业活动，维护了律师执业秩序。这些工作是基础性的，但也是前提性的，正是由于北京律师行业自律组织和监管部门在这些方面卓有成效的工作，才促进了北京律师行业规模的发展和收费的增长。

北京律师的竞争优势不仅是北京律师收费总额在全国领先的重要原因，也是北京律师平均实际收费标准在全国位居前列的合理解释。北京律师不仅在全国的行业竞争中处于领先地位，拥有更丰富的案源，而且，北京律师能够在那些办理难度大但是收费高的业务的竞争中获得成功。由于这类高端业务的比例较大，使得北京律师的实际收费标准处于全国较高的水平。例如，在北京律师办理的合同案件中，有很多是在全国有影响的、标的额上亿的业务，而在其他地区律师办理的合同案件中，这类业务比例要小得多，如此一来，使得统计数据中，北京律师办理的合同案件的平均收费显著高于其他地区。

（七）律师收入和律师收费相差较大

虽然相对其他地区和其他行业来说北京律师人均收费较高，但是，这一事实不能简单地理解为北京律师的收入水平也相应较高，或者简单地理解为律师群体是高收入群体。具体理由有如下两个方面。

1. 律师人均收费中，执业成本要占 2/3

律师人均收费是营业收入，扣除成本之后，才是律师的收入。而律师的收入，还有两层含义：第一层含义是律所支付经营成本后，发到律师手中的部分；第二层含义是从律所领取的收入中，律师以个人名义支付若干项目的执业费用后余下的部分。为了表述方便，这里将律所支付的经营成本称为一级成本，律所发到律师手中的部分，称为毛收入；律师个人支付执业费用后的结余，称为净收入。考虑到律师执业方式的特殊性，只有律师的净收入才和一般行业的收入具有可比性。

对于律师执业成本在律师收费中所占的比例，目前尚无全面、精确的调查，但是我们咨询了从事律师行业管理的人员，访谈了一定数量的律师，因此可以大致勾勒出律师执业成本支出的事项和数量。

首先是律师执业的一级成本。一级成本是以律师机构的名义支出的，支出事项大致包括三个方面：一是缴纳一定比例的税收；二是支付办公场所的房租，以及分摊到各年度的房屋装修、办公设施等费用；三是一定数量的日常公共开支，比如接待、财务等辅助人员的雇用费用，水电、维修费用，集体活动费用，等等。这些费用的数量，受到税收的比例、律师的规模、律所内部的组织结构等因素影响，各律所之间存在一定的差异，但是相差不是很大。大致地说，这部分费用要占律师收费的 1/3。

其次是二级成本。二级成本是律师以个人名义支出的。之所以存在这种支出，和律师机构的组织方式有很大的关系。这种方式的一个突出特点，是大多数律所实行提成制，比例可能是二八分成、三七分成或者四六分成不等。由于实行提成制，律师必须自己扩大案源，组织力量办理业务，以增加收入。而要实现这一目标，律师就必须以自己的名义承担相应的支出。通常来说，这类支出包括如下事项：①展业成本。所谓展业，就是拓展业务或者开拓案源。律师为了获得案源，需要广泛地结交朋友，经常出席各种应酬活动，有的律师还采取经营网页、出席会议活动、新闻媒体上"混个脸熟"等方式。②聘请秘书或助理。在目前北京的律所

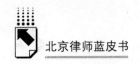

中，秘书或助理通常需要律师个人出钱聘请。③日常费用，包括养车、个人的通讯设备、办公设备等。这些项目加起来，大约也占律师收费的1/3。

扣除上述两个1/3之后，余下的，大致是律师的净收入。我们以2010年为例，北京律师人均业务收费49.3万元，扣除2/3的成本支出之后，尚余16.4万元。也就是说，2010年北京律师人均净收入大约为16.4万元。

2. 由于存在"二八现象"，大多数律师收入并不高

尽管相对于一般的行业来说，这16.4万元的人均净收入仍然比较高，但是考虑到律师收入分化悬殊的事实，大多数律师的收入并不高。

律师收入分化的事实被人们称为"二八现象"，即20%的律师分享80%的收入；反之，80%的律师只能分享20%的收入。全国律协会长于宁曾指出："律师行业收费确实存在'二八现象'，就是20%的人获得80%的收入。"① 之所以出现这种分化，一个重要的原因是较大比例的律所实行提成制，使得律师个人之间的竞争十分激烈，能力强的律师和能力弱的律师自然会两极分化。尤其是广大新入行的青年律师，由于案源缺乏、技能不熟，成为竞争中的弱者，收入普遍很低。此外，那些人才汇聚、规模较大、资源整合机制先进的律所，有能力在非诉讼法律事务等高端业务的竞争中获胜，而那些普通的、规模较小的律所，则只能更多办理那些案件标的小、收入少的案件，这种分化也在一定程度上加剧了不同律师群体之间的收入差异。

在律师人均净收入一定的情况下，"二八现象"使得大多数律师的收入并不高。北京市律师协会公益法委员会委员沃兴伟律师说："目前律师业界收费水平的分化也很严重。在北京的律师事务所，有资历老的律师一年收入上百万元，但那是极个别，很多律师还是一年几万元的收入。"② 具体地说，以16.4万元的律师人均净收入计算"二八现象"：如果在10个律师中，有2个律师每人每年的净收入为65.6万元，则余下的8个律师每人每年的净收入只有4.1万元。这样的结果，难怪于宁会长感叹道："虽然还没有系统性数据，但是从全国来看，律师的平均收入其实也就和出租车司机差不多一个水平。"③

---

① 庄庆鸿：《全国律协会长于宁：律师平均收入相当于"的哥"》，2010年3月4日《中国青年报》。
② 庄庆鸿：《全国律协会长于宁：律师平均收入相当于"的哥"》，2010年3月4日《中国青年报》。
③ 庄庆鸿：《全国律协会长于宁：律师平均收入相当于"的哥"》，2010年3月4日《中国青年报》。

五 北京律师社会公益活动活跃

北京律师一方面基于当事人的委托，为社会提供了大量有偿的法律服务，这是《律师法》规定的法律职业的固有含义。而近年来，北京律师也更多地向世人展示了其另外一面：关爱社会，热心公益，积极参政议政，协助政府排忧解难。

（一）承担了大量的法律援助工作

北京的社会律师①每年都要承担大量的法律援助工作。法律援助对于社会律师来说，是介于法定义务和公益事业之间的一种活动。一方面，国务院《法律援助条例》和《北京市法律援助条例》都规定，法律援助是各级政府的责任，律师的主业在于向不特定的社会公众提供有偿的、契约性的法律服务；另一方面，《律师法》、国务院《法律援助条例》和《北京市法律援助条例》又规定，律师事务所、律师等主体应当在一定范围内承担一定的法律援助工作。基于这两方面的规定，律师承担法律援助工作的数量既取决于法律法规的强制性要求，也受社会律师的公益热情、社会责任感的影响。从统计数据来看，北京的社会律师实际承担了大量的法律援助工作，既体现了北京律师对法定义务的尊重，也体现了该群体较为强烈的社会责任感和公益热情。

首先，从绝对数据上看，北京律师在 2009 年共承担法律援助案件 10398 件，这个数据较前两年略有下降（见图 21）。这个数字及其变化表明，北京律师承担了大量的法律援助案件，与此同时，由于北京市每年法律援助案件的总数略有变化，案件在社会律师和其他机构之间的分配有所调整，所以，社会律师承担的法律援助案件在一定的总体水平上略有变动。

其次，可以从相对数量上进行更有意义的考察。一方面，如图 22 所示，在 2009 年，全国的社会律师平均每人承担了 1.12 件法律援助案件，而这个数字北

---

① 社会律师为专职律师与兼职律师之和，不包括公职律师、公司律师、军队律师和法律援助律师。

京只有0.50件。换言之，北京平均每名社会律师承担的法律援助案件数量明显低于全国。然而另一方面，如图23所示，从社会律师所承担的法律援助案件的比例看，全国的平均数是28.8%，而北京是68.6%，北京远高于全国。也就是说，在全国范围内，只有不到1/3的法律援助案件是社会律师承办的，而在北京，社会律师却承担了超过2/3的法律援助案件。两组数据结合来看，北京的社会律师承担了更多的法律援助案件，但是由于北京律师队伍基数大，平均每名律师的负担却低于全国平均水平。

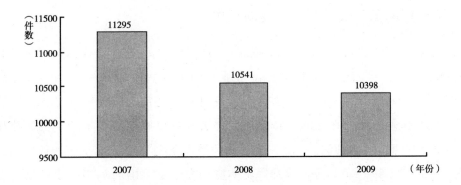

图21　2007～2009年北京社会律师办理的法律援助案件数

资料来源：2007年北京社会律师办理法律援助案件数来源于《中国律师年鉴2006～2008》，人民法院出版社，2009；2008～2009年的数据来源于北京市司法局。

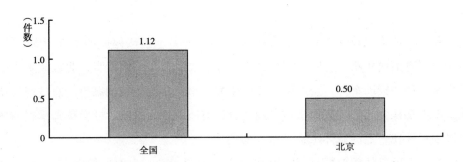

图22　2009年北京和全国社会律师人均办理法律援助案件数量

注：社会律师人均办理法律援助案件数为社会律师办理法律援助案件总数和社会律师人数的比值。

资料来源：2009年北京社会律师办理法律援助案件总数和社会律师人数来源于北京市司法局。

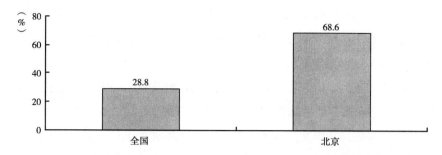

图 23　2009 年北京和全国社会律师办理法律援助案件的比例对比

注：社会律师办理法律援助案件的比例为社会律师办理法律援助案件数和当年法律援助案件总数的比值。

资料来源：2009 年北京和全国社会律师办理法律援助案件数来源于司法部，当年的法律援助案件总数分别来源于《北京统计年鉴 2010》（中国统计出版社，2010）和《中国统计年鉴 2010》（中国统计出版社，2010）。

（二）热心公益活动

北京律师热心公益活动。在 2009 年度，北京律师提供义务法律咨询 104361 次，参加公益法律服务 13058 次，参加涉法信访 1413 次，参加义务法律咨询的律师 9338 人，为社会提供法律援助 6798 次。[①] 在 2010 年，北京律师继续以各种形式、各种途径从事公益活动。

首先，北京律协及其下属机构组织了一系列的献爱心活动，在这些活动中，北京律师关爱社会，慷慨解囊。这方面的活动是大量的，其中重大的活动包括：①为年初遭受严重旱灾的西南地区发起了"北京律师春雨行动"，通过捐款帮助灾区群众渡过难关，累计共收到全市律师和律所捐款 150 万余元；②组织律师为青海玉树地震灾区开展捐款献爱心活动，累计收到捐款 324 万余元；③为不断延续北京律师的爱心善举，律师协会在全市律师事务所中组织开展了为北京律师历年捐赠的希望小学捐款的活动，捐赠物品价值达 7 万余元；④12 月 3 日是"首都慈善公益日"，在这一天，北京律协女律师联谊会会长张巍、副会长任燕玲、郝春莉、秘书长周淑梅、执委李小波、律协副秘书长刘军一行 6 人，来到北京 SOS 儿童村，看望那里的孩子们，并为孩子们购买了 400 册价值 5000 元的图书，为 8 个家庭筹建了家庭图书室。[②]

---

① 以上数据由北京市司法局提供。

② 以上信息由北京市律师协会提供。

其次，对于北京律协组织的公益法律服务活动，北京律师也踊跃参与。比如，为了更好地为社会提供法律服务，树立北京律师的公益形象，北京律协于2009年10月26日正式成立公益法律咨询中心，开通运行公益法律服务热线。首批共有40家律所的298名执业律师加入公益法律咨询中心的免费法律工作。截至2010年9月30日，公益法律服务热线顺利开通48周，参与咨询的志愿律师累计已达950人次，其中女性律师336人次，共接听市民咨询电话10422个，接待来访1735人次。此外，有关部门组织成立的"北京市未成年人保护公益律师团"、"北京市养老（助残）96156精神关怀服务热线定点单位"、"首届首都青少年公益节暨北京社会公益活动周"等项目或者活动，都得到了北京律师的全力配合和行动支持。①

最后，北京律师充分利用专业知识化解社会矛盾，协助政府部门做好维稳工作。这方面的一项重要工作是参与调解征地拆迁矛盾。在我国当前，征地拆迁领域矛盾尖锐，纠纷频发，处理不好，可能演化为大规模的社会冲突，既危害社会稳定，又妨碍工程开工和经济发展。为此，北京市司法局组织律师、司法助理员、人民调解员等成立重点地区排查整治法律服务团，3000名律师加入其中，解决因征地拆迁、改造施工、拆除违章建筑等引发的矛盾纠纷。律师全面介入拆迁改造，在北京尚属首次。据统计，仅2010年上半年，法律服务团就调解矛盾纠纷3213件，成功率达94.2%。除此之外，北京律师还活跃在信访接待、人民调解等矛盾化解工作中。据北京市律协统计，在2010年上半年，全市共有495家律师事务所的律师在全市各级政府中担任法律顾问，3000余名律师参与各级政府的信访接待工作，2600余名律师通过各种形式参与人民调解工作，1100余名律师直接参与为农村提供法律服务的工作，6300余名律师直接参与法律服务进社区的工作，为促进首都经济平稳较快发展和社会和谐稳定作出了积极贡献。②

（三）积极参政议政

对于国家的各项政治生活，对于社会中的热点事件，北京律师积极关注，广

---

① 以上信息由北京市律师协会提供。
② 以上信息由北京市律师协会提供。

泛参与，一方面体现了饱满的政治热情，另一方面展现了高水平的参政议政能力。概括起来，北京律师当前主要通过如下方式参政议政。

首先，北京律师通过人大代表、政协委员的身份积极参政议政。在 2008 届人大和政协中，北京律师担任人大代表、政协委员的数量大幅增加，由此获得了更大的参政议政空间。在 2008 届全国和地方的人大、政协组成人员中，都有一定数量的北京律师。根据 2010 年的统计，北京律师中，全国人大代表 2 名，市人大代表 8 名，区县人大代表 12 名，全国政协委员 3 名，市政协委员 8 名，区县政协委员 44 名，其总数是上一届人大和政协中律师人数的 3 倍多（见图 24）。

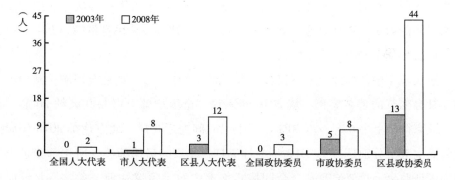

图 24　2003、2008 两届人大、政协中北京律师担任代表/委员的数量变化

资料来源：（1）图中数据由北京市律师协会提供；（2）同一届中不同年份的人数略有变动，2008 届的代表/委员数量为 2010 年的统计数据。

北京律师在"两会"上的参政议政活动体现了强烈的政治热情和高度的敬业精神，而且体现了较高的专业水准。比如，在 2009 年的"两会"期间，北京律师中的人大代表和政协委员共提出议案、提案 159 件，内容涉及交通、教育、安全、就业、民生、金融危机、社会保障、妇女权益保障、新农村建设、司法公正、农业生态旅游、劳动法实施、青少年犯罪、贯彻落实律师法、改善执业环境、保障律师执业权利、公益法律服务体系等很多方面，北京律师人大代表、政协委员的议案、提案数量和质量逐年提高，引起了社会广泛的关注。2009 年 4 月 22 日，北京市高级人民法院出台的《北京市高级人民法院关于财产保全若干问题的规定（试行）》，就源于北京市律师协会理事、第十一届北京市政协委员刘子华律师的提案。

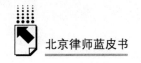
其次，北京律师以普通公民的身份参政议政。近年来，北京律师在国家制度建设和社会热点问题上十分活跃，他们常常以普通公民的身份，发挥特殊的专业技能，就各种政策、法律、案件等社会热点问题发表意见，引领和推动社会变革。具体方式多种多样，其中，如下两种形式特别突出。

一种方式是所谓的"上书"。"上书"是民间流行的通俗说法，确切含义是指社会组织或者公民个人就国家治理中的某一个问题向有关的主管机关、主管部门提出书面的意见或者建议。社会组织或者公民"上书"的权利，属于公民政治权利的重要组成内容，其最基本的法律依据，是《宪法》第41条的规定："中华人民共和国公民对于任何国家机关和国家工作人员，有提出批评和建议的权利……"在此之下，《监督法》、《立法法》、《信访条例》等法律法规中则有更为具体的规定。正是以这些规定为依据，北京律师以公民身份频频上书，成为目前社会环境下耀眼的舆论领袖。

过去几年中，律师上书不仅数量多，而且产生了较大的社会影响，其中不乏推动社会变革的著名案例。就2010年来说，全国律师上书一共大约20起，其中，北京律师上书6起，占30%。以上书时间先后为序，北京律师2010年所提起的6次上书分别是：① 2010年1月7日，北京问天律师事务所律师张远忠上书中国证监会，建议修改基金合同格式文本中的"争议处理"条款，并督促基金公司修改基金合同中的"争议处理"条款。① ② 2010年1月11日，在吴英非法集资案二审期间，李长青律师在北京通过特快专递向浙江省高级人民法院递交了《为吴英请愿书》，建议对吴英"刀下留人"。② ③ 2010年1月21日，北京市瀚翔律师事务所律师王雅军向工业和信息化部上书，质疑联通关停发送黄段子的手机账号的短信功能的做法的合法性。③ ④ 2010年3月19日，北京中银律师事务所的董正伟、柏平亮、陈东、梁会青等4名律师向国家发改委、国家工商总局上书，建议查处高铁票价的高价垄断行为。④ ⑤ 2010年11月4日，北京市邦道

---

① 《律师上书证监会　建议修改基金格式合同》，2010年1月9日《中国经营报》。
② 徐浩然：《京城律师上书浙高院称亿万富姐吴英罪不至死》，中顾网：http://news.9ask.cn/Article/lsj/201001/295993.html，最后访问时间：2011年3月18日。
③ 谢晓萍：《发送黄段子关停短信　律师上书质疑联通违法》，2010年1月22日《每日经济新闻》。
④ 刘杰：《律师联名上书质疑高铁票价：涉嫌价格垄断得暴利》，2010年3月19日《京华时报》。

律师事务所律师李长青公开表示，已就腾讯公司涉嫌滥用市场支配地位、强制用户卸载 360 软件，向国家工商总局提交申请，要求对腾讯公司展开反垄断调查。① ⑥ 2010 年 12 月 24 日，北京盛廷律师事务所将一份名为《不动产征收与搬迁法》的建议稿上书至全国人大法工委和国务院，建议制定中的《国有土地上房屋征收与补偿条例》一并解决国有土地和集体土地以及地上附着物、建筑物的征收问题。②

这些上书事例表明，北京律师对制度、政策和社会事件更敏感，也更有担当。北京律师的数量占全国约 1/8，上书次数却有 1/3，是全国参政议政最活跃的律师群体。律师由于他们特殊的专业素养和职业习惯，一些事件发生后，往往能够更早更快地发现事件所包含的法治议题和改革契机，从而发起、引领和推动社会公众对社会发展重大问题的讨论。

二是参加听证会。律师参加听证会，可能有两种身份：一种是作为有关利益主体的代理人参加，一种是作为社会公众的代表参加。这里要说的是后一种情况。在这种情况下，律师可以充分利用其专业知识，对听证所涉及的公共政策发表意见，维护社会公众权益。在这方面，北京律师也有出色的表现。这里仅举一例。

2010 年 11 月 2 日上午，北京市有关部门就居民天然气销售价格调整举行听证会。参加听证会的人员一共 25 人，其中，市人大代表 3 人，市政协委员 3 人，政府官员 3 人，经营者代表 1 人，专家学者 1 人，社会组织代表 1 人，消费者代表 10 人。在这 10 名消费者代表中，有 3 名特别的消费者，那就是北京市当代律师事务所律师卫爱民、北京市常鸿律师事务所律师常卫东和北京市中银律师事务所律师葛友山。为了充分维护消费者的权益，全面反映市民的利益关切，三名律师都做了精心的准备，发表了很有见地的意见。其中，卫爱民律师是两名不同意涨价的代表之一，他的意见是："老百姓已经承受了很大的物价上涨的压力，不应该再让老百姓增加负担。现在上游涨价了，紧接着就要把这种损失转嫁到老百姓身上，而不看老百姓是否能承受，是不对的。"葛友山则表示，根据调查，这次调整方案中，无论方案一还是方案二都超过了北京市职工平均工资的增长率，建议在条

---

① 庄春晖：《律师上书国家工商局申请对腾讯展开反垄断调查》，2010 年 11 月 5 日《每日经济新闻》。

② 郭少峰：《我国新拆迁条例可能在明年两会前后公布》，2010 年 12 月 26 日《新京报》。

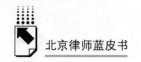

件许可的情况下适当降低涨幅，能让广大消费者特别是对价格增长比较敏感的中低收入家庭得到补贴或者补偿。常卫东律师更是绝无仅有地向市民发放了 110 份问卷，以了解市民的意见和建议。虽然常卫东律师最后赞成了天然气涨价方案，但是他建议调低涨幅，并表达了涨价可能影响老百姓生产生活的看法和担忧。①

六　北京律师行业管理成效显著

在我国当前，律师行业管理实行司法行政机关的监督指导和律师协会的行业自律"两结合"的体制。在 2010 年，通过这种"两结合"的管理体制，针对律师行业存在的一些问题，司法行政机关和律师协会做了大量的工作，行业管理成效显著。

（一）党建工作稳步推进

通过加强党建工作进行律师行业引导和管理，保证和加强律师社会主义法律工作者的职业定位，是新时期律师行业管理的一个重要特色。在 2010 年，北京律师工作在党建方面，取得了显著成绩。

1. 党员律师人数有所增长

由于党建工作的推动，北京律师中共党员人数逐年增长。如图 25 所示，自 2008 年以来，律师党员人数显著增长。其中，2009 年增长了 5.8%，达到 5073 人；2010 年增长了 10.9%，达到 5626 人。通过对比可以看出，2010 年的党建工作成效更显著。

然而，从相对数量来看，北京律师党员的发展还有较大的空间。如图 26 所示，2009 年律师党员所占的比例，全国为 28.9%，略高于北京的 23.9%。此外，从历史发展的角度看，如图 27 所示，北京律师党员的比例虽然最近两年有所增长，但是仍低于 2008 年。结合律师党员绝对数量增长这一事实，这个变化说明，北京每年新增的青年律师中中共党员比例较低，如何发展青年律师党员，应是今后党建工作的一个重点。

---

① 参见汤旸《天然气调价今听证　市发改委网站将"网上直播"》，2010 年 11 月 12 日《新京报》；汤旸：《居民天然气调价听证会举行，25 名听证代表出席，2 人反对调价，八成代表赞同气价涨 0.23 元》，2010 年 11 月 13 日《新京报》；周宇、张艳：《天然气听证会"涨声"一片，25 听证代表中 23 人同意涨价，反对者认为时机不对》，2010 年 11 月 13 日《京华时报》；北京市律师协会：《北京律师社会责任报告》（2010 年 11 月发布），第 28 页。

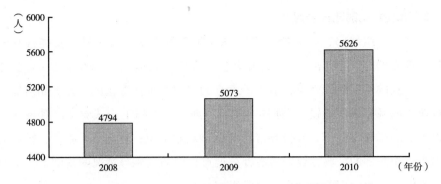

图 25　2008～2010 年北京律师中中共党员人数变化

资料来源：2008～2010 年北京律师中共党员的数据来源于北京市司法局。

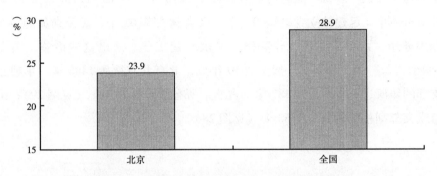

图 26　2009 年北京和全国律师党员所占比例

资料来源：2009 年的律师数量和律师中共党员数量数据来源于司法部。

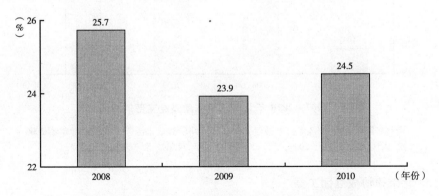

图 27　2008～2010 年北京律师中中共党员所占比例变化

资料来源：2008～2010 年北京律师数量和律师中共党员数量数据来源于北京市司法局。

2. 律所党支部建设全覆盖

中共中央组织部、司法部党组于 2008 年 3 月下发《关于进一步加强和改进律师行业党的建设工作的通知》，要求进一步加大党组织的组建力度，切实加强律师行业党的基层组织建设，努力扩大党的组织和工作覆盖面。对于如何加强律师行业党的基层组织建设，《通知》提出：对有 3 名以上正式党员、具备建立党组织条件的律师事务所，要指导帮助单独建立党组织；对党员人数少、暂不具备建立党组织条件的，要在综合考虑办公地点、业务类别等情况的基础上，由两个或两个以上的律师事务所联合组建党组织。

根据《通知》的精神，北京有关部门自 2008 年以来，大力推进律师行业党的基层组织建设，取得了显著的成效。截至 2010 年 8 月 10 日，北京市 1355 个律师事务所中，已建独立党组织 380 个，联合党支部 68 个，对无党员的 345 个律师事务所，则派出党建工作联络员开展党建工作。通过这些措施，实现了"组织全覆盖"的工作目标。截至 2010 年底，北京共有律所 1486 家，单独建立党支部的律所进一步增加到 387 家，占北京所有律所的 26.0%（见图 29）；跨所联合党支部则相应地减少为 62 个（见图 28）。

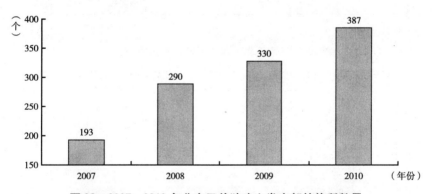

图 28　2007～2010 年北京已单独建立党支部的律所数量

资料来源：（1）2007 年已单独建立党支部的律所数量来源于《中国律师年鉴 2006～2008》，人民法院出版社，2009；（2）2008～2010 年的数据来源于北京市司法局。

3. 北京律协成立团工委

2010 年 11 月初，北京市司法局党委下发了《中共北京市司法局委员会关于成立共青团北京市律师协会工作委员会的通知》，要求成立共青团北京市律师协会工作委员会。11 月 15 日，中共北京市律师协会团工委第一次会议召开，标志

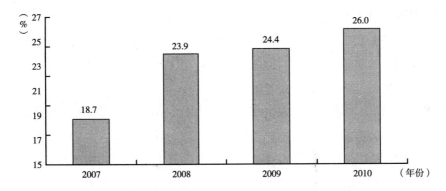

图 29 2007～2010 年北京已单独建立党支部的律所所占比例

资料来源：（1）2007 年已单独建立党支部的律师数量和律所总数来源于《中国律师年鉴 2006～2008》，人民法院出版社，2009；（2）2008～2010 年的数据来源于北京市司法局。

着北京市律师协会团工委正式成立。北京市律师协会团工委的成立具有两方面的意义：一是有助于加强党建工作，通过团组织的活动，贯彻党和政府的政策，为党组织输送更多的优秀人才；二是有助于加强青年律师的扶持工作。北京律师队伍中中青年律师的数量较多。在目前，28 岁以下的律师有 2000 余人，40 岁以下的约占 60%。① 然而，正是这个群体，由于他们入行时间较短，工作经验、职业声誉等都处于成长期，需要特别的鼓励和扶持，而团工委的成立，有利于加强这方面的工作。

（二）行业发展有新举措

为促进北京律师行业健康发展，北京律师协会在 2010 年度做了大量的工作。其中，有两项工作富有创意，值得一书。

1. 支持青年律师成长

青年律师的成长，对律师行业长远的、可持续的发展，具有特别重要的意义。一方面，律师行业发展需要后备力量，律师队伍建设需要不断补充新鲜血液；另一方面，青年律师的成长有一个过程，他们在执业初期，往往面临业务不熟、案源不足等难题。所以，青年律师需要特别的帮助和扶持。在 2010 年，北

① 数据来源于《北京市律师协会团工委召开第一次会议》，北京市司法局网站：http://www.bjsf. gov. cn/lsgl/lsgldt/201011/t20101125_ 1798242. html，最后访问时间：2011 年 3 月 18 日。

京市律师协会做了大量的工作。前面提到的北京律协团工委的成立，就是举措之一。除此之外，北京律协还有两项重大措施，惠及青年律师。

一项措施是减免青年律师的会费，支持青年律师发展。2010 年 4 月 10 日，第八届北京市律师协会代表大会第三次会议审议通过了《北京市律师协会会费管理办法》。该办法规定：个人会员会费每人每年由 2500 元降到 2000 元，下降幅度达 20%；青年律师执业第一年度免收会费，执业第二年度减半收取会费；年满 70 岁的老律师免收会费。该办法自 4 月 12 日公布之日起生效实施。会员是行业协会的根基，北京律协一直将服务会员放在工作的首要位置。律协对会费管理办法的修改，既是回应广大会员的愿望，更是规范会费的收取和使用，使其更科学、更合理、更好地为会员服务。通过会费调整，协会对律师和律师事务所进行积极引导和扶持，更好地促进律师行业长期、稳定、健康地发展。

另一项措施是实施"阳光成长计划"，帮助青年律师成长。针对青年律师的需求，北京律协青年律师工作委员会启动了"阳光成长计划"，旨在培养执业 3 年以下的青年律师的职业素养，提高青年律师的办案水平。阳光培训班课程设计贴近青年律师实际，内容涉及执业道德、专业素质和具体办案实务。在律师协会会长的带动下，各专业委员会的数十位资深律师组成了阳光导师团，向青年律师们面授专业技艺，实现业内资深老律师指导和传帮新律师的重要突破。此外，在常规培训的基础上还创造性地增加了访谈教学、案例教学、情景模拟教学等互动式培训。阳光培训班全年累计开办 5 期，受惠青年律师累计达近千人次。

2. 打造北京律师公益形象

充实律师身上的"道德血液"，打造律师的公益形象，北京律协走在了全国的前列。公益形象首先是"做"出来的，为此，北京律协一方面大量支持律师的参政议政，另一方面倡导和组织了一系列的公益活动。对于这些社会活动，前已详述，此处不赘。此外，在这些活动的基础上，北京律协还加强了宣传工作，让这些工作为律师的公益形象加分。

首先，一些公益活动本身就和广告宣传结合起来。在从事公益活动的同时，就达到了广告宣传的效果。比如，为了让市民知晓和接受公益服务热线，北京律协专门制作了 50 幅以"用心倾听，用行动帮助您"为主题的北京律协公益灯箱广告，投放在本市人流密集区域的公交候车亭内；同时，还与北京人民广播电台合作，从 5 月 1 日起在节目中插播公益广告；同《北京晚报》每周三的法治周刊合作，从 6 月起采用固定的活动标识和专题报道的形式，推出专栏宣传推广"公益热线"；设计印刷了"公益热线"宣传折页等，并已在"首届北京市社会公益活动周"、"北京青少年社团文化节"等大型活动现场向市民发放 2000 余册；此外，以"北京市律师协会公益法律热线"为内容的滚动字幕广告还出现在了万辆公交车的移动电视显示屏上，充分利用"北京移动电视"受众面广、信息量大、传播速度快等特点，进一步扩大宣传北京律协公益热线的覆盖面。

其次，北京律协编辑出版了《律师话政》系列丛书。北京律师参政议政十分活跃，为了展现北京参政议政的政治热情、民生情怀和专业风采，自 2009 年以来，北京律协人大代表与政协委员联络委员会先后编辑出版了《律师话政》第一辑和第二辑，并于 2010 年 12 月两次开会讨论。12 月 1 日，人大代表与政协委员联络委员会召开主任会议。副会长姜俊禄、联络委员会主任刘子华、副主任刘凝、苗谦、黄鹰、秘书长吕立秋参加会议。会议由刘子华主任主持。会议研究讨论了《律师话政》第三辑的编辑规划和出版事项。《律师话政》记载了北京律师作为各级人大代表和各级政协委员参政议政的足迹、成果和感悟，汇集了他们在历次人大会议和政协会议上的提案和建议。精心编辑的《律师话政》向社会展现了首都律师关注民生、热心公益、积极履职的专业风采，成为人们了解北京律师社会活动的重要窗口。

最后，北京律协发布了《北京律师社会责任报告》。2010 年 11 月 27 日，北京市律师协会在北京会议中心召开新闻发布会，发布了《北京律师社会责任报告》，人民日报、新华社北京分社、北京日报、北京晚报、法制日报、中国司法、中国律师、中央人民广播电台、北京人民广播电台、首都政法网等 10 余家新闻媒体的记者参加了新闻发布会。《北京律师社会责任报告》是北京律协首次也是全国律师行业第一次发布的、以律师社会责任为主题的综合性报告。《北京律师社会责任报告》从政治、经济和社会角度全面梳理了北京律师承担社会责任的情况。报告表明，首都律师具有强烈的社会责任意识，律师履行社会责任的主要方式有参政议政、立法建言、政府顾问、公益诉讼、法律援助、免费法律咨询、奖教助学和慈善事业等。调研数据显示：97.09% 的律师愿意履行社会责任，76.87% 的律师已经以各种形式履行了社会责任。该报告近 5 万字，通过近 1500 份问卷调查、走访座谈和资料分析得出，历时半年多完成。

（三）行业管理有新思路

加强执业管理，维护行业秩序，是律师管理工作的一项重要内容。在2010年，北京律师行业管理措施多，力度大，具体体现在违纪惩戒、警示教育、争优创先等方面。这些工作的具体开展，体现了两个特点：一是充分体现了行政管理和行业自律"两结合"的体制特色；二是通过党建工作促进管理，创新了律师管理方式。

第一，北京司法行政管理部门和律师协会加大惩处力度，对违纪违法的律师进行惩戒。如表4所示，和前两年相比，无论是行业处分还是行政处罚，2010年的力度都显著加强了。[①] 其中，2010年行业处分律师48人，接近2008年和2009年的总和；4名律师被吊销律师执业证，人数比前两年的总数还要多。表中的数据显示，对于轻微的违纪行为，司法行政部门已经将惩戒工作留给律师协会进行纪律处分，只对比较严重的违规行为科以吊销律师执业证书这样的严重惩罚。

表4　2008～2010年北京律师违规惩戒人数

单位：人

年份	受行业处分律师数						受行政处罚律师数			
	合计	警告	训诫	通报批评	公开谴责	取消会员资格	合计	受警告	停业三个月至一年	被吊销律师执业证
2008	29	2	6	10	11	0	1			1
2009	23	0	6	6	11	0	1			1
2010	48	0	18	13	13	4	4			4

资料来源：2008～2010年北京律师违规惩戒人数来源于北京市律师协会秘书处。

第二，在律协配合下，北京市司法行政部门开展了律师队伍警示教育活动。"李庄事件"后，司法部发布了《关于在全国律师队伍中开展警示教育的意见》，北京市委、市政府、市委政法委也就加强律师队伍建设作出了指示。为贯彻这些意见和指示，北京市司法局和律师协会于2010年3月至年底开展了律师队伍警示教育工作。警示教育以"李庄事件"为反面典型，结合北京律师行业近年来

---

① 2010年行业处分人数之所以显著增加，北京律师协会加强了积案处理力度是一个重要原因。这方面的详细分析，参见本书的分报告五《北京律师惩戒工作发展报告》。

的违法违纪事件，清查律师事务所和律师在执业理念、执业能力、执业行为、职业道德等方面存在的问题，提出加强和改进工作的方案和意见。通过警示教育，北京律师坚定了践行中国特色社会主义法律工作者的自觉性，健全了律师职业的规章制度，规范了执业活动和执业秩序，增强了执业过程中的风险意识和自我保护意识。

第三，开展了一系列争先创优活动。如果警示教育是通过反面典型教育律师队伍，那么，争先创优活动则是通过正面典型的评选和学习活动，教育提高律师队伍的思想觉悟和职业道德水平。同样，争先创优活动是由北京市司法局统一部署，由律师协会具体落实的。争先创优活动的具体内容，主要包括评选律师事务所"五好"党支部、评选50名优秀律师党员、举办"北京市优秀律师党员事迹报告会"等方面。通过这一系列的活动，取得了"表彰一个带动一片"的效果，推动了北京市律师党建工作的开展，提高了律师队伍的思想觉悟和道德水平。

第四，行业自律健全了调处制度。律师协会是律师的自律性组织。《律师法》第46条规定，对律师、律师事务所实施奖励和惩戒，受理对律师的投诉或者举报，调解律师执业活动中发生的纠纷，受理律师的申诉等，是律师协会的职责。为了落实这些规定，全国律协通过《中华全国律师协会章程》重申了这些职责，并颁发了《律师协会会员违规行为处分规则（试行）》，对履行上述职责的权限和程序作了具体的规定。然而，从具体操作的角度说，全国律协的文件的内容仍然是比较原则的，因此，需要地方各级律师协会进一步具体化。

2010年7月14日，北京市律协同时发布了六个行业规范性文件，分别是《北京市律师协会纪律处分决定执行细则》、《北京市律师协会执业纪律与执业调处委员会规则》、《北京市律师协会执业纪律与执业调处委员会听证规则》、《北京市律师协会投诉立案规则》、《北京市律师协会执业纪律投诉调解规则》和《北京市律师协会会员执业纠纷调解处理规则》。这六个行规要规范的问题包括两个方面：一是律师会员之间执业纠纷的调解或裁决；二是轻微违纪投诉案件的调解或处分。从性质上说，两类问题有所不同，但是律协设立了律师执业纪律与执业纠纷调处委员会，由该机构一并调处这两类问题，所以可将这六个行规的内容，合并称为"律师执业纪律和执业纠纷调处制度"。

概括地说，该制度的具体内容包括三个方面：①律师执业纪律与执业纠纷调处委员会（以下简称"纪处委"）的组成、权限和工作程序规则。②执业纠纷调处规则。执业纠纷是指北京律协律师会员之间因执业或者在执业过程中发生的纠纷。执业纠纷由纪处委负责调处。纪处委对于执业纠纷的处理采取先行调解的方式进行，并有权在调解无效时作出裁决。纠纷的调处包括申请、受理、立案和调解环节，调解不成功时进入裁决环节。纪处委不受理调处申请的决定以及纪处委的裁决都是终局性质的。③违纪投诉调处规则。违纪投诉的调处由纪处委负责。违纪案件的处理包括投诉、立案、调解、处分决定、执行处分等环节。纪处委对被投诉人或被调查人在作出行业纪律处分决定前，应当告知其享有要求听证的权利。听证应当按照《北京市律师协会执业纪律与执业调处委员会听证规则》规定的程序进行。

第五，建立区县律师协会，完善律师行业管理"两结合"体制。2007年修订的《律师法》将一些律师行政管理职能下放到直辖市的区人民政府司法行政部门，这样一来，如果要贯彻律师管理"两结合"体制，就应当设立相应的直辖市区县律师协会。此外，北京执业律师人数在2009年底已经超过2万人，一个城区的律师达数千人，建立区县律师协会有助于加强对律师的服务和管理。考虑到这两方面的需要，2009年10月16日，北京市司法局发布了《关于建立区县律师协会进一步完善我市律师管理和服务体制的工作意见》，开始了北京市区县律师协会的筹建工作。截至2010年底，全市律师人数50人以上的11个区都组建了律师协会。北京市区县律师协会的组建，是北京市2010年度律师行业管理中的一项重要工作。区县律师协会的组建和运行，必将对律师管理"两结合"体制产生积极的影响。

七　北京律师年度发展的总结和展望

（一）北京律师年度发展总结

综合前面各项指标的考察，并结合本书各分报告的专题分析，归纳起来，北京律师2010年的年度发展，具有五个显著的特点。

1. 各项行业基本指标继续增长

一方面，律师行业的规模指标继续增长，比如在2010年，北京律师人数增加了8.1%，律师服务收费总额增加了23.4%，等等。而且，这种增长还体现在相对数上，比如律师人数的增长快于人口数的增长，律师服务收费总额的增长快于地区生产总值的增长，等等。另一方面，各种反映现代律师行业基本特征和发展趋势的指标也有所增长。比如，非诉讼法律事务收费的比例从 2009 年的 43.5% 增长到 2010 年的 45.0%，特大型律所的数量从 2009 年的 19 家增长到 2010 年的 25 家。两类指标的变化表明，北京律师不仅规模继续增长，而且非诉讼的高端业务比例不断扩大，律所经营的专业化、规模化日益增强。

2. 继续保持在全国律师行业中的领先地位

北京律师的领先地位，几乎表现在律师发展的所有方面。首先是在规模上，北京律师具有显著的优势。比如，截至 2009 年底，北京具有执业律师 21215 人，约占全国数量的 1/8，远远高于其他省、自治区、直辖市。又比如，北京律师 2009 年的收费总额为 91.6 亿元，超过全国总额的 1/4，比排在第二位的广东（50.5 亿元）多出了将近一倍。其次是在发展的水平上，北京律师的优势也是明显的。比如，北京律所的规模化、专业化程度高。在 2009 年，北京的大型律所超过了全国的 1/5；特大型律所超过了全国的 1/3；在全国规模最大的前 10 家律所中，北京独占 8 家，前三甲和后五位都是北京的律所，等等。又比如，北京律师 2009 年的业务收费中，非诉讼法律事务收费占到 43.5%，高于排在第二位的上海（38.6%），显著高于全国 28.0% 的平均水平，表明北京律师业务的层次和范围领先全国。

3. 大力改善律师的社会形象

2010 年北京律师的行业管理工作，主要精力集中在改善或重塑律师的社会形象方面。这方面工作的起因是"李庄事件"，但是这只是一个导火索，多年来社会各界对律师职业定位的质疑和不满是深层原因。律师是唯利是图、依契约行事的商人，还是心怀正义、热心公益的天使？律师是平衡公权力和社会私主体的独立力量，还是政府各项工作的忠实助手？面对来自社会和政府的质疑，以及由此形成的巨大压力，律师界付出巨大的努力，积极改善和重塑律师形象。这项工作是全国性的，但是北京律师群体处于舆论的中心位置，所以北京律师在这方面的工作尤其突出。北京改善律师形象的工作，概括起来主要是六个方面：一是组织和鼓励律师参与各种献爱心活动；二是组织和鼓励律师参与各种公益法律援助服务；三是组织和鼓励律师参与信访接待和纠纷化解工作，成为支持政府工作、协助化解社会矛盾的可靠力量；四是支持和帮助律师人大代表、律师政协委员做

好参政议政工作；五是制定《北京市律师诉讼代理服务收费政府指导价标准（试行）》和《北京市律师服务收费管理实施办法（试行）》，加强收费管理，调低律师收费标准，并明确规定律师收费下浮不限；六是充分利用图书出版、会议论坛、广告宣传、电视节目等方式，宣传北京律师的公益形象。

4. 党建工作加强

自中共中央组织部、司法部党组 2008 年 3 月发布《关于进一步加强和改进律师行业党的建设工作的通知》以来，通过党建工作加强律师行业的引导和管理，成为新时期律师工作的一项特色，该特色为我国"两结合"律师管理体制赋予了新的内涵。在 2010 年，北京有关部门继续通过党建工作加强律师行业管理，并取得了显著的成效。这方面工作的内容是多方面的，主要包括：一是加强律师行业基层党组织建设，实现了基层党组织全覆盖的工作目标；二是成立了北京市律协团工委，通过团工委加大对青年律师的管理和扶持力度；三是结合律师违纪事件，开展了"警示教育"；四是通过树立优秀律师典型，开展了争先创优活动。

5. 加大对青年律师的扶持力度

青年律师执业困难是全国性的，因此许多地区都出台了措施，以帮助青年律师克服执业初期的困境。北京律协一向重视青年律师的扶持工作，专门设立了青年律师工作委员会，负责落实青年律师的联系、调研和帮扶任务。在 2010 年，北京市律协又采取了一些措施，加强了青年律师的扶持工作力度。这些措施主要包括成立北京律协团工委、减免青年律师的会费和实施"阳光成长计划"等三个方面。减免青年律师会费，即青年律师执业第一年度免收会费，执业第二年度减半收取会费；实行"阳光成长计划"，即律协有计划、分批次地组织资深律师对青年律师的职业道德、职业素养、专业素质进行培训的一项工程。

（二）北京律师发展前景展望

北京律师发展至今，已经具有较大的规模，处于较高的发展阶段。尽管如此，北京律师仍然在快速发展，一些有关律师发展的重要问题仍在探索之中。基于北京律师目前的现状，考虑到北京未来的社会变迁和法治进步，北京律师未来几年的发展，本文有如下五点展望。

1. 各项指标继续增长，但律师数量增长速度可能放缓

在未来几年中，北京律师的各项指标，包括体现律师行业规模的指标和律师行业发展层次的指标，将继续增长。这一判断主要基于三个方面的理由。首先，自改革开放以来，北京律师行业发展的指标一直呈显著增长趋势，目前这一趋势尚无改变迹象。当然，支持这一趋势的更深刻的原因在于，北京经济的发展，法治的进步，以及北京律师行业在全国具有较大的竞争优势，而这三个影响因素，目前仍处于稳步发展之中。其次，参考现代西方发达国家的律师行业水平来看，北京律师仍然有很大的发展空间。各国由于文化观念不同，法律服务体制有别，很难简单地从统计数据上比较各国的律师发展水平，但是在允许不十分精确的情况下，仍然可以大致得出一些结论。比如，在每 10 万人口律师数量上，美国在1990 年是 308 名，德国在 1985 年是 77 名，英国在 20 世纪 80 年代是 98 名。又比如，从律师产值的角度看，美国 1992 年的法律服务业产值为 950 亿美元，占GDP（63377 亿美元）的 1.5%；欧盟 1992 年的法律服务业产值为 520 亿美元，占 GDP（68412 亿美元）的 0.76%。在律所规模上，截至 1989 年底，拥有 250名以上执业律师的律师事务所在全美超过了 100 家，其中 15 家拥有律师人数达500 人以上，2 家达 1000 人以上。美国最大的律师事务所是成立于芝加哥的贝克麦肯锡（Baker & McKenzie），在全世界拥有 48 家分所，1992 年其执业律师总人数达到了 1604 名。在律师业务类型上，发达国家律师在非诉讼领域的业务量已经占到 80% 以上。对比这些数据，又考虑到北京是全国的首都和政治、经济、文化中心，北京律师行业可以在全国执业，北京律师行业应该还有很大的发展空间。

然而，北京律师在人员增长方面可能会有所放缓。基于解决律师人档分离，规范和加强队伍管理，提高人才质量的目的，北京于 2010 年出台了一系列政策或者措施。这些政策或者措施严格了律师执业准入条件，在提高律师队伍整体素质的同时，可能减缓律师数量的增加。

2. 在全国的领先优势继续保持

北京律师行业各项指标在全国的领先优势，将在未来几年中继续保持。这是因为，首先，北京律师目前的领先优势比较大，短期内其他省、自治区、直辖市很难超越。这种领先优势具有两个特点：一是几乎在所有的指标上保持领先地位，包括律师人数、律师机构的规模化程度、非诉讼法律事务的比例、律师服务收费总额等。二是领先的幅度普遍较大。比如，如表 1 所示，在全国最大的 10家律所中，北京占据了其中的 8 家，前三甲和后五位都是北京的律所；又比如，如图 14 所示，北京律师 2009 年的服务收费总额比排在第二位的广东多出将近一

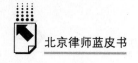

倍，等等。

此外，导致北京律师领先全国的社会条件依然存在。这些条件是多方面的，一是北京经济发达，经济总量大，各种证券、保险、金融等发达市场的要素比重大，这些经济活动产生了巨大的法律服务需求。二是北京作为文化中心，在这里有着全国数量的大专院校和科研机构，保证了提供高素质的律师队伍。三是北京作为政治中心，国家大政方针几乎都从这里发出，在这里律师和国家决策机关联系更紧密，他们更容易成为法律和政策的解读权威。四是北京作为国内最为开放的城市之一，是国际上许多政治机构、商业组织、跨国民间组织在中国的驻地，它们为北京提供了大量的、高端的法律业务。正是这些社会条件，使北京律师在全国保持领先地位，由于这些社会条件将长期存在，所以北京律师的领先地位将继续保持。

3. 律师的职业定位继续被关注

改革开放以来，国家的制度和政策对律师的职业定位几经变化，体现了我们对律师行业的发展方向的思考和探索。

在改革开放初期，当时律师还是国家的政法干部，所以 1980 年的《律师暂行条例》第 1 条规定"律师是国家的法律工作者"，其任务是"对国家机关、企业事业单位、社会团体、人民公社和公民提供法律帮助，以维护法律的正确实施，维护国家、集体的利益和公民的合法权益"。

此后十余年，一方面是国家的政治经济体制改革不断推进；另一方面，律师服务体制和律师性质不断发生变化，律师的公职属性消失，公益属性弱化，1993 年 11 月党的十四届三中全会《关于建立社会主义市场经济体制若干问题的决定》将律师事务所界定为"市场中介组织"，随后 1996 年制定的《律师法》第 2 条将律师调整并简化为"指依法取得律师执业证书，为社会提供法律服务的执业人员"。

2007 年《律师法》修订时，又对律师的含义从两个角度进行了补充：一是强调律师提供法律服务的依据是"委托"和"指定"；二是强调律师的社会责任，规定"律师应当维护当事人合法权益，维护法律正确实施，维护社会公平和正义"。在规定中，当事人的合法权益排在前面。然而，此规定出台不久，律师的定位又有了新的调整。

2008 年 10 月 25 日，中共中央政治局常委、中央政法委书记周永康在第七次全国律师代表大会上的讲话中提出，律师要做"五者"，即中国特色社会主义的法律工作者、经济社会又好又快发展的服务者、当事人合法权益的维护者、社会公平正义的保障者、社会和谐稳定的促进者。这"五者"的核心，是"中国特色社会主义法律工作者"，这一条要求律师必须"拥护党的领导，拥护社会主义制度，拥护宪法"，并将这种"拥护"贯彻和体现在具体的法律服务工作之中，比如，要支持政府的矛盾化解和维稳工作，要支持政府的各项改革事业，要促进国家和地方各种思想政治经济文化工作的开展，等等。

"中国特色社会主义法律工作者"这一执业原则的确立，是对当前律师行业发展某些偏差的纠正，体现了我国律师行业发展的探索和成就。然而，截至目前，无论是理论上还是政策和制度上，对于律师职业定位的探索和思考并未停止，结合我国政治、经济和文化发展形势的变化，继续探索和总结律师作为"中国特色社会主义法律工作者"的职业内涵，仍是今后律师工作的重要方面。

4. 行业管理模式继续探索和调整

《律师法》确立了我国律师管理"两结合"的基本体制，然而，该体制的具体内容还需要在实践中不断探索和总结。在过去的 2010 年中，北京律师在加强行业管理的同时，也给该体制注入了一些新的内涵，比如通过党建工作加强律师管理，而党建工作模糊了行政监管和行业自律的界限；北京关于律师服务收费的两个文件发布后，增加了监管的内容和范围；律师惩戒数量中北京市律师协会的行业处分比例增加；北京市律协健全了执业纠纷和违规行为的调处制度；北京陆续组建了区县律师协会；等等。这些新的变化将在未来进一步整合，推动着律师行业管理模式的发展演变。

5. 青年律师的生存环境有望改善

由于律师行业的特点，未来青年律师的执业困难将继续存在。然而，由于四个利好消息，北京青年律师的生存环境正在逐步改善。一个利好消息是北京市律协成立了加强青年律师工作的团工委；另一个利好消息是实行了青年律师会费减免办法；三是北京提高了职业准入门槛，放慢了青年律师的增长速度，缓解了青年律师的竞争压力；四是"阳光成长计划"的推出，有助于青年律师充实专业知识，获取办案经验，提高执业竞争能力。这些措施的推行，对克服青年律师的执业困难，必将产生积极的作用。

分 报 告

B.3
北京律师履行社会责任的调查和分析*

冉井富**

摘 要：问卷调查和文献资料的收集整理显示，北京绝大多数律师都表示愿意履行社会责任，实际中北京律师也广泛参与各类法律事务和社会活动，履行社会责任。北京律师履行社会责任形式多样，覆盖了各个层次的社会责任。对于各种形式的社会责任，律师参与和履行的比例有所不同，对于那些方便易行、社会需求量大的法律事务或社会活动，比如免费法律咨询、普法活动、法律援助等，北京律师有着广泛的、积极的参与；对于那些需要特定的专业知识、社会声望或经济基础的社会义务，比如参与政府公共政策的制定、办理反倾销反补贴案件等，则只有较小比例的律师参与。北京律师参与各类义务性的法律事务或社会活动的社会效果良好，分别在不同的领域促进了社会公益。北京律师之所以广泛地、积极地履行社会责任，并取得良

---

  * 本报告实证调查和分析的资料和数据，取材于北京市律师协会 2010 年 11 月发布的《北京律师社会责任报告》。

  ** 冉井富，法学博士，中国社会科学院法学研究所副研究员。

好的社会效果，北京市律师协会的组织和动员工作发挥了很大的作用。可以预期，北京律师今后将继续广泛参与各类实践，积极履行社会责任。然而，这种实践的范围和方式，文化观念上对律师职业的理解和制度上对律师职业的定位将产生很大的影响，而这两个方面的因素，目前尚处于不断的反思、调整和发展之中。

关键词：律师　北京　社会责任　调查

一　问题与方法

（一）律师社会责任的含义

从广义上理解，律师的社会责任是指律师基于分工所承担的社会职能，而这种社会职能的核心内容，就是利用自己的专业知识和律师身份，为社会提供法律服务。从这个意义上说，律师的每一项职业活动，都是在承担和履行社会责任，而评价律师承担和履行社会责任的好坏，就在于律师所提供的法律服务的品质、数量和可及性。

从狭义上说，律师的社会责任是一种伦理责任或道德责任，其内容是要求律师按照市场法则提供法律服务、获得服务报酬的同时，兼顾职业活动的社会效果。而所谓"兼顾职业活动的社会效果"，包括两个层次：第一层次是不得损害社会公共利益，危害公序良俗，这是消极的社会责任。比如，不得以激化社会矛盾的方式获得案源，不得以违法的方式追求胜诉，等等。第二层次是追求良好的社会效果，这是积极的社会责任。比如，通过公益诉讼促进制度和政策改革，通过法律援助维护弱势群体的权益，通过法律服务促进环境保护，等等。在本报告中，我们所考察的律师社会责任，是指这种狭义上的社会责任。而对于这种狭义的社会责任的考察，又集中于积极的社会责任的承担和履行情况。

为什么要提出和强调律师的社会责任？这需要从企业社会责任（Corporate Social Responsibility，简称 CSR）说起。这是因为，律师社会责任的提出和使用，很大程度上是借鉴了企业社会责任这一概念。相对于律师社会责任来说，企业社会责任这一概念已经提出将近 100 年了，而且近数十年来，这一问题广为社会各界关注和讨论，虽然最后没有完全达成一致，但是已具有大致相同的界定。这种界定就是：企业在追求利润的同时，在创造利润、对股东利益负责的同时，还要承担对员工、对社会和环境的社会责任，包括遵守商业道德、生产安全、职业健康、保护劳动者的合法权益、节约资源等。

人们之所以提出和讨论企业社会责任这一问题，是要修正亚当·斯密的市场经济理论。斯密认为，应当承认和鼓励个人通过市场法则（平等交换）追求利益，因为"借由追求他个人的利益，往往也使他更为有效地促进这个社会的利益，而超出他原先的意料之外"。① 这一理论在自由资本主义时代被奉为圭臬，成为政治、经济、文化各项制度的伦理基础和认识论前提。该理论有一定的合理性，并极大程度地推动了资本主义的经济、政治和文化的发展。然而，自 20 世纪以来，其局限性也越来越明显。这是因为，随着社会连带因素的加强，随着人权理论的发展，完全的、放任的市场行为的外部性越来越大。所谓外部性，是指市场行为可能产生交易双方当事人之外的危害后果，这种后果必须由第三方通常是公共权力予以制止和纠正，而公共权力对此进行制止和纠正的依据，就是企业的社会责任。

在我国当前，律师社会责任的提出，也大致经历了这样的过程。只不过，我们是用 30 年时间走完企业社会责任数百年走过的历程。在改革开放初期，律师是国家的政法干部，从公共财政领取薪金，在这种体制中，律师行为是一种公职行为，至少在理论上，不存在律师追求业务收入而损害社会利益的情况。当然，这种体制也不是完美的，有一些无法克服的问题，比如法律服务发展的动力不足，律师服务的独立性不够，等等。正是基于这些问题，几乎在律师制度恢复之初，律师制度的改革也就开始了。而律师制度改革的方向，概括地说，就是逐步社会化和市场化。在这里，社会化中的"社会"和社会责任中的"社会"，含义并不相同，前者是"非公"的意思，"社会组织"、"社会人员"的意思，从法治角度看还有"中立"、"独立"的意思；后者是社会公众、社会共同体、公共利益等意思。而市场化，则是将法律服务逐步过渡为一种市场产品，按照市场交易

---

① Adam Smith, *An Inquiry into the Nature and Causes of the Wealth of Nation*, Encyclopedia Britannica, Inc., 1980.

的法则供给和购买。在官方的政策文件中，一直避免用"市场化"、"商业化"这样的字眼，但不用不等于不是。而且，这里的"化"字，是演化方向的意思，并非演化已经完成。而随着社会化、市场化的发展，律师职业在很大程度上成了契约性、营利性、商业性的活动。在社会化、市场化的推动下，大量的社会精英投身于这一行业，律师规模快速发展，律师服务水平快速提升，法律服务的市场"供给"日益丰富。可以说，律师行业能有现在的规模和水平，社会化、市场化的改革方向功不可没。然而，社会化、市场化的改革也带来一些问题，那就是律师职业活动过多地考虑和计较报酬和收入，较少考虑职业活动的社会效果。举例来说，在一起婚姻纠纷中，律师既可以劝和，也可以劝离，前者有着较好的社会效果，后者可能带来更多的诉讼代理收益，市场化的思维可能让部分律师选择后一种策略；在一些群体性维权事件中，可以劝说当事人大度一些，忍让一些，减少社会不安定因素，也可以鼓动当事人斤斤计较，从而获得诉讼代理的机会，市场化的思维可能让部分律师选择后一种策略。更有甚者，一些律师可能采用违法的手段进行竞争，或者用违法的方式影响诉讼的结果。这些现象不仅存在，并且伴随着律师行业社会化、市场化的发展日益增多。于是为了遏制这种趋势，律师行业管理工作提出律师的社会责任这一概念，并要求律师要勇于承担社会责任。

由此可见，和企业社会责任一样，律师社会责任是对商业伦理的弊端的克服和修正，是追求市场法则和社会效果相统一的一种措施。在这里，商业伦理和社会责任不是非此即彼的关系，而是基础和修正的关系，商业伦理是律师行业的立身之本和发展动力，社会责任则是律师行业发展不偏离其社会职能的保证，是律师行业为社会所认可和容纳的道德形象。

（二）律师社会责任的层次和内容

前面提到，律师的社会责任可以划分为两个层次，第一层的社会责任是消极的社会责任，这种责任的内容，一部分已经上升为有关法律法规和律师执业纪律的要求，违反了这种要求，要受到法律和纪律的追究。虽然有些律师曾经违反消极的社会责任要求，但是，对于大多数律师来说，都能坚持这一底线。而相对来说，积极的社会责任是层次更高的社会责任，承担和履行的难度相对较大，也更能体现律师承担和履行社会责任的总体状况，因此，接下来本报告将详细考察这

种律师社会责任的履行情况。

积极的社会责任又可以进一步划分为高低不同的四个层次，从低到高依次是：①追求业务收入和社会效果双赢。对于律师来说，这是最好的结果，因为既实现了良好的社会效果，又没有影响正常的业务收入。②办理报酬少但社会效果良好的业务。一些业务具有这种特点，比如法律援助案件、帮助弱势群体的案件、参与纠纷调解等，报酬都比较低，但是具有良好的社会效果。律师办理这种业务，要承担一定的收入损失。③利用律师的知识和身份参政议政。律师参政议政具有良好的社会效果，因为律师谙熟法律操作，重视人权维护，了解社会现实，他们的工作有助于提高制度和政策的合理性，有助于提高法律文本的质量，有助于维护社会公众和特殊群体的权益。然而，这种活动通常是免费的，或者即使不是免费的，和律师业务收入相比，也不可同日而语。④义务促进法律知识的普及。对于律师来说，时间是金钱，知识是饭碗，义务提供法律知识对于他们来说损失巨大。然而，律师的社会责任提倡律师分出适当的时间和精力，做些无偿的法律知识普及工作，藉以促进法治的发展和社会的进步。

对于律师履行社会责任的情况，本文将从上述四个方面进行实证考察。对于每一个方面的考察，又选取若干典型的法律事务或社会活动，作为考察的切入点。在现实生活中，这类事务或活动是形式多样、无比丰富的，但是本报告的考察范围限于比较典型的事务或活动。有些活动本身十分重要，但是几种活动同属于一种类型，在这种情况下，本报告只选择其中一种作为这类活动的代表进行考察。比如，北京律师积极参与立法、司法解释的制定、行政规章的制定等活动，但是这三类活动具有一定的共通性，所以本报告仅仅考察对立法的参与，藉以反映北京律师在这类社会活动中的参与情况。

（三）研究方法与资料来源

对于北京律师履行社会责任的状况，本报告将采取实证方法进行考察。实证分析的基本资料，主要取材于北京市律师协会 2010 年 11 月发布的《北京律师社会责任报告》。

在北京市律师协会发布的《北京律师社会责任报告》中，实证资料的来源主要有三个方面：①问卷调查。该调查由北京市律师协会于 2010 年 7～9 月通过招标方式，选择和委托专业机构完成。本次调查一共向北京的律师和律师事务所发放了 1500 份问卷，各类问题回收的有效问卷均在 1400 份以上。②召开座谈会。《北京律师社会责任报告》课题组在一定范围内召集律师座谈，以解决问卷调查中存在的疑问，对一些重点问题加深认识和了解。③文献资料的收集和整理。有关律师履行社会责任的信息，还散见于各种文献资料中，包括公开的出版物和尚未公布的档案资料。对于这些资料，《北京律师社会责任报告》课题组也进行了精心的收集和整理，最后以统计数据或者典型案例的方式，单独说明或佐证北京律师履行社会责任某方面的情况。

二　业务收入和社会效果双赢

任何律师业务的设置，都是以该业务一定的社会效果为前提条件的，在这个意义上说，如果在执业过程中恪守律师职业道德，那么提供任何类型的法律服务都可以实现业务收入和社会效果的双赢。然而，在特定的时期，由于特殊的社会需求，一些特殊的业务类型，其社会效果格外突出，律师办理这类法律业务，更能体现律师职业的社会责任。在当前的社会条件下，律师办理如下业务，具有较强的社会效果：①担任政府法律顾问；②办理环境保护案件；③办理反倾销反补贴案件；④办理知识产权保护案件。

（一）担任政府法律顾问

律师担任政府法律顾问具有不错的收入。在 2010 年，北京律师担任政府法律顾问 634 家，总共收费 8138.92 万元，平均 12.84 万元每家。① 与此同时，律师担任政府法律顾问具有良好的社会效益。这是因为，律师通过担任政府法律顾问，不仅可以增强政府行政行为的合法性，强化政府官员的依法行政意识，而且还能够为政府出谋划策、排忧解难，能够帮助政府化解社会矛盾，维护社会稳定。

1. 问卷调研

在反馈的有效问卷中，有 260 人担任或曾担任政府法律顾问，占本题全部有效问卷的 17.52%。其中担任法律顾问单位层次情况如图 1。

---

① 数据来源于北京市司法局。

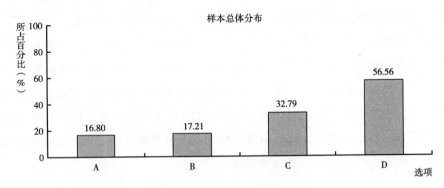

图1　北京律师担任政府法律顾问的服务对象

A：担任或曾担任国家机关法律顾问；B：担任或曾担任省级政府及其组成部门的法律顾问；C：担任或曾担任地级市政府的法律顾问；D：担任或曾担任区县级政府的法律顾问

从这些数据可以看出，北京律师在政府法律顾问方面做的还是比较好的，而且大部分担任地级市政府和区县级政府的法律顾问，这不仅意味着地级市和区县政府依法行政的意识和需求有所提高，而且律师的参与会进一步强化他们依法行政的意识和提高他们依法行政的能力，因而具有非常重要的意义。

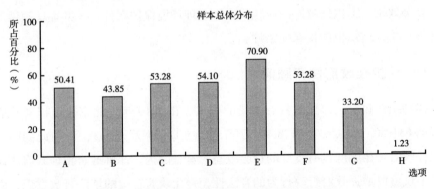

图2　北京律师担任政府法律顾问的服务内容

A：就政府的重大决策提供法律方面的意见或法律论证；B：对政府起草规范性文件提出修改和补充建议；C：参与处理涉及政府的尚未形成诉讼的纠纷；D：代理政府参加诉讼；E：协助政府审查合同、法律文书；F：协助政府进行法制宣传教育；G：向政府提供国家有关法律信息；H：其他形式

图2中的其他形式包括受聘担任党委执法监督评议员，为政法委处理具体事务提供法律意见，给政府有关部门进行法律讲座，参与领导接待日等内容。

据此，可以看出北京律师担任政府法律顾问的服务内容十分丰富，涉及事项非常广泛，非常出色地完成了政府法律顾问的工作。

2. 典型案例

北京市立天律师事务所律师长期为北京市公安局公安交通管理局担任法律顾问，该所律师组成服务团队，长期在该局办公，参与政府机关相关决策事宜及负责所属 16 个城区的政府采购合同的审查和起草工作，3 年来，平均每年审查和起草合同 200 余份，累计审查和起草合同近 700 份。该所律师在参与政府法律活动、建言、建制中发挥了非常重要的作用，成为政府机关决策中不可或缺的重要助手，得到了政府机关的高度认可。

北京律师积极参与政府事务，有效避免违法行政的出现。北京不少律师通过担任政府法律顾问在维护公共利益、化解群体纠纷和社会矛盾方面起到了非常重要的作用，获得了政府的信任，成为政府在处理突发事件和群体性事件的得力助手。

（二）办理环境保护案件

随着我国社会工业化的快速发展，环境问题日渐突出，律师办理有关环境保护问题的案件，社会效果格外突出。

1. 问卷调研

本次问卷调查中发现有 11.84% 的北京律师办理过涉及环境保护的案件，其中办理环境保护案件的方式见图 3。

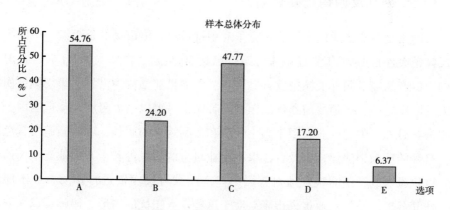

图 3　北京律师办理环境保护案件

A：解答环境法律咨询；B：担任政府环保部门、企业等组织的法律顾问；C：代理环境污染损害赔偿纠纷民事诉讼；D：代理环境行政诉讼；E：办理破坏环境资源保护犯罪刑事诉讼案件

从以上数据中不难看出，北京律师主要以解答环境法律咨询（占54.76%）和代理环境污染损害赔偿纠纷民事诉讼（47.77%）的方式来办理环境保护案件。此外，北京律师还积极担任政府环保部门、企业等组织的法律顾问，减少环境污染的发生。

2. 典型案例

北京律师积极参与环境保护法律事务。1994年，贵州省清镇市国土资源管理局未经百花湖风景名胜区管理机构的同意将贵州省省级风景名胜区百花湖周边的4号宗地的使用权转让给冷饮厂。双方约定，土地上的项目应在1995年11月15日以前竣工。若逾期一年仍无法完成，该局有权无偿收回土地使用权以及地上建筑物或附属物。但十几年过去了，冷饮厂项目一直未完工，该建筑一直具有潜在的污染环境危险，国土资源管理局也一直未履行职责按时收回该土地及地上附属建筑。

2009年7月，北京市长安律师事务所冯秀华律师因清镇市国土资源管理局不履行收回土地的法定职责，正式代理中华环保联合会向清镇市人民法院提起中国首例环境公益行政诉讼。虽然此案在原告提起诉讼后，被告作出收回所诉土地使用权的决定，鉴于诉讼目的已经达到，原告最终作出撤诉处理，"15年都没有解决的问题，1个月内就解决了"，但由此产生的社会效果是巨大的，加快了有关环境污染案件的法律援助制度的步伐。这对保障民生、促进环境保护都具有重大意义。

（三）办理反倾销反补贴案件

反倾销是一些企业用来将外来竞争对手排挤出本国市场的杀手锏。中国第一起反倾销案件自1997年发起以来，至今已达30余起。自加入WTO后，我国企业的出口产品屡遭国外反倾销反补贴调查。中国目前已成为世界上受反倾销伤害最大的国家之一。律师参与办理反倾销反补贴案件可以最大限度地降低国内企业的损失。另外，中国企业家限于人生经历和法制观念的瓶颈，对反倾销及其危害性、复杂的反倾销法律，以及合法保护企业自身的手段等若干方面缺乏全面的认识，以致没有或者不能很好地对我国出口产品被诉反倾销进行预防，或不愿应诉，任其裁决，导致企业丧失市场。对于这些令人担忧的情形，律师可以采取不同方式对他们进行宣传教育，以减少这些情形的发生。

在反馈的有效问卷中，参与过涉及反倾销反补贴案件的律师有74人，占5.02%。提供法律服务的方式如图4。

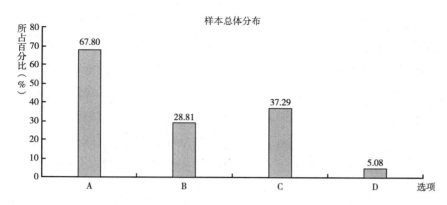

图4　北京律师提供反倾销反补贴法律服务内容

A：协助相关政府部门和企业起诉、应诉；B：出席反倾销反补贴研讨会议；C：进行反倾销反补贴专项课题的研究；D：其他方式

此外，调研数据还显示，参与反倾销反补贴案件的数量在 1~2 件的有 29 人，占本题有效问卷的 55.77%；3~7 件的有 20 人，占本题有效问卷的 38.46%；7 件以上的有 4 人，占本题有效问卷的 7.69%。参与反倾销反补贴案件的律师执业年限在 3 年以下的占 4.54%；执业年限在 3~7 年的占 3.94%；执业年限在 7~10 年的占 3.82%；执业年限在 10 年以上的占 7.89%。

通过这些数据可以看出，北京律师参与反倾销反补贴案件的主要方式是协助相关政府部门和企业起诉、应诉；其次是进行反倾销反补贴的专项课题研究。北京律师参与反倾销反补贴案件占比例最多的是执业年限在 10 年以上的律师，其次是执业年限在 3 年以下的律师。近年来，我国的反倾销反补贴案件越来越多，但是从问卷调查的结果看，大部分被调查的律师没有参与企业的反倾销反补贴活动，北京律师参与反倾销反补贴案件还有很大的潜力。

（四）办理知识产权保护案件

随着经济全球一体化的发展，知识产权成为关系国家核心竞争能力培育和国民经济长远发展的关键。2008 年 6 月国务院颁发了《国家知识产权战略纲要》，将知识产权发展提高到国家战略层面。在知识产权保护领域，北京律师起着不可或缺的作用，在宣传知识产权保护、服务创新主体、放大创新效益、保护创新成果、完善创新保护法律体系等方面做了大量的工作。

在反馈的有效问卷中，参与过知识产权保护案件的律师有 715 人，占 50.85%，

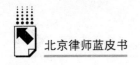
其中 31~40 岁的律师占到 47.45%，执业年限 7 年以下的律师占到 65.03%。

调研问卷还显示，参与案件数量在 1~2 件的有 300 人，占有效问卷的 45.25%；3~7 件的有 227 人，占有效问卷的 34.24%；7 件以上的有 136 人，占有效问卷的 20.51%。通过这些数据可以看出，北京市有一半以上的律师参与了企业的知识产权保护，这一数量还是比较可观的。

三　牺牲部分收入，彰显社会效果

一些法律业务的特点是，律师可以获得一定的收入，但是收入通常比较少，或者仅有象征性的补贴，然而，这类业务意义重大，具有十分良好的社会效果。比如法律援助，律师所获得的收入只具有补贴性质，非常有限，但是援助的是十分重要的案件，比如可能判处死刑的案件、未成年人犯罪案件或者当事人经济困难的民事案件等。社会律师办理这样的业务，是以牺牲部分收入为代价，获取良好的社会效益，因此，只有社会责任感强烈的律师，才会积极办理这类业务。这样的业务类型较多，这里仅择取部分进行考察。

（一）提供法律援助

法律援助是指由政府设立的法律援助机构组织法律援助人员，为经济困难或特殊案件的人提供法律服务的一项法律保障制度，是实现法律面前人人平等和维护社会和谐稳定的重要措施。为了细致论述北京律师履行社会责任的情况，本报告中的法律援助特指律师接受指派承办案件，具体包括民事诉讼、刑事辩护、劳动仲裁等诉讼或者非诉案件的代理工作。

1. 问卷调研

近三年来，北京律师每年办理法律援助的案件都超过万件。在本次问卷调查中，有 65.70% 的律师参与过法律援助工作，其中 987 份问卷显示律师平均每年承办 1~2 件法律援助案件，占 78.15%；179 份问卷显示律师平均每年承办 3~7 件法律援助案件，占 14.17%；95 份问卷显示律师平均每年承办 7 件以上法律援助案件，占 7.52%。

2. 资料整理

北京律师热心于办理法律援助案件，在维护弱势群体合法权益方面发挥了巨大的作用。如 2009 年 8 月，周显顺等 78 名农民工因公司拖欠工资向海淀区法律援助中心申请法律援助，北京义联劳动法援助与研究中心接受了指派并成立了由5名律师组成的专案小组，办理该案。经过律师的不懈努力，最终，劳动争议仲裁委员会作出裁决，要求公司向78名农民工支付经济补偿、社保赔偿等共计85万余元人民币。

（二）帮助弱势群体

弱势群体是社会中的特殊群体，他们需要更多的关心和帮助。然而，弱势群体在经济上的支付能力非常低，律师办理这类业务，不能指望获得丰厚的收入。尽管如此，考虑到这类业务的社会效果，北京市律师协会先后成立了未成年人保护、农村法律事务、法律援助与公益法律事务等专业委员会，组织、指导律师保护弱势群体的合法利益。

1. 问卷调研

本次调查中，共收回1445份有效问卷，其中，49.73%的律师表示为弱势群体代理过案件。其中，代理1～2件案件律师占35.02%，代理3～7件案件的律师占44.85%，代理7件以上案件占20.12%。律师代理的弱势群体案件的主要类型如下图5所示。

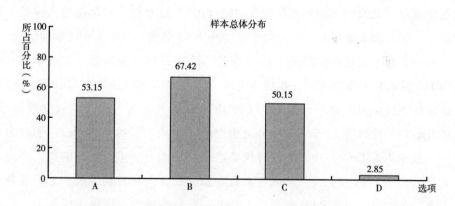

图5 北京律师代理弱势群体案件的主要类型

A：追索赡养费、扶养费、抚育费、抚恤费；B：追索劳动报酬；C：追索医疗费用；D：其他

以上其他案件类型包括儿童受侵权案件、工伤赔偿、土地及房屋纠纷、刑事案件、职工股权纠纷、人身损害赔偿、继承纠纷、拆迁安置补偿、企业改制问题

等。另外，调研问卷还显示 29.34% 的律师曾以劳动者代理人身份代理劳动纠纷案件，58.41% 的律师曾以劳动者代理人身份代理劳动纠纷案件，39.21% 的律师曾以被害人代理人身份代理刑事附带民事案件。

2. 资料整理

一方面，北京律师在保护未成年人方面表现突出。2002 年 1 月，北京市律师协会在全国率先成立未成年人保护专业委员会，并推动中华全国律师协会于2003 年设立未成年人保护专业委员会，此后全国有 28 个省级律师协会设有律师参与未成年人保护工作的专门机构。北京市律师协会还和北京团市委、市未成年人保护委员会联合成立"北京市未成年人保护公益律师团"，推动更多律师参与未成年人保护工作。

2004 年，未成年人保护专业委员会发起"律师普法进校园"公益活动，指派律师以法制校长的身份配合学校开展法制宣传教育。活动开展以来，律师们纷纷利用热线咨询、讲课、参观法庭、旁听案件审理、调解纠纷等多种形式为中小学生普法、维护权益。到 2006 年 4 月，已有 160 多名律师担任了包括 147 所普通中学、职业学校和 16 所打工子弟学校在内的 193 所中小学的法制校长。

如上述，2009 年，北京市律师协会还和北京团市委、市未成年人保护委员会联合成立"北京市未成年人保护公益律师团"，推动更多律师参与未成年人保护工作。北京市未成年人保护公益律师团共由 83 名热心公益事业的律师组成。

另一方面，北京市律师协会作为养老（助残）精神关怀服务定点单位，依托 96156 社区公共服务平台，积极为老年人、残疾人提供法律咨询服务。同时，北京市养老（助残）96156 服务热线将 18 个区县社区服务中心纳入支撑体系，并整合心理、法律等 17 个专业服务机构资源（专业人员约 1000 人），积极为老年人（残疾人）提供心理、法律等免费电话咨询服务，进行答疑解惑，实现老年人（残疾人）精神生活"电话咨询有专家、日常巡视有辅导员、上门服务有志愿者"的愿望，切实促进老年人（残疾人）身心健康，增强生活能力，提高生活质量。

此外，北京律师在农民工维权方面也作出了巨大的努力。2005 年全国第一家从事农民工法律援助的社会组织——北京致诚农民工法律援助与研究中心在北京成立。从成立到 2009 年 9 月 7 日，该中心共接待来访、来电、网络法律咨询23183 件，涉及农民工 104459 人次，涉及金额 7.57 亿元以上；共受理援助案件

4064 件，涉及农民工 6189 人次，为农民工获得资金超过 5000 万元；共受理 5 人以上（含 5 人）群体性欠薪援助案件 201 件，涉及农民工 4756 人次，没有一起接受援助的案件当事人再去围堵政府、到政府上访，所有案件都得到了妥善处理。

2006 年 4 月 26 日，北京致诚农民工法律援助与研究中心与丰台区司法局合作成立了"农民工普法学校"。截至目前，已经培训了上千名农民工和数百名大学生志愿者。该中心律师针对农民工打工中遇到的问题编写了通俗易懂的《农民工普法手册》，向农民工免费发放逾万册。

（三）提供农村法律服务

相对于城市居民而言，农村居民也具有弱势群体的性质。就法律需求来说，一方面，农村居住分散，远离城区，不容易聘请到法律服务人员；另一方面，即使能联系到法律服务人员，农村居民的支付能力也不高。然而，这类业务的社会效果却是非常显著的。我国有 9 亿人口在农村，村民权利的维护，农村经济的发展，关系到我国社会现代化发展的大局。所以，踊跃办理这类业务的律师，必然具有强烈的使命感和责任感。

1. 问卷调研

本次调查共收回有效问卷 1445 份，其中问卷显示 13.26% 的律师参与过与新农村建设相关的法律服务。这些律师参与新农村法律建设的法律服务形式见图 6。

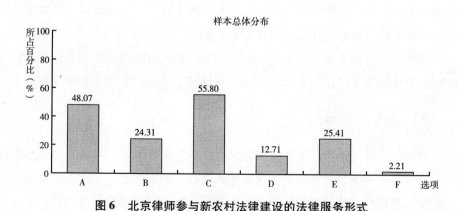

图 6 北京律师参与新农村法律建设的法律服务形式

A：担任乡镇政府和村（居）委会的法律顾问；B：提交提案或提出建议；C：开展送法下乡活动，开展法律宣传；D：筹建农民工维权队伍；E：参与信访；F 其他

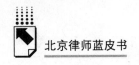

调研显示北京律师参与新农村法律建设的法律服务其他形式还有代理涉农案件、服务乡镇企业、提供社区法律服务、为新农村改革的新政策提供法律意见和参加涉农课题调研等。

2. 资料整理

近几年北京律师正逐步参与到农村法律服务之中，通过"送法下乡"、"进入法制工作站"、"捐款捐物"、"担任乡镇政府和村（居）委会的法律顾问"、"参与信访"等方式积极为广大农民服务。

截至 2010 年 4 月，北京市共有执业律师 21549 人，但 10 个远郊区县的律师仅有 546 名，仅占全市律师总数的 2.5%，尤其是农村法律服务资源贫乏，广大农民普遍不能就近获得法律服务，也承受不起市场化的法律服务。对此，一方面，北京市司法局已于 2006 年 11 月开始在延庆、顺义两县开展了建立农村公益性法律服务体系试点工作，引导律师为农民提供法律服务。目前，两试点县已初步形成了以乡镇公益性法律服务中心和村法律服务室为主体，法律服务机构、民间公益服务机构为补充的多元化的农村公益性法律服务体系，并取得了不错的成绩。

另一方面，北京律师也积极主动地投入到农村法制建设当中，除了响应司法局的号召进入法制工作站开展工作，还组织"送法下乡"、"律师普法志愿团"等活动帮助农民了解法律，解决农民生活中的法律问题。其中，北京市金杜律师事务所和北京市天元律师事务所对口支援农村公益法律服务体系项目，向延庆县和门头沟区农村公益法律服务指导管理中心捐赠了资金和办公设备，专用于延庆县和门头沟区农村公益法律服务体系项目。此外，北京律师发挥人才资源优势，对公益法律服务工作人员进行业务培训，参与当地农村的普法活动，极大地满足了农村、农民的基本法律服务需求，在化解基层矛盾方面发挥了积极作用。

（四）参与公益诉讼

随着社会经济与法治的不断发展以及公众权利意识的逐渐增强，公益诉讼逐渐成为社会热点问题之一。相对于保护私人利益的诉讼而言，公益诉讼是指任何组织和个人可以根据法律法规的授权，对违反法律、侵犯国家利益和社会公共利益的行为，向法院提起诉讼，由法院追究违法者法律责任的诉讼制度。

律师代理公益诉讼在理论上可以有较高的收入，然而，在实际生活中，公益诉讼常常是那些侵害社会公众利益、公众中的具体个人损失并不是很大的案件。这类案件需要一些"出头鸟"来起诉，案件的收益归社会公众，成本由自己承担。在这类案件中，律师可以是公益诉讼的原告，也可以是原告的诉讼代理人。不管哪一种形式，律师个人一般都不会有丰厚的收益，所以，只有社会责任感强烈的律师，才会积极参与这类业务。

1. 问卷调研

目前，北京市公益诉讼案件总量还比较少，律师参与程度也比较有限。在本次调研中，收回的有效问卷 1445 份，其中有 14.92% 的律师参与过公益诉讼。尽管参与程度有限，但每一个公益诉讼案件都有其积极的社会意义。

2. 资料整理

在中国法治进程中，不难发现北京律师的身影：他们或为维护妇女合法权益而四处奔走；或为春运火车票涨价状告铁道部；或为业主维权与物业公司进行斗争；或为伤残农民工争取合法权益；或为维护消费者知情权等合法权益而不懈努力……这些案件虽然大多以原告败诉或和解而告终，但都在社会上产生了积极的效果。2009 年由 *Law Firm 50* 评选的全国十大公益律师中，北京律师郭建梅、佟丽华、陈岳琴、贺海仁、田坤榜上有名。

北京律师事务所建立公益基金正在成为一个重要的趋势。2005 年，北京市陈岳琴律师事务所设立陈岳琴公益律师基金；2007 年，北京市大成律师事务所建立了中国红十字基金会大成慈善基金；2008 年，北京市金杜律师事务所捐资人民币 500 万元，发起成立金杜公益基金会；2010 年 9 月，北京市中伦律师事务所设立中伦公益基金。

3. 典型案例

（1）代表性公益诉讼

2009 年 3 月，北京市问天律师事务所周泽律师以消费者身份起诉中国移动通信集团北京有限公司（下称"北京移动"）和中国移动通信集团公司（下称"中国移动"）滥用市场支配地位，违法向消费者收取费用，要求两被告停止侵权行为。2009 年 10 月，本案最终调解结案。本案是中国移动由于律师发起诉讼而首次卷入反垄断诉讼，其示范意义是不言而喻的。周泽律师不仅以实际行动打破了垄断行业的特权，推动了中国移动通信服务合理化，而且为其他消费者作出了榜样，指引其他消费者维护自身合法权益。

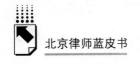

（2）代表性公益律师

佟丽华律师十多年来引导和帮助权益受到侵害的未成年人、农民工依法维权，有效保护了弱势群体的合法权益，为保障民生、构建社会主义和谐社会作出了自己的贡献。他在北京市致诚律师事务所的基础上，创建了北京青少年法律援助与研究中心、北京致诚农民工法律援助与研究中心和北京市法学会农村法治研究会三家机构。

其中，北京青少年法律援助与研究中心和北京致诚农民工法律援助与研究中心为社会提供免费法律咨询达 4 万多人次，直接办理未成年人法律援助案件 300 余件，协调、支持各地志愿律师直接办理案件 500 多件，为近 300 名受害者儿童提供了小额爱心资助。

（五）参与化解社会矛盾

构建和谐社会，维护社会稳定对于国家发展至关重要。律师维护社会稳定和谐主要是利用法律知识和专业技能来化解社会矛盾，消解纠纷。北京作为首都具有特殊的政治地位，决定了和谐稳定尤为重要，北京律师在维护社会稳定、促进社会和谐方面所承担的责任更加重大。然而，律师参与这类事务的处理，和办理普通民商事案件比较起来，收益通常是不高的。所以，一个地区的律师是否积极参与这类事务，在一定程度上能够反映该地区律师群体社会责任感的高低。

社会矛盾在现实中比较复杂，化解矛盾方式也多种多样，这里仅以律师参与信访和参与法院诉前化解社会矛盾作为考察对象，了解北京律师在化解社会矛盾、促进社会和谐方面的作用。

1. 问卷调研

（1）信访情况调研

在反馈的 1478 份问卷中，有 262 人曾经参加信访活动，占有效问卷数的 17.23%，其中以信访机构的法律顾问身份参加的有 94 份，占 40%；作为信访人的代理人身份参与信访的有 96 人，占 40.85%；以其他身份参与信访的有 55 份问卷，占 23.40%。

从这些数据可以看出，北京律师在化解社会矛盾、维护社会稳定、促进社会和谐方面发挥了重要作用。

（2）诉前调解调研

北京律师除了参加信访接待活动外，还积极参加法院的诉前调解工作，从而使当事人的纠纷在形成诉讼之前就得以解决，不仅减轻了法院的负担，而且也降低了当事人解决纠纷的成本。在反馈的有效问卷中，有 675 人参加过法院的诉前调解，占 46.26%，也就是说北京参加诉前调解工作的律师比例是相当高的。需要说明的是，律师通过诉前调解工作化解纠纷收取的代理费是非常低的，如此之高的诉前调解比例因而就更加显得难能可贵，说明北京律师在大局面前是不计较个人得失的。

2. 资料整理

（1）信访资料整理

北京律师长期参加信访接待活动，为信访群众提供免费法律服务，为维护社会稳定作出了很大的贡献，特别是在 2008 年北京奥运会期间，北京律师参与信访接待达到了一个新的高度。在此期间，北京律师参加了北京市局、处两级党政领导干部大接访活动，协助政府解决群众信访问题，切实为"平安奥运"作出了积极贡献。如今，北京律师仍保持着奥运会期间参与信访接待工作的热情，积极参加政府信访接待工作，为信访群众释疑解惑和进行思想疏导，并对一些信访群众提供法律援助，有效化解社会矛盾。

（2）诉前调解资料整理

关于北京律师参与诉前调解，特别需要提及的是，北京律师在奥运会、国庆期间为北京和谐稳定作出了突出贡献。许多律师进社区及其他公共场所，主动为群众提供法律咨询和帮助，并从情理、法理的角度对信访群众进行疏导，使没有法律依据支持的信访者息访罢讼，为合法权益受到侵害的信访者及时提供法律援助，免费代理诉讼，维护了当事人的合法权益，受到了当事人和司法行政机关的高度评价。同时，也有许多律师对于已经存在矛盾的群众（主要是北京市居民的家庭纠纷）应社区居委会的邀请主动对其进行劝说疏导，化解矛盾，从而为社会的和谐稳定作出了极大的贡献。

四　发挥法律专长，积极参政议政

律师参政议政情况，是衡量律师承担和履行社会责任的一个重要方面。这是因为，一方面，"政就是众人之事"，就是社会事务，而律师丰富的法律知识和技能，

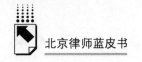

使得律师具有独特的专业优势参与"众人之事";另一方面,参政议政通常都是公益性质的或者义务性质的,至多也就是发一点交通补贴,它既不是通常意义上的律师业务,也不如律师业务那样可以获得直接的收益。牺牲部分办理律师业务的精力,去从事没有直接经济收益的参政议政,这背后的动机,包含着较强的社会责任感。

在当前,律师参政议政的途径比较多,这里仅仅考察三个方面,即北京律师参政议政的任职情况、参与立法的情况和参与政府公共决策的情况。除此之外,北京律师还在参与司法解释的制定、参与行政规章制定、参与政府决策等方面发挥着积极的作用,但是对于这些方面的作用,这里限于篇幅不作专题考察。

(一) 参政议政任职

在我国,凡是以律师行业力量参与或通过律师个体执业活动参与国家机关及其他社会公共事务的活动都有可能成为律师参政议政的表现形式,如作为政府的法律顾问和参加涉及公共利益的听证等。为了便于了解和分析北京律师履行社会责任的情况,本部分的参政议政主要指律师以人大代表、政协委员身份及其他身份参与立法和政治活动的各种工作,因此是一种狭义上的参政议政。参政议政是公民政治参与的具体表现形式之一,体现了人民当家作主的要求。而律师作为法律专业人员,其参政议政较普通公民具有独特的优势。由于律师不仅精通法律知识,而且也具有丰富的法律实践经验,再加上律师通过其执业活动接触社会各个阶层,能够对社会现状、矛盾以及法律实施存在的弊端和缺陷有着深刻而广泛的了解,能够便捷、有效地听取社会民众的呼声和意见,并将这些情况直接反映给人大和政协,以促进立法和政治活动准确进行。同时,律师作为一种理性的法律人,与司法部门和行政部门的有效接触和沟通能力比一般民众要强,能够很好地在政府和社会普通民众之间架起一座桥梁,促进双向沟通。参政议政的律师将社会民众的需求和法律实施存在的问题直接向人大和政协反映,有利于问题得到及时、高效地解决,促进社会和谐。

此外,基于精通法律的优势,律师能够将权力机关的立法意图准确传递给其所接触的社会民众,向其传播法律知识,弘扬法治精神,督促其遵纪守法,因而律师独特的参政议政水平和能力决定了律师参政议政的必要性。律师制度作为我国司法制度的重要组成部分,在我国民主、法治进程中发挥着非常重要的作用,同时律师代理行政诉讼、参与民间调解又是督促政府及其工作部门依法行政的重要手段。如果律师能够以人大代表和政协委员的身份直接参与法律和政策的制定，那么在推动法治进步和社会公正方面产生的作用是其他社会主体所不及的。

如前所述，本报告所指的参政议政主要指的是以人大代表和政协委员身份参与国家政治活动，那么北京律师担任人大代表和政协委员的情况如何呢？

担任人大代表：2009 年北京律师担任各级人大代表的总共 22 人，其中全国人大代表 2 人，北京市人大代表 8 人，各区县人大代表 12 人。

担任政协委员：2009 年北京律师担任各级政协委员的共有 55 人，其中全国政协委员 3 人，北京市政协委员 8 人，各区县政协委员 44 人。

从上面的数据可以看出，北京律师担任人大代表和政协委员的人数与北京地区律师规模和首都律师的地位还存在一定的差距，这说明北京律师在参政议政方面还有很大的潜力。

需要提及的一个事实是，北京律师担任人大代表和政协委员的人数每届都有较大的增长：2003 年北京市人大代表 1 人，市政协委员 5 人，区县人大代表 3 人，区县政协委员 13 人，而在 2009 年北京市人大代表为 8 人，市政协委员为 8 人，各区县人大代表 12 人，区县政协委员 44 人，本届担任各级人大代表、政协委员的北京律师总人数较上届增长了 2 倍多，这反映了北京律师在各级人大和政协的总人数的增长速度还是非常快的。考虑到各级人大和政协的规模相对固定，引起这种积极变化的原因，主要是由于北京市委、市政府十分重视律师在推动本市法治化进程中的作用。2005 年北京市政法委出台了《关于进一步加强和改进律师工作的意见》，各区政法委、司法局等均出台了相关政策文件，强调在律师管理方面要协调相关部门，扩大辖区内律师的参政议政渠道，为律师参政议政提供了政策支持，使得北京律师在参政议政方面得以发挥越来越大的作用。

（二）参与立法

因为律师处于司法实践的前沿，对于法律实施的现状、问题都有着比较深刻的体会，对社会民众的需求和希望有着直接的感受，所以律师参与立法不仅是民主立法的体现，更为重要的是律师参与立法能够提高立法的质量，使制定出来的法律更具有操作性。本报告分别以相关材料、问卷调查和典型案例等形式考察了北京律师行业参与立法的情况，具体如下：

1. 问卷调研

（1）参与立法的情况和身份

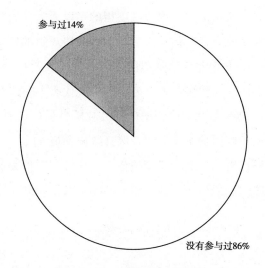

图7　北京律师参与立法的情况

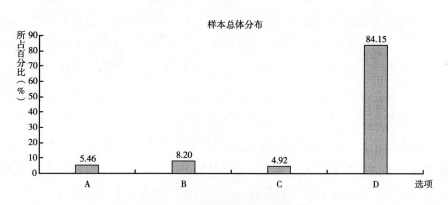

图8　北京律师参与立法的身份

A：人大代表；B：政协委员；C：民主党派成员；D：律师

图7显示，在反馈的有效问卷中，有212人直接或间接地参与了国家或地方的立法活动，占14%。图8显示，在这些选择参加过立法活动的律师中，多数律师是以律师身份参与立法的。

（2）参与立法的层级

律师在参与的各级人大（或政府）立法活动中，参加全国人大立法活动的律师有 66 人，占 39.76%；参加国务院行政法规制定的律师有 43 人，占有效问卷的 25.90%；参加北京市人大立法活动的律师有 69 人，占 41.57%；参加其他省市立法活动的律师有 49 人，占 29.52%。

从这些数据可以看出，北京律师参与立法的层级和地域相对比较均衡，总的来说相对集中于全国人大和北京市人大的立法，这主要是由北京律师所处的地理位置决定的。北京律师参与其他省市的立法大部分都是首次执业地在外地的律师。这体现了首都律师的特色，即从服务的对象来说北京律师不仅是北京的律师，也是全国的律师。在京执业的非京籍律师仍然关心着家乡的法治建设，为家乡的地方性法规的制定作出了很大的贡献。如王玉梅律师不仅参与了北京市涉法涉诉等课题的调研，而且还组织完成了《内蒙古自治区志愿者服务条例》的调研和修改。

（3）参与立法的次数和形式

北京律师参与立法活动在 2 次以下的有 121 人，占参与过立法活动律师人数的 65.76%；3 ~ 7 次的有 41 人，占参与过立法活动律师人数的 22.28%；7 次以上的有 22 人，占参与立法活动律师人数的 11.96%。从这些统计可以看出北京律师参与立法大多在 7 次以下，超过 7 次的较少。这些数据说明了北京律师参与立法的整体状况良好且比较均衡。

律师参与立法的形式中，以起草小组成员参与的有 21 人，占 11.80%；通过律协组织参加立法座谈的有 51 人，占 28.65%；通过其他组织参加立法的有 88 人，占 49.44%；以其他方式参与立法的有 66 人，占 37.08%。从这些数据可以看出，律师直接参与起草法律草案的较少，毕竟立法草案的起草和调研有其特殊的要求，因此以其他形式参与立法就成为多数律师参与立法的主要途径了，担任政府及其工作部门法律顾问就是其他形式中的一种非常重要的途径。律师担任政府法律顾问，可以对于修订意见的合法性和合理性进行审查，再由政府将意见反馈给立法机关，从而成为律师间接参与立法的一种形式。

此外，通过为参与立法的人大代表提供立法帮助也是间接参与立法的一个非常重要的途径。由于人大代表来自于各行各业，法律知识普遍欠缺，律师为其免费提供法律咨询，特别是对法律专业术语的解释，有利于其正确理解立法草案，同时律师从规范和合法的角度帮助人大代表（非法律专业）修改议案，从而提高议案的质量。北京律师以这种形式参与立法的不在少数。

（4）提出立法建议的内容

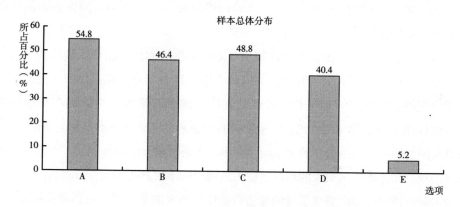

图9　北京律师立法建议的内容

A：改善律师执业环境，保护律师权利；B：针对执业过程中遇到的有关法律规定存在的漏洞，提出完善建议；C：完善司法体制，推动司法公正；D：社会热点、焦点问题，如三农问题、房屋拆迁、弱势群体维权等问题；E：其他

反馈的有效问卷中，有271名律师曾向有关部门提出过立法建议，占调查人数的18.27%，这说明了北京律师行业提出立法建议的积极性是比较高的。

从图9的统计数据可以看出，北京律师提出的立法建议涉及社会生活的各个领域，内容比较广泛。首先，律师提出与律师权利保护和司法公正有关的立法建议较多，这主要是由于律师权利保护和司法公正对律师执业有着极为重要的影响，只有改善律师自身的执业环境才能更为有效地推动司法公正，使律师履行社会责任。律师提出有关律师权利保护和司法公正的立法建议，基本上都是律师在执业中遇到的问题，如法律实施的问题。这些问题不仅涉及律师自身执业是否顺利，也直接关系到律师服务对象的合法权益能否得到公正的对待和保护。其次，律师提出有关社会热点和焦点等涉及国计民生的问题的立法建议比例占40.4%，这个比例还是比较高的，这反映了北京律师并非只关心本行业的发展，而是基于法律人的责任感和使命感将注意力逐渐向法治的进步和社会的公平正义方面转移。

另有13份问卷提出了其他问题，占5.2%，这些问题涉及程序法修改、民工子女入学、婚姻法的修改、道路交通安全和交强险法律草案议案的修改、物业管理、税收法律法规的修改、妇女权益保护、商业管理中的备案管理办法和信息披露管理办法、电力工程保护等方面。

2. 资料整理

参与立法的数量和内容是衡量北京律师在参政议政方面履行社会责任及其程度的两个非常重要的指标，可以反映出北京律师行业在推动和完善立法中的作用和贡献的大小。2005～2008 年，北京律师参加起草和讨论的主要有《中华人民共和国律师法（修订案）》、《中华人民共和国禁毒法（草案）》、《北京市精神卫生条例（草案）》、《北京市志愿服务条例（草案）》、《中华人民共和国劳动争议调解仲裁法（草案）》等 50 余部法律、法规及部门规章的修订工作，先后向有关部门提交修订意见 107 份。另据统计，在 2010 年"两会"召开期间，北京律师中的人大代表和政协委员共提出议案、提案 159 件，内容涉及交通、教育、安全、就业、民生、金融危机、社会保障、妇女权益保障、新农村建设、司法公正、农业生态旅游、劳动法实施、青少年犯罪、贯彻落实律师法、改善律师执业环境、保障律师执业权利、公益法律服务体系等方面，北京律师人大代表、政协委员的议案、提案数量和质量逐年提高，引起了社会广泛的关注。

从北京律师参与立法和提出议案、提案的数量和内容来看，北京律师较好地履行了社会责任，这点在北京市的地方性立法上表现得尤为明显。由于北京律师的积极参与并针对立法草案提出修改意见，为提高立法质量、促进地方立法科学性和民主性作出了较大的贡献。同时，北京律师行业充分利用首都地理位置的特殊性，以立足北京、服务全国的精神参与立法，对全国律师行业起到了引导和表率作用，体现了北京律师服务社会的高度责任心。此外，北京律师参与的立法中，不仅有关于律师制度的立法，而且也有不少涉及公益性的立法；不仅有北京市的立法，同时也有全国性的立法。由此可见，北京律师利用其专业知识和智慧积极服务于立法，为我国立法的完善特别是北京地区的法治化进程作出了积极的贡献。

有关部门十分重视律师在立法中的作用。除了立法机关邀请律师直接参与立法的起草和修改外，不少行政机关在被征求立法意见时，往往会邀请律师协助其提出立法意见，因而北京律师参与立法的机会还是比较多的。受邀参加立法的律师大多数都能不负受邀机关的委托和期望，积极有效地提出立法意见，特别是北京律师参与立法修订案的态度严谨认真，并以高水平的参与对有关部门进行回应，足以体现北京律师对参与立法的重视和具有较高的立法水平。

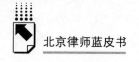

3. 典型案例

为了全面考察北京律师行业参与立法的情况，除了从北京市律师协会、问卷调查以及访谈中获得信息外，本报告还从媒体等其他途径收集到了部分北京律师参与立法的具有典型性、代表性的案例，案例所涉及议案的质量、数量以及影响能够在很大程度上反映北京律师参与立法的能力和水平以及社会责任感。

（1）2008 年，作为北京市第十二届、十三届人大代表且首次当选全国政协委员的刘红宇律师向全国人大提交了 7 个提案，其中有"建议加强《医疗机构管理条例》第 33 条对生命权的保护"的提案、"尽快建立重大食品安全事故国家先行赔偿制度、完善'家电下乡'财政补贴政策"的提案。①

（2）2009 年，全国政协委员王俊峰律师提交的提案有 5 个，涉及的主要内容有：加强法制宣传；尽快提高各级行政机关依法执政的水平；加大社会各界对行政行为的监督力度；重视和推动法律服务；提高农民工的就业能力和工作技能。

（3）2009 年，全国人大代表彭雪峰律师建议有关部门出台相关法规，改变身份证信息的披露方式以保护公民的个人隐私；② 建议各地方政府执行中央政策必须在国家的法律框架内进行，不能超越权限各自为政；要规范地方政府经济政策的制定，切实保证中央的宏观经济政策在各地统一、有效落实。③

4. 北京律师参与立法小结

除部分北京律师以各级人大代表和政协委员的身份积极参政议政外，还有一些在各专业领域有着精湛业务能力的律师被邀请参与专业领域的立法或者地方性法规、部委规章以及其他规范性文件的制定工作，为这些法律法规制定的科学性与可行性提出有价值的建议。部分律师直接被聘担任各级人大、政府的立法顾问。北京市致诚律师事务所主任、北京市人大代表佟丽华律师，全程参与了《北京市未成年人保护条例》的修改，这部法规首次规定了当未成年人没有监护

---

① 朱磊：《让民意直通车畅通无阻 政协提案落地有声的背后》，2009 年 3 月 5 日《法制日报》。

② 高利锋：《全国人大代表彭雪峰建议：改变现行身份证信息披露方式，保护公民隐私》，http：//yzdsb. hebnews. cn/20090310/ca893449. htm，最后访问时间：2010 年 10 月 18 日。

③ 陈煜儒：《彭雪峰代表：在法律的框架下刺激经济"回暖"》，2009 年 3 月 5 日《法制日报》。转引自 http：//www. npc. gov. cn/pc/11_ 2/2009 － 03/05/content_ 1483571. htm，最后访问时间：2010 年 10 月 18 日。

人或者监护人资格被剥夺后，孩子的抚养问题应由民政部门来承担。

正如前文提到的，现代律师是民主法治的产物，民主的发展、法治的进步同样离不开律师的参与和推动。律师是社会公平正义的促进者和维护者，这不仅体现在律师具体承办案件的过程之中，也体现在律师以立法建议的形式来推动法治进程、实现社会公平正义。前者是个案层面的推动，律师通过具体执业行为来维护法律的正确实施和委托人的合法权益；而后者是立法层面的推动，律师的立法建议一旦被采纳，就具有了普遍性和强制力，影响和受益面非常广，其在广度上和效果上是前者所不能及的。律师提出的维护自身权益的立法建议，从根本上来讲是维护宪法赋予公民的合法权益。律师行业只有利用自身的优势为民主法治和社会的进步贡献自己的力量，才能提升社会的认可度和获得更多的尊重，也只有这样律师行业才能获得长久而健康的发展。

显然，北京律师参与立法的情况整体上反映了北京律师在推进民主法治、促进社会公平正义方面作出的积极贡献和努力，展现了首都律师的良好风采。北京律师在参与立法方面之所以有如此表现，本报告认为，除了北京律师作为法律人的使命感和参与立法的意识强外，还有如下独特优势。

第一，北京律师具有特殊的地理位置优势。北京是我国的政治中心，这为律师在政治方面履行社会责任创造了得天独厚的优势。因此北京律师不论是在参与立法、政府事务还是在推动司法公正方面都走在其他省市律师的前面，从而对全国律师行业起到引领示范作用。

第二，北京律师整体素质比较高。北京律师人数规模居全国之首，而且仍不断增长，但是业务资源增长速度有限，这就给律师带来了激烈的执业竞争压力，从而使北京律师必须不断提高自身的业务素质，进而促进了整个行业的业务素质的提升。此外，北京律师的业务素质高与其受到的法学教育有一定的关系。我国著名法学院校主要集中在北京，为北京律师的继续学习和能力的提升提供了便利和条件，从而在一定程度上保证了北京律师的质量。

第三，北京律师服务意识比较强。北京律师服务意识比较强体现在很多方面，具体的表现之一是，北京律师行业主动创新履行社会责任的方式，如律师参与立法，为立法机关提供服务。2001年北京市律师协会在"两会"召开之际，主动提出由北京律师为人大代表和政协委员无偿提供法律帮助的倡议。这一行为受到了"两会"代表和相关部门的欢迎。北京市政协提案委员会将第九届北京市政协委员会第四次会议的委员提案共 18 份交给北京市律师协会，请律师分析这些提案的可行性。接到提案后，市律协对 18 项提案作了初步分类，分别交给市律协民商、刑事、房地产、税务、劳动法等专业委员会和规章制度工作委员会的律师进行审阅和分析后认为，有 12 项提案需要尽快立法，有 3 项提案有待进一步调研和论证，还有 3 项提案现阶段不宜提出。市律协将这些意见汇总，制作了长达 18 页的《对北京市政协第九届委员会第四次会议 18 项提案的法律意见函》，于 5 月初呈送北京市政协提案委员会，圆满完成了任务，获得政协领导的重视和好评。

需要说明的是，以上优势不仅体现在立法领域，也体现在其他领域，正是由于北京律师具有的独特优势，为北京律师履行社会责任提供了条件和便利，同样这也决定了北京律师在履行社会责任方面有着更高的要求。

（三）参与政府公共决策

公共决策是政府的重要职能之一。在大多数情况下政府的公共决策是抽象行政行为，这意味着受决策影响的公众范围非常广，一旦决策失误极有可能会给社会公众带来巨大的影响和损失，因此决策的科学化、合理化、民主化、合法化（有效性）就变得非常重要。

律师参与政府公共决策不仅具有一般公众参与政府决策所起到的作用，同时由于律师是法律专业人士，从法律角度论证决策的合法性及对法律风险进行论证，从而避免违法行政行为的出现且将法律风险降至最低。律师参与政府公共决策涉及公共决策的正当性和合法性，因而公共决策中应当积极吸纳律师的参与。同时，参与政府公共决策也是律师向社会履行责任的一项重要内容。

1. 问卷调研

在反馈的有效问卷中，有 128 人曾经参与过政府公共决策的制定，占 8.73%，其参与政府公共决策的形式和身份如下图 10、图 11。

此外，调研数据还显示，曾参与政府公共决策的律师中，中共党员和非中共党员数量基本相当；以专家身份参与论证会的 30 岁以下的律师占参与政府公共决策律师的 7.14%；首次执业地为港澳台的北京律师没有参与过政府公共决策；最高学历为博士的律师全部是以专家身份参与论证会。

北京律师在参与政府公共决策的方式中，以参加听证会和座谈会的方式参与政府公共决策的占多数，而且主要是以专家身份和其他身份参与政府公共决策。

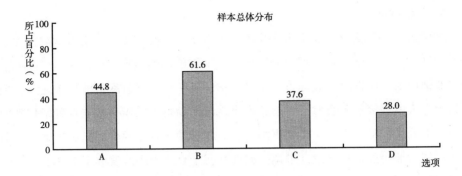

图10　北京律师参与政府公共决策的形式

A：以听证会的形式参与政府公共决策的制定；B：以座谈会的形式参与公共决策的制定；C：以专家论证会的形式参与公共决策的制定；D：以书面意见的形式参与政府公共决策的制定

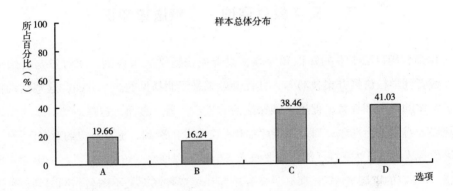

图11　北京律师参与政府公共决策的身份

A：以政府机关代理人的身份参与；B：以行政相对人的代理人身份参与；C：以专家身份参与；D：以其他身份参与公共决策

本报告认为，以这种身份参与政府公共决策提出的意见，基本上都会得到政府部门的肯定和采纳，因而参与公共决策的效果较好。

本报告认为，之所以律师作为行政机关的代理人和行政相对人的代理人参加公共决策的相对较少，原因在于：一是由于作为行政机关和行政相对人的代理人参与政府公共决策主要体现在听证会上，而就北京而言，涉及公共决策层面的听证会并不多；二是不管是以行政相对人还是以政府机关代理人的身份参加听证会，在人数上都是受限制的，而且政府的代理人往往并不限于律师，还有其他领域的专家进行代理，更何况这种有影响的听证会一直比较少。

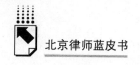

2. 典型案例

2010 年 11 月 12 日，北京市当代律师事务所卫爱民律师、北京市常鸿律师事务所主任常卫东律师参加北京市居民天然气销售价格调整听证会，两名律师都十分尽职地履行了听证会代表职责。卫爱民律师是两名不同意涨价的代表之一，他认为现在天然气涨价不合时宜，会给本来就承受物价上涨压力的老百姓增加新的压力，卫爱民律师是唯一获得掌声的代表。尽管常卫东律师赞成天然气涨价，但是在参加听证会前，自己设计了调查问卷并在丰台几个小区发放了 110 份，并走访了天然气公司，把调研结果整理成听证意见，提交给了听证会，并在听证会上表达了自己对天然气涨价对老百姓生活产生影响的看法和忧虑。经过权衡之后，他虽然赞成天然气涨价，但仍体现出律师参与公共决策的理性和审慎态度。

五　义务教育咨询，奉献法律知识

律师利用自己丰富的知识和经验，或者免费提供法律咨询，或者参与普法活动，或者到学校讲授办案技巧等，其社会效果是显而易见的。一方面，这些活动促进了法律的宣传和教育，促进了国家法治的进步；另一方面，这些活动对于树立律师热心公益的社会形象，对于拉近律师和社会公众的距离，也有一定的意义。然而，如果说参政议政虽然牺牲了部分职业收入，但是可以换来一定的"名"、一定的"成就感"、一定的"曝光率"，那么，义务教育和免费咨询就是不图名、不图利，是默默地奉献。在这个意义上，这类活动的参与最需要社会责任感的驱动。也正是基于这个原因，本报告将这种活动的参与情况置于律师承担和履行社会责任的最高层级。

（一）提供免费法律咨询

1. 问卷调研

本次调查共收回了 1492 份有效问卷，其中，绝大部分律师都表示参与过免费法律咨询活动，具体比例达到 83.24%。同时问卷调研还显示，结合被调查人的年龄、性别、学历、党派、执业年限、执业身份、执业领域不同分类，每一分类中提供免费法律咨询的数量所占提供过法律咨询的律师总数量的比例，均与该分类人数与总人数的比例保持接近。因此可以说，提供免费法律咨询是提供公益法律服务最普遍的一种方式。

2. 资料整理

2005 年 3 月 16 日由北京市律师协会和北京市社区服务中心签订合作协议正式开通"96156 法律咨询热线",得到了广大市民的普遍欢迎。随着市民拨打法律咨询热线数量的急剧上升,北京市律师协会先后四次在首都律师网上征集公益服务的律师,许多律师都踊跃报名。参与"96156 法律咨询热线"的律师自热线成立之日至本报告日已接近 2000 名。据 96156 呼叫中心数据统计,截至 2010 年 9 月 30 日,律师接听电话累计达到 53136 人次,共开展律师在线法律咨询活动 796 次,共有 1849 位律师参加现场在线咨询,听课人数累计达 6400 余人。为全市社区居民提供了大量的法律咨询服务,得到了广大公众的普遍认可和肯定。

此外,为了更好地为社会提供法律服务,树立北京律师的公益形象,北京市律师协会于 2009 年 10 月 26 日正式成立公益法律咨询中心并开通运行公益法律咨询热线"800 – 810 – 0789"。咨询中心开通至今,北京市律师协会始终坚持为市民免费法律服务的信念,在一大批热心公益的律师和律师事务所的参与下,法律咨询活动开展顺利,赢得了社会各界的认可和好评。截至 2010 年 10 月 22 日,参与律师 350 人,律师事务所 40 家,共接听市民咨询电话 11122 个,接待来访 1811 人次。咨询的内容几乎涵盖了市民日常生活的各个方面。

(二) 参与普法活动

构建社会主义和谐社会离不开法律的保障、规范和引导,也离不开公民良好法律意识的培养和提高。党的十七大报告明确指出,要"深入开展法制宣传教育,弘扬法治精神,形成自觉学法守法用法的社会氛围"。然而,公民法律意识中的知法守法观念、法治信念和法律信仰是不会自发形成的,它必然需要通过包括普法教育在内的多种方式来有意识地加以培养,而律师作为法治理念的践行者,更应该肩负起开展法制宣传教育的重任。

1. 问卷调研

本次问卷调查中,有 982 份问卷显示参与过普法活动,占 66.76%。此外,在参与的方式方面,61.45% 的律师参与过"街头义务法律咨询",52.63% 的律师参与过"接听公益热线",40.02% 的律师参与过"免费授课",13.76% 的律师参与过"编写普法读物"(见图 12)。可以说,无论在参与的广度上还是深度上,北京律师在普法活动中表现都非常积极。

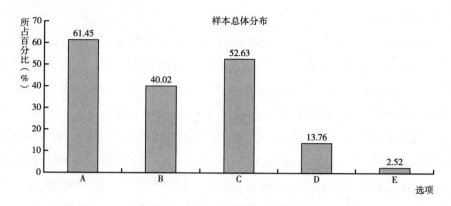

图12 北京律师参与普法活动方式

A：街头义务法律咨询；B：免费授课；C：接听公益热线；D：编写普法读物；E：其他

2. 资料整理

自1986年开始的全国性普法教育已经进行到第五轮，各地普法教育活动进行得如火如荼，北京律师也积极参与普法宣传活动。北京市律师协会不仅开通公益热线、组建"普法志愿团"，而且还组织参与"法制讲座进社区"、"送法下乡"、"法制宣传咨询周"等活动，妥善调处社会纠纷矛盾，维护了社会的和谐稳定。

3. 典型案例

刘凝律师作为北京律师热心普法事业的佼佼者，多年来组织编写了大量普法书籍，如《农民法律知识读本》、《社区居民法律知识读本》、《徐滔说案》、《企业经营管理法律通系列丛书》等一系列普法书籍，其中《社区居民法律知识读本》被司法部指定为全国"五五"普法统一读本。为了向公众宣传和普及法律常识，他不仅常年在报纸、广播、电视等媒体利用各种形式为公众举案说法、答疑解惑，还经常深入单位社区，为领导干部、大学生村官、奥运志愿者和普通群众讲解法律知识，回答法律问题。

为了创新普法形式，更好地为公众服务，2006年刘凝律师和北京电视台合作推出了《法治进行时》免费法律咨询热线和徐滔法律服务网。这是在北京市司法局的部署下，为开拓北京市"五五"普法新局面，充分发挥新闻媒体和专业人员优势，积极利用社会力量参与社会管理创新的一次重要尝试。刘凝律师依托北京电视台名牌栏目《法治进行时》和北京市易行律师事务所这两个专业平台为公益法律服务开创了新模式。刘凝律师带领北京市易行律师事务所近百名律师，平均每年为社会公众提供免费电话咨询 22 万多人次，回复网上法律问题 7 万多条，接待免费当面咨询 3 万多人次。

（三）支持法学教育

法学专业学生是法律工作者的后备军，支持法学教育不仅可以为社会培养更多从事法律工作的精英，也可以壮大律师队伍，提高律师群体的综合素质。

本次问卷调查显示，4.47% 的律师在学校设立奖学金，41.90% 的律师到学校授课，42.18% 的律师到学校作讲座，更有 60.61% 的律师事务所为学校提供实习机会（见图 13）。可以说，北京律师在培养法律人才方面作出了巨大的努力。

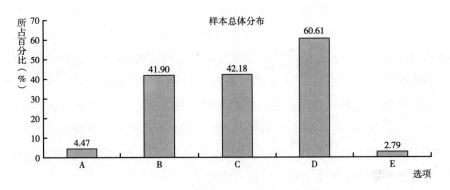

图 13　北京律师支持法学教育的形式

A：设立奖学金；B：到学校讲课；C：到学校作讲座；D：为学校提供实习机会；
E：其他

目前律师支持法学教育主要包括以下几个方式：其一，律师、律师事务所在学校出资建立奖学金、助学金。其二，律师受邀在法科院校开设相关课程，从实务角度为学生讲授律师实务技能。其三，律师到各院校发表演讲、讲座，普及法律知识的同时扩大律师的社会影响。其四，律所为法科院校提供实习基地，丰富学生的实践经验。

此外，本次调研还显示，律师还有如下方式支持法学教育：参与法律诊所教育指导、参与法律课题调研、指导实习生、参与教育合作交流、参与编写教材、提供实例给授课讲师等。

六　北京律师履行社会责任的总结和展望

（一）北京律师履行社会责任总结

总结前面对北京律师参与各类法律事务和社会活动参与情况的考察，北京律师履行社会责任具有以下四个特点。

1. 履行社会责任比例高

北京绝大多数律师表示愿意办理各类法律事务，参与各种社会活动，藉以履行律师的社会责任。实际上，也确实具有较大比例的律师选择合适的方式作为或不作为，显示了北京律师热心公益、关爱社会的良好形象。

首先，绝大多数律师都坚持职业道德底线，履行消极的社会责任。如分报告五《北京律师惩戒工作发展报告》中表1和表3所示，北京每年违法违纪的律师始终是少数，绝大多数律师是奉公守法的。以较近的2009年为例来说，北京有1名律师被行政处罚，有24名律师被行业处分，律师总数是21215人，被查处的比例只有0.118%。单就北京来看，被查处的律师只是极少数。对比起来看，2009年全国有91名律师被行政处罚，有144名律师被行业处分，律师总数是173327，被查处的比例为0.136%，比北京略高。保守地说，北京律师对于底线职业道德的遵守，大体上处于全国的年均水平。

其次，对于积极的社会责任，北京律师也有较高的履行意愿，实际中也有广泛的参与。本次问卷调查显示，有97.09%的律师愿意履行社会责任。实际中，一些形式的社会责任，律师实际参与的比例已经非常高，比如几乎所有律师都表示参与过非诉讼方式化解矛盾，其中81.98%参与过调解，63.55%参与过和解，50.04%的律师参与过仲裁，等等。这些数据表明，北京律师在履行社会责任方面的积极性非常高，实际以各种形式履行了律师的社会责任。当然，还有2.99%的律师表示没有考虑过要参与相关的活动以履行社会责任。对于这部分律师，因为他们并没有违反法律的强制性规定，所以有关方面在积极引导的同时，也要给予必要的宽容和谅解。

2. 履行社会责任覆盖各个层次

报告开始时提到，根据各类律师活动中个人经济收益和社会效果的比例关系，律师所履行的社会责任可以划分为不同的层次。前面的考察揭示，对于各类社会效果良好的法律事务或者社会活动，不管有没有经济收入，不管收入多还是收入少，都有一定比例的律师实际参与和履行。具体地说，有的律师积极从事物质报酬和社会效果俱佳的法律事务，兼顾社会效益和个人收入；有的律师"铁肩担道义"，勇于办理收入少但社会效益高的法律事务；有的律师牺牲部分"创收"时间，积极参政议政，同时在另一个舞台上实现人生价值；有的律师默默地做着咨询、普法和教学的义工，不计报酬，不图名利，为法治的发展夯实基础。总之，各种社会效果良好的法律事务或社会活动，但凡法律实务知识有用武之地，都活跃着北京律师长袖善舞的靓丽身影，都映照着北京律师回报社会的拳拳之心。

虽然各种形式、各个层次的社会责任都有律师承担和履行，但是，参与的比例各有不同。对于这些不同的参与比例，汇总问卷调查的结果，得到图14。如图14所示，在1400多份有效问卷中，比例从高到低依次是：有83.24%的律师表示参与过免费法律咨询活动，有66.76%的律师表示参与过普法活动，有65.70%的律师参与过法律援助工作，有60.61%的律师事务所为学校提供实习机会，有50.85%的律师参与过知识产权保护案件，有49.73%的律师表示为弱势群体代理过案件，有46.26%的律师参与过法院的诉前调解，有42.18%的律师曾经到学校作讲座，有41.90%的律师曾经到学校授课，有17.52%的律师担任或曾担任政府法律顾问，有17.23%的律师表示曾以某种形式办理过信访事务，有14.92%的律师表示参与过公益诉讼，有14.00%的律师表示参与过某种层级的立法活动，有13.26%的律师表示参与过与新农村建设相关的法律服务，有11.84%的律师办理过涉及环境保护的案件，有8.73%的律师表示参与过政府公共决策的制定，有5.02%的律师参与过涉及反倾销反补贴的法律事务，有4.47%的律师在学校设立奖学金。

通过这些数据的列举，我们看到，北京律师履行各类社会责任的比例有高有低。高的达到83.24%，低的只有4.47%，差距悬殊。对比分析这些不同的比例，发现差异的背后有一定的规律可循：那些每一个律师都有条件去履行并且社会需求量较大的社会责任，律师参与的比例就比较高；那些需要特殊的地位或技能，或者社会需求总量较小的活动或事务，律师参与的比例就比较低。前者比如免费法律咨询、普法活动、法律援助等，一方面社会需求量大，另一方面几乎每

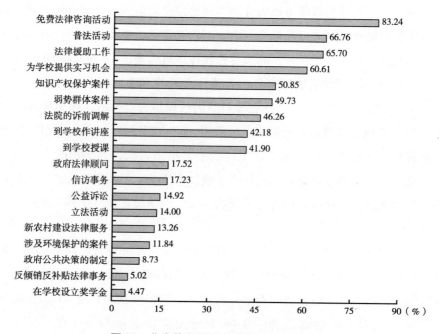

免费法律咨询活动   83.24
普法活动   66.76
法律援助工作   65.70
为学校提供实习机会   60.61
知识产权保护案件   50.85
弱势群体案件   49.73
法院的诉前调解   46.26
到学校作讲座   42.18
到学校授课   41.90
政府法律顾问   17.52
信访事务   17.23
公益诉讼   14.92
立法活动   14.00
新农村建设法律服务   13.26
涉及环境保护的案件   11.84
政府公共决策的制定   8.73
反倾销反补贴法律事务   5.02
在学校设立奖学金   4.47

图 14　北京律师履行各类社会责任的比例

一个律师都有能力、有条件承担和参与，所以实际履行的比例也就比较高。后者比如在学校设立奖学金，需要一定的经济基础；又如参与政府公共决策的制定，需要一定的专业、地位和声望；再如办理反倾销反补贴法律事务，需要非常专门的知识，等等，都不是每个律师有条件能够参与或办理的，所以对于这类社会责任，律师能够承担和履行的比例比较低。

3. 履行社会责任效果良好

北京律师不仅积极参与各种回报社会的法律事务或社会活动，而且履行社会责任的效果良好，大量的案例表明了这一点。除了本报告前面提到的大量案例之外，这里再举三个案例补充说明。

案例一：刘子华律师在 2005 年 1 月北京市政协十届三次会议上提交了《关于加大对商品住宅专项维修资金监管力度的提案》，建议政府有关部门加强对该项基金的监管力度，设立专项账户，指定专门机构定期或不定期对款项使用情况进行核查，提案吸引了 50 多位委员附议提案，2010 年该议案被评为北京政协十大"最具影响力"提案，并受到了北京市委、市政府的高度评价。

案例二：北京律师除了参与具体信访活动外，也有不少律师对信访中存在的问题进行了研究。2007年3月，赵小鲁、任丽颖、杨晓虹、牛琳娜、谢炳光等到国务院信访局集中审核分析重信重访典型案例。他们在一个月的工作时间里，不辞辛劳，找出了重信重访问题的症结，受到了国家信访局领导的肯定。另外，赵小鲁律师还撰写了近万字《重信重访案件的问题和对策浅议》，对历史积案和重信重访群体进行具体分析，对上访工作中的政策界限问题、国家信访机构的职能定位问题、解决重信重访问题的具体应对策略阐明了自己的观点，对解决我国信访问题具有重大的参考意义。

案例三：2009年，为了解决井喷式增长的劳动争议案件的现状，北京市总工会联合其他行政机关和司法机构及北京市律师协会，专门聘请律师参加劳动争议调解工作，28家律师事务所参加了这项工作。自2010年1～10月底，一共受理案件13000余件，调解成功8000余起，这些律师遍布314个街道乡镇、514个调解中心，为社会公众提供免费服务。

4. 律师协会的组织动员工作作用显著

在推动律师积极履行社会责任方面，北京市律师协会的组织推动作用十分显著。在很大程度上可以说，北京律师多层次、多方面积极履行社会责任的现状，要归功于律师协会积极开展的相关工作。这些工作主要体现为：建立了相关的制度，设立了一定的机构，组织了大量的活动。这些工作富有创造性，在全国处于领先地位。这里仅举三例以资说明。

案例一：北京律协为了提高律师在人大、政协平台上的参政议政能力，专门成立了人大代表与政协委员联络委员会，作为北京市律师协会17个专门工作委员会之一。目前委员会的主任为刘子华律师。委员会负责北京律师人大代表和政协委员的联络工作，协调协会相关部门为律师人大代表、政协委员参政议政提供帮助和支持，对律师参政议政工作进行调研，并为协会决策机构提供律师参政议政方面的咨询意见和建议。2009年以来，委员会建立了与人大代表、政协委员常规化的沟通联系机制，开通了短信平台，畅通了与各专门工作委员会的交流与合作，面向全行业广泛征集了提案和建议。通过

这些举措，委员会为北京律师人大代表和省协委员做好参政议政工作，发挥了积极的作用。

案例二：为了加强对未成年人权益的保护，北京市律师协会于 2002 年 1 月在全国率先成立未成年人保护专业委员会。在 2009 年，北京市律师协会又和北京团市委、市未成年人保护委员会联合成立"北京市未成年人保护公益律师团"，律师团由 83 名热心公益事业的律师组成。北京市律师协会未成年人保护专业委员会的成立及其开展的工作，一方面，畅通了北京律师参与未成年人保护工作的途径和渠道，提高了北京律师参与未成年人保护工作的积极性，增强了未成年人保护工作的成效；另一方面，也对全国这方面的工作起到了良好的示范和推动作用。中华全国律师协会于 2003 年设立未成年人保护专业委员会，全国有 28 个省级律师协会相继组建了律师参与未成年人保护工作的专门机构，这些机构的设置，都和北京市律师协会的示范和推动作用密切相关。

案例三：北京市律师协会开通公益法律服务热线，组织律师提供义务法律咨询。为了更好地为社会提供法律服务，树立北京律师的公益形象，北京市律师协会于 2009 年 10 月 26 日正式成立公益法律咨询中心，开通运行公益法律服务热线。在律师协会的大力动员和精心组织下，服务热线成功运行至今，取得了良好的社会效果。据律师协会统计，截至 2010 年 9 月 30 日，参与咨询的志愿律师累计已达 950 人次，其中女性律师 336 人次，共接听市民咨询电话 10422 个，接待来访 1735 人次。咨询对象不仅有本市市民，还包括外地市民，甚至外籍人士。① 虽然律师从事公益活动可以不拘形式，可以"单打独斗"，但是从公益法律服务热线的顺利开通和成功运行可以看出，在律师协会的组织下进行公益活动，便于组建必要的基础设施，容易获得社会各界的支持和配合，容易形成较大的声势，可以激发广大律师的热情，一句话，可以集中力量办大事，可以将每一名律师的点滴公益之心汇聚成滔滔的公益之河。

---

① 详情参见本书《典型事件和重点问题分析》中的"公益法律服务热线的开通与推广"部分。

（二）北京律师履行社会责任展望

可以预期，北京律师今后将继续广泛参与各类实践，积极履行社会责任。然而，这种实践的范围和方式以及文化观念上对律师职业的理解和制度上对律师职业的定位将产生很大的影响，而这两个方面的因素，目前尚处于不断的反思、调整和发展之中。

1. 律师职业文化定位的影响

律师应当如何履行社会责任，包含在人们对"律师"这一职业的理解中。而对律师这一职业的理解，体现在文化和制度两个层面。制度要求是"硬性的"，文化要求是"软性的"。理解北京（或者我国）律师履行社会责任的未来发展，要从这两种要求说起。这里先说文化要求。

我国当前，社会正处于多种文化不断冲突和融合的时期。在这些不同的文化中，有两种对立的观念左右着人们对职业的看法，我们姑且称之为两种不同的职业文化。一种是我国传统上对各种职业的看法，其要义是："君子喻于义，小人喻于利"；"穷则独善其身，达则兼济天下"。这种观念贬斥贪欲，否定私利。在这种观念体系中，通过交换获利的商人是没有道德地位的。

另一种职业文化来自市场经济理念。这种理念的基础，是西方文艺复兴以来逐步发展起来的人本主义。人本主义承认人的价值和尊严，把人看做万物的尺度，尊重人的利益和欲望。人本主义经过宗教改革运动和启蒙运动，进一步发展为保护个人权利、追求个人幸福的政治自由主义。当这种自由主义的政治哲学被运用到经济理论当中时，就自然而然地产生了经济自由主义观点。这种观点认为，追求个人利益是正当、合理的，个人的财产权是神圣不可侵犯的，经济活动应当是自由竞争的。经济自由主义的证成，第一功臣是英国经济学家亚当·斯密。斯密主张："每个人，在他不违反正义的法律时，都应听其完全自由，让他采用自己的方法，追求自己的利益，以其劳动及资本和任何其他人或其他阶级相竞争。"[①] 斯密所阐述的理由是：在一个分工的社会中，如果人们要享受更多的物品，就必须生产更多的东西去交换，这样一来，每个人越是追求个人的利益，

---

① 〔英〕亚当·斯密：《国民财富的性质和原因的研究》（下卷），郭大力、王亚南译，商务印书馆，1979，第252页。

就越是为社会生产更多的产品，社会的财富增长就越快。因此，在斯密看来，私有制和自由交易，当然还有保护私有制和自由交易的法制，是最合理的制度，也是最道德的制度。斯密的思想经过后世历代经济学家的丰富和发展，成为西方国家主流的经济理论，并主导着这些国家主流的政治哲学和伦理思想。这种理论形成了自己对待分工和职业的立场和态度，这里姑且称为市场理念的职业文化。

两种职业文化对律师的职业定位具有不同看法。在市场理念看来，在现代的社会分工体系中，律师的社会职能在于向社会提供法律服务产品，如果要让社会的法律服务产品丰富和发达，就必须允许律师按照市场法则，基于报酬最大化的考虑提供法律服务。因为如果否定律师获取个人利益的合理性，就会削弱律师增加法律服务数量和提升法律服务品质的积极性，从长远看，结果必然是法律服务产品数量减少，品质降低，社会因此受损。因此，律师从基于报酬最大化的考虑提供法律服务，就是对社会最大的贡献，就是履行最大的社会责任。然而，在传统的文化理念看来，个人利益最大化的思维是商人思维，是人格和道德境界低下的思维，而律师具有促进法律实施、维护公平正义的道义责任，是社会的精英，尤其不能以利益最大化作为执业准则。

在我国当前，由于市场经济的发展，市场理念逐步深入人心。一方面，一些律师坚持市场化的职业定位。他们认为，律师是市场经济中的一项分工，律师立足于经济报酬的考虑提供法律服务无可厚非。另一方面，社会上对个人追求利益也更加认可、更加宽容。人们理解和承认，即使是律师，他们之所以选择这个行业，个人利益考虑是其主要原因。市场理念在制度上也有相当的影响。在很大程度上，改革开放以来律师制度改革和发展的一个主线，就是逐步接受贯彻这种市场理念的过程，这一过程一直持续到1996年《律师法》的制定。

然而，在我国当前，传统的文化理念仍有相当的影响。在一些人看来，律师只顾个人利益的追求是不道德的，像李庄那样，一个案件收取100多万元是损害律师道义形象的。这种观念通过多种途径，影响律师社会责任的履行。一个途径是，律师个人内心认可这种观念，从而在执业活动中不愿意收取过高的费用，或者不以费用的多少考虑是否办理某项业务。另一个途径是，通过社会舆论影响律师履行社会责任。社会舆论将那些不计较收入、追求正义效果的律师、代理弱势群体的律师、提起公益诉讼的律师，视为英雄、斗士而予以鼓励，将那些高收费的律师以为富不仁、贪婪、没有立场、冷血为理由予以否定和谴责。第三个途径是通过影响制度的制定，进而影响律师履行社会责任。对于这种影响，下一标题下再作专门考察。

就目前来说，两种文化都在发挥着影响，使得社会上关于律师的职业定位充满争议和分歧。未来律师履行社会责任的状况，以及有关制度的制定，将纠结在这两种理念之间。两种理念此消彼长的变化，或者鼓励律师更多地通过市场规则提供法律服务产品，或者鼓励律师个人将具体案件的社会效果考虑放在重要位置。

2. 制度上律师职业定位的影响

律师对社会责任的履行，受到制度上律师职业定位的影响。改革开放 30 年来，对于律师的职业定位，制度上一直在探索和调整，这种探索和调整构成了律师制度改革最重要的一项内容。而正是在这种探索和调整过程中，律师社会责任问题逐步呈现出来，为社会各界所广泛关注和讨论。

在改革开放初期，《律师暂行条例》（1980 年制定）第 1 条规定，"律师是国家的法律工作者"，这种定位不存在律师的社会责任问题。因为基于这种定位，律师是政法干部，是国家工作人员，不是市场主体，律师工作本身就是履行社会责任。然而，此后的律师制度改革过程，是律师职业的公职属性不断削弱、市场属性逐步增强的过程。1993 年 11 月党的十四届三中全会《关于建立社会主义市场经济体制若干问题的决定》将律师事务所界定为"市场中介组织"，随后 1996 年制定的《律师法》第 2 条将律师调整并简化为"指依法取得律师执业证书，为社会提供法律服务的执业人员"。至此，律师完全演变为一种市场主体，法律服务完全变成市场产品。基于这种职业定位，就出现了一个律师按照市场规则追求个人利益和律师活动的社会效果之间的冲突和平衡的问题，即律师的社会责任问题。然而，这一问题在当时尚未引起广泛关注，更没有上升到理论和制度层面。但是，随着如此定位的律师职业的广泛实践，律师的社会责任问题日渐突出，由此引发了社会各界的关注和讨论，并导致制度上的一些调整，导致律师职业的重新定位。

第一次调整是 2007 年全国人大常委会对《律师法》的修订。修订后的《律师法》对律师的含义从两个角度进行了补充：一是强调律师提供法律服务的依据是"委托"和"指定"；二是强调律师的社会责任，规定"律师应当维护当事人合法权益，维护法律正确实施，维护社会公平和正义。"此外，新《律师法》第 42 条规定："律师、律师事务所应当按照国家规定履行法律援助义务，为受援

人提供符合标准的法律服务，维护受援人的合法权益。"该规定将律师提供法律援助作为一项社会责任用法律明确下来，成为一项强制性的义务。

第二次调整是 2008 年 10 月 25 日，周永康在第七次全国律师代表大会上的讲话中提出，律师要做"五者"，即中国特色社会主义的法律工作者、经济社会又好又快发展的服务者、当事人合法权益的维护者、社会公平正义的保障者、社会和谐稳定的促进者。我国当前，中央领导讲话是国家政策的一种，所以，这"五者"具有法律意义，是制度上对律师职业定位的再一次微调。这"五者"的提出，表明制度上要求律师在提供法律服务时，要考虑这五个方面的社会效果，履行这五个方面的社会责任。

第三次调整发生在 2010 年。这年 7 月，根据国家发展改革委和司法部 2006 年所发布的《律师服务收费管理办法》的规定，北京市发改委和北京市司法局于 2010 年 7 月联合发布了《北京市律师诉讼代理服务收费政府指导价标准（试行）》和《北京市律师服务收费管理实施办法（试行）》两个文件，确定了北京地区律师业务收费政府指导价的基准价和浮动幅度，重申了律师收费应当遵守的各项规则。两个法律文件对律师履行社会责任的影响，主要体现在两个方面：一是规定了政府指导价的标准和浮动幅度，实际上调低了诉讼类业务的收费标准，并且也减少了市场定价的范围；二是明确提到，任何指导价的下浮不限，暗示律师应当尽可能降低收费标准，提高律师收费和社会效果的比例。

通过这三次调整，律师的社会责任被强调，律师服务的商业属性、契约属性被弱化。而且，频繁的调整显示，律师的职业定位仍处在不断的反思和探索过程中，接下来仍然还会有进一步的调整，而这种调整，将会影响律师履行社会责任的态度和意愿，将会影响律师履行社会责任的范围和形式。

B.4
北京刑事辩护业务发展报告

祁建建*

摘　要：改革开放以来，北京律师刑事辩护业务发展迅速，成就显著。然而，近年来，北京律师刑事辩护率持续下降，律师持续从事该项业务的意愿不强，凡此种种，显示该项业务的发展势头不容乐观，有被边缘化之虞。究其原因，一是受各种制度性因素制约，刑事辩护效果不好，质量不高，难以开展，而且还有很大的人身风险；二是对于刑事司法中的程序正义，对于律师刑事辩护的社会职能，社会公众还不能正确理解和认同，律师"污名化"的现象有所抬头，以致刑事辩护律师的职业声望和社会地位有所下降。刑事辩护发展的这种情形，也受到社会各界的关注，一些矫正措施也开始酝酿或实施。然而，由于深层的制度变革非一日之功，社会观念转变更需要长期培育，所以刑事辩护业务的发展前景在短期内仍不容乐观。

关键词：刑事辩护　律师辩护　律师辩护率　辩护质量

刑事辩护是一项重要的律师业务。在现代社会中，虽然刑事辩护的业务数量和收费总额所占比例不大，但是律师对于该项业务的开展情况却有着十分重要的宪政和法治意义。律师在刑事辩护中的地位和作用，既是反映一个国家或地区律师行业发展水平的基本参数，也是衡量一个国家或地区人权和法治发展水平的重要指标。有鉴于此，本文将对北京律师刑事辩护业务的开展情况进行考察，藉以反映北京律师发展的某个侧面，并间接地反映北京人权和法治发展的成就与不足。

---

* 祁建建，法学博士，中国社会科学院法学院所副研究员。

按照不同的标准，刑事辩护业务可以划分为不同的类型。以辩护的案件类型为标准，可分为公诉案件的辩护和自诉案件的辩护；以辩护人产生的原因划分，可分为委托辩护和指定辩护，后者也即法律援助辩护。由于我国《刑事诉讼法》并未规定犯罪嫌疑人在刑事侦查阶段享有律师辩护权，仅仅规定了犯罪嫌疑人有权聘请律师为其提供咨询，代为申诉、控告，申请取保候审等，所以刑事辩护业务又可区分为审判中的辩护和审判前的辩护。虽然法律并未规定审判前律师辩护权，但犯罪嫌疑人在法理上应当享有律师辩护权却无可置疑，且法律也规定了审判前律师的有限参与。在当前的各种统计数据里，律师在审判前为犯罪嫌疑人提供的法律服务，包括提供法律咨询、代为申诉控告、申请取保候审等，通常在刑事业务范畴内单列，以区别于其他刑事辩护业务。

本文的考察主要从现状展开，在相关的数据和事例基础上，具体考察刑事辩护业务的规模与数量、刑事辩护业务的内容和效果、刑事辩护业务的收入和收费等三个方面，并通过这三个方面的考察，揭示当前律师刑事辩护业务的执业困境和风险，并简要讨论北京律师刑事辩护业务的发展趋势。

一　刑事辩护业务的规模与数量

律师刑事辩护业务开展情况的一个重要方面，是其规模和数量，而这又可以通过律师辩护率来衡量。所谓律师辩护率，是指律师人均每年办理刑事辩护业务的数量。在这项指标中，辩护业务作广义的理解，包括提供咨询、代为申诉控告，申请取保候审，被告人委托辩护等三种具体类型。指定辩护由于具有法律援助的性质，在这里不予考察。另外，这里所谓的律师，限于社会律师，不包括公职律师、公司律师、军队律师和法律援助律师，因为这些律师不能以律师身份办理刑事辩护业务。

根据司法行政部门公布或者内部提供的统计数据，笔者计算得出 2004 年以来北京和全国的律师刑事辩护率，具体数据和对比关系如图 1 所示。具体比较这些数据，可以得出北京律师目前具有人均辩护率低、办理刑事案件意愿不强等特点。

首先，北京律师刑事辩护率总体上呈逐年下降的趋势。如图 1 所示，在2004～2010 年间，北京律师刑事辩护率虽然存在一定的波动，但是逐年下降的

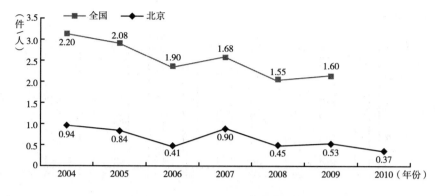

图 1   2004～2010 年律师刑事辩护率

资料来源：（1）2009 年、2010 年的律师人数和律师办理刑事案件数由北京市司法局提供；（2）2004～2009 年的律师人数和律师办理刑事案件数来源于《中国律师年鉴》2004～2008 年历年版本。

总体趋势也是明显的。具体在 2004 年，北京律师的人均刑事辩护率为 0.94 件/人，到 2010 年降到 0.37 件/人，不及 2004 年的一半。

需要说明的是，律师刑事辩护率的下降趋势，不是北京律师独有的，而是全国性的。具体而言，全国律师 2004 年的刑事辩护率是 2.20 件/人，到 2009 年，降到 1.60 件/人，下降了 27.3%。而在同一时期，北京律师刑事辩护率下降了 43.6%，下降的幅度更大。

其次，.北京律师的刑事辩护率显著低于全国的平均水平。如图 1 所示，在 2004～2009 年间的每一个年份，北京律师的刑事辩护率都显著低于全国的平均水平。具体以最近的 2009 年为例来说，全国是 1.60 件/人，北京是 0.53 件/人，后者只有前者的 1/3。

以上数据显示，刑事辩护率逐年下降，既是北京的趋势，也是全国的趋势。在律师数量不断增长、全国刑事案件数量也不断增加（如图 2 所示）的情况下，律师刑事辩护率的这种趋势表明，律师办理刑事业务的意愿有所降低，刑事辩护业务并没有得到相应的拓展。而和全国平均水平相比，北京律师的刑事辩护率更低。这个数据的另一面，是北京律师选择从事其他业务类型，尤其是非诉讼法律事务的比例更高。这种比例关系表明，一方面，北京律师在非诉讼法律事务等新型律师业务的开拓方面，具有更大的优势；另一方面，律师在传统刑事诉讼业务领域开拓发展的意愿，低于全国平均水平。

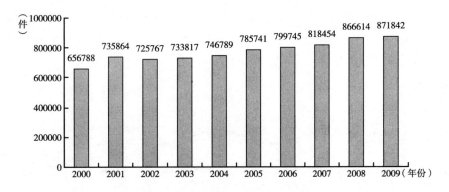

图 2　2000～2009 年全国刑事案件数量变化

资料来源：数据来源于《中国法律年鉴》1999～2010 年历年版本。

二　刑事辩护质量

对于刑事辩护质量的评价，可以从辩护之实体意义的结果性质量和程序意义的过程性质量两个方面着手。其中，实体意义的结果性质量是律师辩护活动对诉讼进程和诉讼结果的影响，具体体现在辩护意见对刑事司法程序和诉讼结局的影响上，体现在辩护意见受到采纳的比例上。结果性质量是辩护质量更明显也更为功利的方面，是律师辩护的外在质量。程序意义的过程性质量是律师辩护活动本身的质量，是律师辩护意见的内在质量，体现为律师在法庭之外的证据收集和调查、在法庭上的各种申请和异议、举证、质证、辩论、各种书面辩护意见的撰写等活动的质量上。

（一）实体意义的结果性辩护质量

辩护意见的采纳比例究竟如何，有关人士从不同的渠道作了调查。其中一个调查面向 5 个省的 7 个法院院长、副院长、刑庭庭长、副庭长，了解法院对律师辩护意见的采纳率。其中 1 人表示对律师的意见会采纳，没有说明有多少被采纳，占 14.3%；1 人表示从未遇到过这样的情况，占 14.3%；5 人表示基本不采纳或很少采纳、一般不采纳，占 71.4%。从未遇到和基本不采纳两项占到了总数的 85.7%。这个调查由于数据太少且问题不够细致从而在准确性上有所欠缺，难以展开进一步分析，但它至少说明在受采访的 7 个法院的领导人员中，有 6 个人对律师的意见并不重视。① 2010 年 11 月的另一份针对 36 名律师的调查表明，辩护意见采纳率以 10% 以下的最多，其中有 22 人认为这是由法官重指控轻辩护的思想造成的。②

在司法实践中，法官对于指控的支持比例确实很高。从公开的统计数据中可知，公诉案件中，有罪判决的确定性较高，指控失败的风险较小。根据两院工作报告，2003～2007 年间，有 4692655 人被提起公诉，其中 408 万多人被判有罪，有罪判决率超过 89%，无罪判决及其他诉讼结局不及 11%；2008 年有 1143897人被提起公诉，其中 1007304 人被判有罪，指控案件的有罪判决率超过 88%，无罪判决及其他结案方式的比例不及 12%；2009 年有 1134380 人被提起公诉，其中 99.7 万人被判有罪，检察院指控案件的有罪判决率亦近 88%，无罪判决及其他结案方式的比例略超 12%。在北京市，2003～2007 年，公诉 123389 人，判决103196 人有罪，有罪判决率 83.63%；2008 年公诉 26793 人，判决 23355 人有罪，有罪判决率 87.17%；2009 年公诉 27383 人，判决 21747 人有罪，有罪判决率 79.42%。由于数据来源的缺乏，自诉案件中被判决有罪的人数无法从有罪判决总人数中去除，是以上统计将自诉案件的有罪判决数量也纳入了指控成功的公诉案件，因此所得出的有罪判决率高于实际的数字。

除了支持指控的比例较高之外，法院对于检察院的量刑建议亦多予以采纳。"2009 年 6 月以来，重庆市检察机关已有 31 个检察院（分院和基层院）试行了'量刑建议'，共提出量刑建议 2924 件，法院作出判决的 2589 件中，采纳量刑建议 2252 件，采纳率超过八成。"③

当然，以有罪判决或者无罪判决区分辩护意见支持率过于草率，事实上，有罪辩护的辩护意见采纳比例是一个远比无罪辩护意见采纳比例更为复杂的现象。

---

① 参见张燕生《刑辩的绝境》，http：//chenyouxilawyer. fyfz. cn/art/676131. htm，最后访问时间：2010 年 11 月 18 日。
② 参见曹晓乐、杨小波《问卷调查 36 名律师 20 人认为刑辩走入绝境》，http：//news. sina. com. cn/c/2010－11－12/034818356595s. shtml，最后访问时间：2010 年 11 月 18 日。
③ 参见沈义、秦宇、吴娟《量刑建议让被告人心里有了底 重庆市检察机关量刑建议法院采纳率超八成》，http：//newspaper. jcrb. com/html/2010－01/04/content_ 33919. htm，最后访问时间：2010 年 11 月 18 日。

2010 年，北京市律师以 600 余名律师为调查对象进行的一项调查表明，在律师人均办理的 13.62 个案件中，如图 3 所示，判决书明确表示采纳辩护意见的为 3.22 件，占 23.6%；没有采纳，而且未曾提及或一带而过、没有作出合理解释的有 1.86 件，占 13.6%；没有采纳，但作了充分说明的有 1.66 件，占 12.2%；明确表示不予采纳，但事实上吸收了辩护意见的 0.85 件，占 6.2%。①

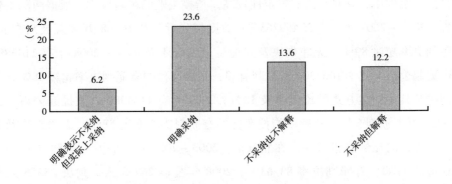

图 3　判决书处理辩护意见各种方式所占比例

在律师提出的各种辩护意见中，如图 4 所示，所提申诉、控告意见被采纳率为 37%；针对侦查中的刑讯逼供问题，在审前向检察机关提出后获处理率为 15.5%；检察机关在审查起诉中听取律师意见的为 36.2%；在律师作无罪辩护的案件中，法院最终判决无罪的占 24%；罪轻辩护意见的采纳率在 60%～70% 之间，其中"律师以存在法定应当从轻、减轻、免除刑事责任的事实为理由进行辩护的共计 3453 件（659 名律师回答了该题，人均 5.24 件），法庭采纳的为 2141 件，采纳的比率约为 62%。律师以存在自首、立功、积极退赃、犯罪动机不恶劣等可以从轻、减轻刑事责任的事实为理由进行辩护的共计 2122 件（663 名律师回答了该题，人均 3.20 件），法庭采纳的为 1437 件，采纳的比率约为 68%"。二审作无罪辩护的案件当中，法院最终的处理结果（包括二审发回重审，原审法院作出的最终处理）为：维持原判的人均 0.72 件；改判较轻罪名或刑罚的 0.31 件；改判无罪的 0.13 件。维持原判的案件最多，约占 62.1%。改判无罪则比较困难，只有 11.2%。二审作罪轻辩护的案件当中，法院最终的处理

---

① 参见许兰亭《律师刑辩意见采纳之现状》，http：//www.xulanting.com/fagui_5.htm，最后访问时间：2010 年 11 月 18 日。

结果（包括二审发回重审，原审法院作出的最终处理）为：维持原判的人均 0.99 件；改判较轻罪名或刑罚的 0.37 件；改判无罪的 0.06 件。维持原判的案件仍是最多的，约占 69.7%。①

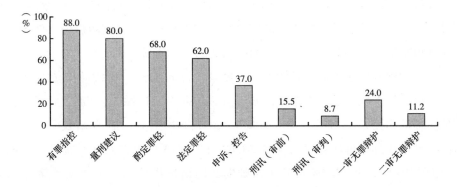

图4　已提出的各种意见获采纳的比例

由图4可知，法院对检察院指控和量刑建议的支持率远高于对律师各种辩护意见的支持率，这一现象的产生取决于多种因素。指控和量刑建议较多地得到法院的支持，有罪判决比例高，既是由公安机关、检察院控诉水平所决定的，是政府对于犯罪控制、维持秩序和稳定的强大政策投入的结果，也不可否认其中有着若干制度性的原因，妨碍律师辩护质量的提高，致使辩护的有效性降低。此外，辩护率低也是一个不可忽略的因素，80% 甚至以上的刑事被指控人没有律师的专业法律帮助，致使他们在侦查、起诉、审判阶段很难充分理解并有效行使辩护权利。

（二）程序意义的过程性辩护质量

我国现行刑事司法制度所造就的强控诉、弱辩护的现实是辩护意见采纳率低的重要原因之一。此外，弱辩护还意味着程序意义的过程性辩护质量不高，存在很大的提升空间。

在律师辩护的案件中，阅卷难、会见难、取证难、二审及死刑复核程序不开

---

① 许兰亭：《律师刑辩意见采纳之现状》，http：//www.xulanting.com/fagui_ 5. htm，最后访问时间：2010 年 11 月 18 日。

庭等各种制度性、实践性困难制约着律师辩护过程性质量的提高。一如本文在后半部分"风险"中所指出的,会见和取证对律师而言,蕴藏着巨大的刑事责任风险。同样不能忽视的是,有些司法官员的行为妨碍了律师的正常辩护,并显示出对辩护律师的极度轻视。甚至在 2010 年的一项调研中,有 12% 的律师曾经遇到过法院不通知他们就开庭审理的情况。[①] 在这样的司法制度和诉讼实践中,辩护律师很难依靠庭外调查取证活动提高内在的辩护质量。

在证据规则体系尚不完备的当下,较强势的侦查行为所获得的证据,其合法性并不存在根本性问题。大部分控方证据的合法性并不由控方证明,相反,要由辩护律师证明控方证据不可采。如图 5 所示,2010 年的一次调研表明,受调研的律师平均在其办理的案件(人均 13.62 件)中遇到被告人称其曾经被刑讯逼供的为 2.10 件,占 15.4%;其中律师向法院请求排除刑讯逼供所获证据的为 1.15 件,即只有 54.8% 的刑讯案件提出证据排除;在律师提出证据排除的案件中,法院采纳律师意见予以排除的为 0.10 件,采纳率只有 8.7%。这些排除了非法证据的案件中,认定刑讯逼供的途径主要有三个:一是辩护方举证,占 50%;二是法院调查认定,占 33.3%;三是法院要求控诉方举证,控诉方未能举证证明,法院即认定刑讯逼供成立,占 16.7%。就以威胁、引诱、欺骗等非法方法获取证据进行的辩护被采纳率为 31.7%。有 11.8% 的律师曾针对侦查机关在搜查、扣押、鉴定、监听、勘验、检查中的重大违法情形提出请求排除证据的辩护意见,只有 21.6% 得到了法庭的支持。[②] 在证据较少因辩护律师质疑而丧失合法性并被排除的现状之下,检察官发起的指控有较强的证据基础,自然容易获得法官的支持。尽管新的关于证据规则的司法解释将证据合法性的证明责任归于控方,但在刑事诉讼基本构造并无根本改变的情况下,这些证据规则能否有效贯彻有待实践证明。

当然,辩护质量和律师本身也有不可分割的联系。具体而言,辩护质量和律师辩护水平有关,和律师投入一个案件的时间、精力也有很大关系。北京市某法律援助中心主任解释说:"一些律师'很不听话',对指派给他的法律援助案件

---

① 许兰亭:《律师刑辩意见采纳之现状》,http://www.xulanting.com/fagui_5.htm,最后访问时间:2010 年 11 月 18 日。

② 许兰亭:《律师刑辩意见采纳之现状》,http://www.xulanting.com/fagui_5.htm,最后访问时间:2010 年 11 月 18 日。

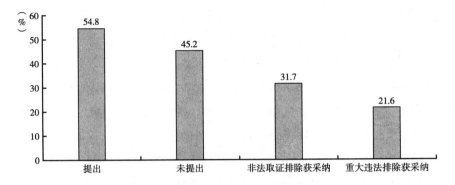

图5　律师对已知刑讯案件提出证据排除意见及其采纳比例

工作不认真，敷衍了事，有的律师在承办刑事案件时，不会见被告人，或不去法院阅卷，本应调查收集的证据不去调查，有的律师干脆不去开庭。"① 而一个好的辩护对律师的要求是全方位的，不仅要有专业法律知识，同样重要的是要有刑事辩护的从业经验、社会阅历等。当前，由于刑事辩护业务收费低，执业风险高，有丰富从业经验的律师一般不太愿意从事刑事辩护，只有一些刚入行的青年律师迫于生计从事刑事辩护业务。从业律师经验不足是造成刑事辩护质量不高的一个客观因素。为提高辩护质量，有学者提出要建立刑事辩护的准入制度，要求辩护律师具有一定的从业经验和水准，相对于现实而言，准入制度虽是大势所趋，当前还是会遇到较大的挑战。

三　收费与收入

（一）收费不高，市场份额小

从统计数据来看，北京律师刑事诉讼业务收费具有两个特点：一是平均收费不高，二是市场份额小。

北京律师刑事诉讼业务平均收费不高，是相对于其他业务而言的。首先在三大诉讼业务中，刑事诉讼业务平均收费是最低的。如表1所示，北京律师在

---

① 参见中国新闻网：http：//www.chinanews.com.cn/sh/news/2010/04－20/2237212.shtml，最后访问时间：2010年11月18日。

2009 年的公诉案件辩护平均收费是 2.33 万元/件，自诉案件辩护是 2.40 万元/件，死刑案件辩护是 3.82 万元/件，所有刑事诉讼业务平均是 1.17 万元/件。与此相比，民事诉讼业务平均是 4.88 万元/件，行政诉讼是 4.59 万元/件，均高于刑事诉讼收费。如果和非诉讼法律事务相比，相差就更为悬殊。北京平均一件非诉讼法律事务收费 7.84 万元，比两件死刑案件辩护的收费还多。从这个角度看，北京律师的刑事诉讼业务收费并不高。

但是如果和全国的平均水平相比，北京律师刑事诉讼业务的平均收费还是不低的。如表 1 所示，在 2009 年，北京所有刑事诉讼业务平均是 1.17 万元/件，而全国的这一数据只有 0.41 万元/件，只有北京收费的 35.0%。尽管如此，这种差距不如其他业务类型悬殊。比如，全国律师民事诉讼业务平均收费是 0.84 万元/件，只有北京律师 4.88 万元/件的 17.2%；全国律师行政诉讼业务平均收费是 0.66 万元/件，只有北京律师 4.59 万元/件的 14.4%；全国律师非诉讼法律事务平均收费是 1.59 万元/件，只有北京律师 7.84 万元/件的 20.3%。从这个角度来说，刑事诉讼业务收费地区差异最小。

表 1　2009 年北京和全国主要律师业务平均收费对比

单位：万元

| | 刑事诉讼辩护及代理 | 其　　　中 | | | | | | 民事诉讼代理 | 行政诉讼代理 | 非诉讼法律事务 |
		公诉案件辩护	自诉案件辩护	提供咨询代为申诉、控告	申请取保候审	死刑案件辩护	被告人委托辩护			
全国	0.41	0.54	0.52	0.16	0.40	0.53	0.56	0.84	0.66	1.59
北京	1.17	2.33	2.40	0.55	0.91	3.82	2.20	4.88	4.59	7.84

资料来源：律师业务数量和收费总额由司法部有关部门提供。

刑事诉讼收费的另一个特点是，市场份额小。如图 6 所示，以 2009 年为例，北京律师刑事诉讼业务收费在所有业务类型中，只占 2.70%，远远低于民事诉讼的 31.3% 和非诉讼法律事务的 43.55%，也低于法律顾问收入的 17.53%。① 这一特点还体现在和全国平均水平的对比上。如图 6 所示，2009 年全国律师刑事诉讼收费所占比例是 7.16%，显著高于北京。

---

① 这三个数据根据司法部提供的统计报表计算得出。

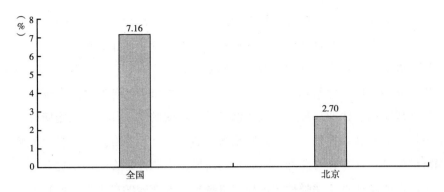

图6　2009 年全国和北京刑事诉讼辩护及代理收费所占比例对比

资料来源：律师业务数量和收费总额由司法部有关部门提供。

对于北京律师刑事诉讼业务收费市场份额小这一现象，可以从两个方面解读。一方面，这表明，北京律师在其他业务类型尤其是非诉讼法律事务方面，具有更大程度的拓展，有更显著的优势，这种拓展和优势，符合律师业务发展的一般趋势。另一方面，这或许也表明，较大比例的律师更愿意从事刑事诉讼之外的法律业务，之所以如此，和本文在后面讨论的刑事业务执业风险和执业困境有很大关系。

（二）收费新规限制收入预期

按照 2010 年《北京市律师诉讼代理服务收费政府指导价标准（试行）》的规定，刑事案件收费按照各办案阶段分别计件确定收费标准。侦查阶段和审查起诉阶段，每件收费 2000 ~ 10000 元；一审、二审、死刑复核、再审、申诉案件以及刑事自诉案件每件收费 4000 ~ 30000 元。收费标准不设下限，对于疑难、重大、复杂的案件，上限为标准的 5 倍。根据这些规定计算，律师从侦查阶段开始承办普通刑事案件到一审判决为止，收费为 8000 ~ 50000 元；承办疑难、重大、复杂的案件，收费为 4 万 ~ 25 万元。在其他省、自治区、直辖市，有的也制定了收费标准，如 2007 年陕西省司法厅和省物价局联合发文，规定刑事案件辩护一审从侦查到起诉、判决，收费标准是 2500 ~ 20000 万元，疑难、重大案件可协商收费，但不得超过上述标准的 5 倍。

笔者注意到，北京市 2007 年、2008 年和 2009 年的刑事业务平均收费数额和政府指导价并无冲突。即使如这般看起来不高也不低，恰好符合政府指导价的案件平均收费数字，却是诸多青年律师的微薄收入和资深律师的巨额收费简单平均的结果，其中的复杂程度非图表所能展示。政府指导价的出台限制了刑事业务在市场化和商业化运营中的利润空间。短期来看，确实有利于普通收入的被指控人聘请律师获得帮助，但是长期来看，当前从事刑事辩护的律师之所以较少，就是由于职业风险高、执业环境差、收入低等原因造成的。一如行内人士所言，从事刑事辩护业务的社会律师，要么是刚刚入行迫于生计而为之，要么是业务精湛的资深辩护律师。在律师行业分工刚起步的阶段，限制律师在刑事辩护业务上的收费，不仅可能降低青年律师持续选择刑事辩护业务方向的积极性，而且可能对资深律师继续坚守刑事辩护领域产生消极影响。因此，该规定是否有利于刑事辩护的长远发展，是个值得探讨的问题。

（三）刑事法律援助补贴低

律师除了接受当事人委托、聘请而为其提供刑事辩护服务，获得当事人支付的报酬以外，还可基于法院指定，为当事人提供法律援助辩护服务，由政府支付报酬。那么，律师办理法律援助案件的收入情况实际上如何呢？各地法律援助办案补贴相差巨大，因为办案补贴支付的标准通常由各地区法律援助机构结合本地区实际制定，且并不是根据每个案件实际成本制定，有的地方规定的标准甚至连办案成本都难以收回。有关资料显示，目前全国各地刑事法律援助补贴标准最低的是每件案件200元，最高的达到3500元，多数地方规定的案件补贴标准平均为300～700元。

北京市法律援助中心将部分已批准申请的法律援助案件指派给社会律师承办，由法律援助机构向承办律师支付办案补贴。按照北京市密云县的标准，侦查、审查起诉阶段受理的法律援助案件补贴标准为每件300元；法院审理阶段受理的公诉或自诉法律援助案件补贴标准为每件500元；审查起诉阶段受理的法律援助案件，顺延到法院审理的，补贴标准为每件700元；从侦查阶段受理顺延到法院审理的，补贴标准为每件800元。法院指定的刑事辩护案件，承办人已阅读、复印有关案件材料，会见了被告人，非案件承办人原因失去辩护资格，按该案补贴标准的40%发放补贴；承办人已阅读、复印有关案件材料，会见了被告人，准备了辩护意见，非案件承办人的原因失去辩护资格的（需有指定法院的情况说明），按该案补贴标准的60%发放补贴。办案补贴的发放时间原则上每半年发放一次。① 总体上看，密云县的补贴标准大致属于全国的平均水平。

在实际的诉讼活动中，当律师办案成本远远高于补贴金额时，超出部分的钱由律师自己补缺。办理完毕之后，从支出成本到获得补贴，其间律师还要自掏腰包。律师在提供法律援助的过程中，并没有获得多少经济上的利益。当然，由于法律援助的性质，律师能够获得道义上的满足感，许多律师并不十分计较经济上的得失。但在事实上，这并不符合法律援助是政府义务的定位，损害了法律援助律师的利益，也损害了律师辩护的积极性，客观上可能会影响法律援助辩护的质量。

法律援助的情况在其他国家如何呢？比如美国有联邦和州二元法院系统，法律援助机构在联邦和各州有所不同。联邦法院的法律援助通过联邦公设辩护人机构实施。机构的设立有两种模式：一种是在联邦政府的司法机构之下运营，其中，由上诉法院任命辩护人的，为期 4 年，由其聘请律师和辅助人员，由法院行政管理机构负责预算；另一种模式是社会辩护机构，接受联邦资助，其地位更加独立。两种模式之下，机构均独立运作，政府不加干涉。每一公设辩护人机构只有一名辩护人，其他人均被称为助理辩护人，不管其手下有多少律师、有多少资深律师。联邦资助的辩护人机构资金充裕，辩护律师的薪金相当于检察官，因此留得住高水平的律师。最早建立公设辩护人机构的是特拉华州，现有 71 个公设辩护律师，平均从业年限为 18 年，经验相当丰富。② 在境况较差的州，被告人将公设辩护人称之为自动卸货车，意指律师只想尽快摆脱被告人而非为其提供有效辩护。曾有法官指出，刑事被告人宁可聘请没水平的私人律师，也不愿接受最有技巧和能力的公设辩护人。③

四 困境与风险

如前文数据所表明的那样，北京刑事辩护业务在法律行业分工不断细化、行业收入逐年大幅提高、行业业务总量不断提升的最近几年间，不仅没有看得见的

---

① 参见《密云县法律援助办案补贴管理办法》（密司法字［2010］16 号），http：//www. bjsf. gov. cn/flyz/flyzgzdt/201007/t20100702_1448534. html，最后访问时间：2010 年 11 月 18 日。

② 参见 http：//publicdefender. delaware. gov/，最后访问时间：2010 年 11 月 18 日。

③ See People v. Huffman, 71 Cal. App. 3d 63, 72, fn. 2, 139 Cal. Rptr. 264, 272（1977）.

可观发展，反而逐渐陷入困境。律师刑事辩护业务现状不如人意，如果要追求进一步的发展，那么必须投入更有力的法律和政策支持，这样才能扭转困局。要做到这一点，首先要了解的是，哪些因素影响了刑事辩护业务的发展。

（一）辩护律师职业声望和社会地位堪忧

刑事辩护律师的地位和辩护业务的发展息息相关。而辩护律师的地位，体现在和公、检、法的关系上，体现在律师和当事人的关系上，体现在主流舆论、网络、媒体对辩护律师的认知上。

律师制度刚刚恢复时，在北京老律师的印象里，20世纪80年代是中国律师最辉煌的时候，因为"那时候，律师与公安、检察院、法院的关系非常融洽，律师得到了公检法机关和社会的尊重"。那段时光，被北京老律师推崇为律师职业地位的"黄金制高点"。[①]

当时，律师作为"国家法律工作者"，属于"干部"身份，事业单位编制，享受的是公务员待遇，直接归司法行政部门领导，其身份和检察官、法官是平等的。社会地位的平等带来了交往上的平等和尊重，带来了职业上的便利。据称，律师在办案过程中享有充分的取证权、会见权。在北京市某律师的回忆中，在1988年炎热的夏天，他到某地方法院去阅卷，法院院长亲自把自己办公室的电风扇搬给了他们。"我们去看守所会见当事人，干警还给我们端上茶、倒上水。"无论是调查取证还是法庭辩论，律师的意见都为公、检、法系统所重视。"当时，每一次庭审完之后，我们都要向审委会汇报。法院院长每次都要问一句话，律师是怎么说的，律师的意见是什么？从而避免了许多冤假错案。"这足以说明律师的辩护意见在当时能得到重视。有位老律师还清楚地记得，当年在审理一起贪污案时，一审法院就很重视他的辩护意见，判定退回检察院补充侦查；而在退补期间，检察院和法院还邀请他一起针对案件进行讨论，该律师正确地表达了他的辩护意见，最终检察院撤回起诉后撤销案件。彼时检察官起诉，观点往往偏"左"，律师的刑事辩护是纠"左"，普遍受到百姓欢迎。经常在广播某个案子的公审情况时万人空巷，大家争着倾听律师发

---

① 参见刘桂明《"刑辩30年"：中国律师的一节历史课》，http：//qianguzhou. fyfz. cn/art/529956. htm，最后访问时间：2010年11月18日。

出的"与公家不同的声音"。①

然而，20 世纪 80 年代末、90 年代初以来，随着律师制度改革在社会化、市场化方向的不断推进，律师职业声望和社会地位逐步下降。

第一，这种下降体现在律师和公检法干部的关系上。20 世纪 80 年代末、90 年代初的律师制度改革将律师推向市场化、商业化运营，现行法对律师的定位是社会法律工作者，丧失了干部身份，丧失了来自财政的收入和保障，也不再和司法机关有行政上的隶属关系。相比较而言，检察官和法官是国家公务员，在普通社会成员心目中，地位显然高于律师。当然笔者并不主张律师身份转回公务员，而是想指出，律师干部身份的丧失，是律师社会地位降低的原因之一。

商业化、社会化的律师行业使律师的经济地位有所提高，使公安司法机关的人员产生了心理上的不平衡，律师和后者的关系开始发生微妙变化。公安司法机关工作人员代表国家行使国家刑罚权，律师担任的辩护人则是为社会地位极低的犯罪嫌疑人和被告人服务。在无罪推定未得到充分肯定、有罪推定观念未彻底消失的当前，在律师辩护手段受到不利限制的现状之下，公安司法机关在心理上难以认同律师提出的辩护意见，而极易将律师的刑事辩护视为跟司法机关作对。

此外，现行制度和政策对打击犯罪、维持社会秩序职能过度强调，使公、检、法之间原本就密切的关系更加紧密，由此形成三者和犯罪嫌疑人、被告人以及辩护律师的对立。这种对立有违控审分离的刑事诉讼基本规律，并影响公民正确看待刑事司法有关的犯罪、刑罚和辩护等内容，影响其正确认识辩护律师的重要意义，无助于公民良好法律意识的培育。

总之，立场上的对立和现行法的有关规定削弱了实践中职权机关工作人员对律师身份的尊重。

第二，这种下降还体现在辩护律师和社会公众的关系上。时间转换到 2009 年，时年 75 岁的法学前辈赵长青律师针对一起涉黑案发表了一个多小时的辩护词，否定检方对被告人"黑社会"罪名的指控，竟然遭到网络上铺天盖地的口诛笔伐。"黑社会的狗头军师"、"讼棍"、"法学败类"、"替黑社会说情"、"比

① 参见刘桂明《"刑辩 30 年"：中国律师的一节历史课》，http://qianguzhou.fyfz.cn/art/529956.htm，最后访问时间：2010 年 11 月 18 日。

黑社会还黑"等污名化词语层出不穷,赵律师平淡而无奈,"这说明人们痛恨黑恶势力,对辩护律师是'恨屋及乌',人们的心情我十分理解……我遭网络炮轰,是普法的失败——人们对律师的工作性质仍缺乏了解。"① 类似的事件数不胜数。

在和谐社会视野下,刑事司法的许多方面都要调整旧的看法,确立新的观念,这确实涉及方方面面的问题。首先,必须看到,律师的辩护活动是现代社会有效治理犯罪问题的必要条件。犯罪作为一种激化了的、破坏社会秩序的冲突,是任何有阶级的社会都无法避免的。由于犯罪是社会本身的一个固有部分,犯罪人作为社会成员,即使在定罪量刑之后也还是要生活在社会中的,因此和谐社会视野下如何解决犯罪问题,如何对待犯罪行为人,如何最大限度地消弭、缓和这些引起犯罪的冲突和犯罪引起的冲突,并防止在该过程中引发新的矛盾和冲突,恢复受到破坏的社会秩序,是和谐社会必须解决的问题,这也是刑事司法完成观念转变所必须考虑的问题。而辩护律师的辩护活动,是解决这些问题必不可少的制度机制和社会职能。通过律师的辩护活动,可以减少公权机关案件处理的恣意和错误,可以减少有罪者被判处与其犯罪行为不成比例的过重处罚的可能性。如果有罪者被处以过重罪名或者过重刑罚,最终的结果将不是犯罪人的复归和刑罚的威慑,而很可能是不必要的仇恨和对法律普遍蔓延的不尊重。所以,绕开律师的辩护活动惩罚犯罪,惩罚的正确性、准确性和公正性的基础必然匮乏,治理犯罪问题的效果必然大打折扣。因此,如何充分发挥辩护律师的作用,而不是限制辩护、打击律师,是和谐社会的刑事司法要转变的观念之一。

其次,还必须看到,律师的辩护活动对于每一个社会成员的自由和安全,都具有十分重要的意义。律师辩护权的权利主体是每一位社会成员,而不是专门面向那些"确实犯了罪"的"坏人"。最大限度地减少无辜者受追诉或者被定罪的可能性,是赋予公民辩护权要达到的首要立法目的。那些认为自己不可能犯罪的人之所以也赞同这一目的,是因为考虑到社会生活的复杂性,很可能在某种情况下会陷无辜者于犯罪的嫌疑,所以坚持辩护权对每一个社会成员都有现实的意义,这就是通常所谓的每一个人都是潜在被告人。

最后,在无罪推定的理念之下,律师辩护不但是公民基本权利的重要保障,

---

① 《赵长青:网络炮轰我,是普法失败》,http://news.ifeng.com/mainland/special/chongqingdahei/news/200911/1119_ 7869_ 1442376_ 1. shtml,最后访问时间:2010 年 11 月 18 日。

本身也是公民的一项基本权利，律师辩护是律师的一项市场业务，但笔者认为在更深远的意义上，是辩护决定了律师这一职业存在的必要性。辩护，是律师行业保障公民基本权利、守卫社会公正的重要手段。当然，加强律师辩护并非十全十美，其中一个重要的负面影响就是它必然使对犯罪行为人的定罪过程更为困难。考虑到一个无辜者被定罪比一个甚至数个有罪者逍遥法外对个人利益以及社会秩序的危害更大，即使增加定罪的难度也是值得的。需要指出的是，并非所有人都如此重视权利保护而稍稍削弱对犯罪的控制，尤其是在以犯罪控制为主要职责的司法部门，因此，抵制律师辩护的因素从不曾消失，并在当前甚嚣尘上。此外，那些认为自己不可能受到刑事追究的人，或者仅仅将刑事司法权视为工具甚至不惜违背刑事司法规律、实际上并不尊重司法的人，也并不怎么支持律师辩护权。支持与反对律师辩护权的两支对抗性力量的角力结果充分体现在刑事司法理念转变和制度改革的成果上。

（二）现行制度和体制制约辩护空间

律师辩护的空间受到现行制度和体制的严重制约，这些体制和制度包含在刑事诉讼法、证据法、律师法等有关法律中。刑事诉讼法、律师法历经修改，修改后的不少规定也曾被视为重大突破。然而修法对于律师辩护的发展却并未见明显成效。

"会见难、阅卷难、调查难"这传统的刑事辩护"三难"问题被称为压在辩护律师身上的三座大山，在刑事诉讼法和律师法修改之后，这三个问题并未得到根本性改善。律师为了确保辩护质量，在积极行使调查权时，甚至自身权利都有可能受到刑事指控的威胁。这通常被归因为《刑法》第 306 条对律师辩护的影响。《刑法》第 306 条规定的律师伪证罪被称为悬挂在刑事辩护律师头上的达摩克利斯之剑。

1. 《刑法》第 306 条威慑律师辩护

在刑事诉讼法修改之后，规定律师在侦查阶段可以提前介入，尽管提前介入的律师仍无法定辩护程序可用，律师在侦查阶段的辩护权也未得到承认，却仍然使公安司法机关背负了沉重的心理压力。多方博弈的结果，是在 1997 年《刑法》修订时为辩护律师量身定做了律师伪证罪：在刑事诉讼中，辩护人、诉讼代理人毁灭证据，伪造证据，帮助当事人毁灭、伪造证据，威胁、引诱证人违背事实改变证言或者作伪证的，处 3 年以下有期徒刑或者拘役；情节严重的，处 3

年以上 7 年以下有期徒刑。立法者的立法理由充分说明了立法政策对打击犯罪的倾斜和对律师辩护权利扩张的限制。① 该项立法的根据是认识到律师权利扩张将对打击犯罪产生不利影响，于是规定辩护律师妨碍打击犯罪的后果。然而，刑事辩护正是为打击犯罪所设置的法定障碍，并以此维护公平正义，这是辩护律师所从事的刑事辩护职业的真谛。

那么，辩护律师在审判前的介入，对于侦查机关追诉犯罪而言，真的能够构成那么严重的障碍，以至于需要《刑法》第 306 条来约束吗？北京市开展过若干尝试，细化律师在侦查阶段提前介入的规定。比如：

> 来自北京市海淀区检察院的调研显示，自 2008 年 6 月 1 日，该院试行审查逮捕阶段律师介入机制至今，已有 40 名律师对 36 起刑事案件 40 名犯罪嫌疑人予以介入。该院新闻发言人许永俊介绍，对于律师介入的 36 起案件 40 名犯罪嫌疑人，该院通过综合审查侦查机关移送的证据和律师提供的意见两方面材料，对 20 名犯罪嫌疑人批准逮捕，占总数的 50%。其中改变法律定性 2 人，附条件批准逮捕 1 人。对 20 名犯罪嫌疑人作出了不批准逮捕的决定，不捕率达到 50%。②

由此可见，律师介入使检察官能够充分听取双方意见，从而减少了错误判断的可能性。需要注意的是，检察官作为指控方，并不是中立的司法者，立法也未设置公开的审判程序，尽管是在这样一个不公开的审批程序里，律师介入的作用也是明显的。可以想象，如果设置一个公开的审判前庭审程序，律师所能发挥的作用必然更加显著。

在司法实践中，《刑法》第 306 条被随意解释。辩护律师对被告人提供法律帮助而影响被告人口供时，常常被解释为影响口供的伪证罪；会见中律师对被告人的法律帮助和提示被有的地方司法机关界定为引诱伪证；向被告人告知控告权被指控为教唆翻供；向被告人宣读其他同案犯口供进行核对、宣读律师取到的证

---

① 胡康生、李福成：《中华人民共和国刑法释义》，法律出版社，1997，第 435 页。
② 《实施一年：新律师法功效几何？》，http://news.jcrb.com/xwjj/200906/t20090601_226143. html，最后访问时间：2010 年 11 月 18 日。

据进行事实核实、宣读被告人本人口供进行核实，都被指控为引诱被告人作伪证。律师要求证人出庭作证，向证人进行作证要点辅导也被指控作伪证。还有的律师去寻找刑讯逼供的证人，要求被告人讲出刑讯真相，但是由于公安、检察机关迫使证人以原供作证，往往反诬告律师引诱伪证，从而陷律师于伪证罪。"在司法实践中，刑事辩护律师一旦取得了和检察机关或侦查机关相反的证人证言，常常出现证人被拘押，然后为了自身安全改口说是律师指使，律师便会被指控伪证罪的情况。"① 全国律协曾对23个律师伪证罪案例进行分析，其中11个涉案律师被无罪释放或撤案，错案率近一半。② 2003～2004年，全国律协受理各地律师协会或律师上报的律师维权案件22起，其中律师伪证罪10起，诈骗罪案件1起，中介机构出具虚假证明文件罪2起，律师被绑架、殴打、非法拘禁的事件6起，律师执业赔偿案2起，阻碍律师履行律师职务案件1起。据北京市律协提供的数据，从1997年到2004年，北京市律师在执业中被司法机关采取法律措施的案件共有12起。其中，从案由上看，涉嫌伪证罪2起，涉嫌妨害作证罪2起，涉嫌伪造印章罪1起，涉嫌中介机构出具虚假证明文件罪1起，涉嫌诈骗罪1起。后经查实，纯属司法机关滥用职权的有2起。律师因伪证罪遭受刑事处罚或者刑事程序骚扰的现实摆在刑辩律师面前，以致越来越少的律师愿意涉足刑事辩护业务，律师辩护率显著下降，刑事辩护业务从律师制度恢复之初的主要业务迅速发展到被边缘化的地步。

2. 律师调查取证权难以落实

关于律师调查取证权，刑事诉讼法的规定在律师法中得到进一步的重申，甚至突破了刑事诉讼法的规定。《律师法》规定，律师自行调查取证的，凭律师执业证书和律师事务所证明，可以向有关单位或者个人调查与承办法律事务有关的情况，律师会见被害人也无须司法机关批准。但就在2009年，北京市某律师分别将北京市建设委员会和北京市朝阳区规划委员会诉至北京市宣武区法院和北京市朝阳区法院，案由是两被告拒绝提供原告所需的建设和规划资料，违反律师法等法律规定。③ 可见，调查取证权的贯彻落实，不但要消除律师调查取证的伪证

---

① 孙莹：《涉嫌伪证罪律师自称无罪》，2009年12月16日《北京晚报》。
② 孙莹：《涉嫌伪证罪律师自称无罪》，2009年12月16日《北京晚报》。
③ 孙莹：《涉嫌伪证罪律师自称无罪》，2009年12月16日《北京晚报》。

风险，而且要赋予律师调查取证权必要的强制力。笔者所指的强制力，并非主张把律师像警察那样武装起来，而是主张律师调查取证或者申请司法机关调查取证时，不予配合的有关单位和个人应当承担不利法律后果。

3. 律师会见权无法贯彻

关于会见权，一项在北京市海淀区看守所的调查结果显示，全部在押人员中侦查阶段律师会见率仅为 14.6%，律师会见在押人员的次数平均为 1.3 次，人均每次会见持续的时间仅为 24 分钟，侦查人员的在场率为 70.4%。在 1997 年 1 月到 2002 年 6 月期间，北京市律师被拒绝会见的案件比例为 38.1%，大部分案件没有说明任何理由，其他案件常用的理由有：涉及国家秘密、有碍侦查、其他理由，其中其他理由较多地集中于办案人员不在、需要领导批准、领导不在家（指单位）、领导太忙没时间、过几天安排会见等托词来搪塞、拖延会见。34.7% 的会见是在向领导或者上级部门反映、依法力争之后安排的，只安排会见一次的占安排律师会见总数的 49.3%，侦查人员的在场率为 55.4%，侦查人员打断律师和犯罪嫌疑人谈话或者中止会见的最主要的理由是"谈论案情"、"会见的时间已到或时间太长"，以及"存在串供或者教唆抗拒、翻供的嫌疑"等情形。[①] 而律师向犯罪嫌疑人了解案情，是刑事诉讼法明文规定的权利。

新律师法规定律师持授权委托书或法律援助公函、律师执业证、律师事务所证明"三证"即可会见被告人，不受监听，不限次数，不需要批准。会见难问题在立法层面取得了突破性进展，但许多地方仍声称要执行刑事诉讼法，对律师法的新规定拒不执行。新律师法与刑事诉讼法相冲突的问题也引起了立法部门的关注。《全国人大常委会法制工作委员会对政协十一届全国委员会第一次会议第 1524 号（政治法律类 137 号）提案的答复》刊登于 2008 年 8 月 17 日的《法制日报》上，该答复进一步明确："依照宪法规定，全国人大常委会对于全国人民代表大会制定的法律，在不与其基本原则相抵触的情况下，可以进行修改和补充。新修订的律师法，总结实践经验，对刑事诉讼法有关律师在刑事诉讼中执业权利的有些具体问题作了补充完善，实际上是以新的法律规定修改了刑事诉讼法的有关规定，对此应按修改后的《律师法》的规定执行。"但在实践中，律师持

---

① 数据来源参见房保国《律师会见难的现状与出路》，http://article.chinalawinfo.com/Article_Detail.asp? ArticleId=24061，最后访问时间：2010 年 11 月 18 日。

"三证"会见犯罪嫌疑人或者被告人时仍然频繁遭拒。北京市高级人民法院、司法局、公安局等六家单位联合制定了《关于律师会见在押犯罪嫌疑人、被告人有关问题的规定（试行）》，以"过渡措施"化解目前律师会见难的尴尬局面。该规定明确规定，在侦查阶段律师会见在押犯罪嫌疑人，公安机关预审部门应设置律师接待室，对于不涉及国家秘密的案件，办案机关应当在律师提出会见要求后48小时内开具《安排律师会见非涉密案件在押犯罪嫌疑人通知书》，由律师接待室尽快通知律师并安排律师会见。在审查起诉阶段律师会见在押犯罪嫌疑人，律师除了向看守所提供"三证"外，还要出示检察机关提供的起诉意见书复印件。在审判阶段律师会见在押被告人，律师除了向看守所提供"三证"外，还要出示检察机关出具的起诉书副本或人民法院的裁判文书。该规定中原则性地规定律师会见"不被干扰、不被监听"，但对危害国家安全、涉及国家秘密、涉黑涉恶、案情敏感复杂等类案件，侦查机关可以派员在场。在实践中，从海淀、朝阳、怀柔的情况看来，一般案件在审查起诉阶段，律师持"三证"均能顺利会见当事人，看守所一般在48小时内安排会见；在侦查阶段，尤其在批捕前，律师会见仍很麻烦，律师要先到公安局预审处申请会见，审批后，律师持批准会见函，以及"三证"才能会见当事人；但涉密、涉恶等复杂案件在侦查阶段会见还是比较难。①

当前我国律师会见犯罪嫌疑人或者被告人的现状，无论是在会见时间、会见场所还是会见的秘密性等各方面与刑事司法的国际准则都有相当的差距，尚未达到联合国《关于律师作用的基本原则》的要求。该文件规定：遭逮捕、拘留或监禁的所有的人应有充分机会、时间和便利条件，毫无迟延地在不被窃听、不经检查和完全保密的情况下接受律师来访和与律师联系协商。这种协商可在执法人员能看得见但听不见的范围内进行。联合国《保护所有遭受任何形式拘留或监禁的人的原则》也规定：被拘留人或被监禁人应有权与其法律顾问联络和磋商；应允许被拘留人或被监禁人有充分的时间和便利与其法律顾问进行磋商。

4. 律师阅卷权被架空

我国刑事诉讼法保障律师知情权的主要途径是律师阅卷制度，律师通过阅卷获知指控罪名和指控事实、指控证据是充分辩护的前提。在刑事诉讼法修改之

---

① 参见《北京看守所：律师会见难悄然"破冰"》，http：//news. xinhuanet. com/legal/2010 - 02/26/content_ 13053822. htm，最后访问时间：2010 年 11 月 18 日。

前，检察院向法院移送案件全部卷宗，律师在法院阅卷即可看到诉讼文书和全部证据。刑事诉讼法修改后，为了防止法官预断，实行起诉状一本主义，检察院仅向法院移送起诉书、证据目录、证人名单和主要证据复印件与照片，这导致律师到法院阅卷无法充分知悉检察院的指控事实和证据，律师知情权受到不利影响，从而降低了律师辩护的效果。于是作为改革的配套措施，修改后的刑事诉讼法规定辩护律师可以到检察机关查阅案卷。然而，由于检察机关作为控诉人的立场限制，辩护律师在检察院查阅的权利常常受到各种限制，这些限制包括看不到关键的证据、卷宗有意地无序排列、难以预约等。

这里概括了律师辩护四个方面的困境，事实上，困境远不止此。这些困境都曾因十年前的新法修订而被寄予厚望，却因新法陷入了更艰难的境地。此外，原有的其他一些问题在修法中也未得到解决，如二审上诉案件的不公开审理、死刑复核案件不开庭等，在这些律师不能出庭的案件中，有效的律师辩护确是奢望。具体在审判环节，新刑事诉讼法构建的审判方式减少法官纠问式因素，实行对抗式审判，但刑事诉讼法对证人出庭义务的保障和惩罚都不足，导致证人出庭率低，法官在审判中大量依赖传闻证据，律师询问证人的环节被架空，控辩式徒有虚名。在法庭审判过程中，证据法有关内容的缺失和不完善使得律师面对非法证据时束手无策。刑事证据法反复定义证据，对何种材料可作为证据进行详细的列举式规定，而对涉及证据价值判断的条文则惜墨如金，对证据可采性的规定极不完善，律师关于证据的辩护意见在一定程度上难以得到法官重视。这些问题的存在极大地限制了律师辩护的制度空间。

五　前景展望

如前文所述，近年来，北京市刑事辩护业务和全国大势趋同：从业律师数量少，律师持续从业意愿不强，在律师业务中逐步边缘化，发展前景不容乐观。如果将北京市律师辩护事业的发展前景放在国家刑事司法的大环境中考察，很容易得出结论：这一不乐观的前景，是刑事司法整体法治水平不高的体现。这一问题已经受到广泛的关注，一些相关的制度和政策已经出台，比如最高人民法院出台了关于证据规则的司法解释，一些地方律协针对律师辩护出台了指导性意见。

新出台的证据规则司法解释意义重大，其所确立的证据规则值得肯定，其所规定的证据排除程序等是对刑事诉讼法的重要补充。但仅有这些证据规则仍然是不够的。与之相关的诉讼制度和配套措施、操作性规定也要随之修改。只有就相关问题一揽子解决，才能达到预期效果。比如，即使是律师针对非法证据提起程序性辩护，现行质证制度如果仍然既不保障证人安全也不强制证人出庭，证人就会不出庭作证，对证人的质证就无从谈起；没有具体规定问什么、怎么问、怎么认定问答结果等交叉质证规则，质证就没有核心内容。又比如，不确认犯罪嫌疑人、被告人的沉默权，仍然执行如实陈述义务的规定，控方就必须制作讯问笔录。律师不在场的情况下进行的讯问，一旦辩方主张刑讯，即使刑讯问题的证明责任归于控方，控方也容易提交讯问之时没有拷打的录像。而被刑讯人经过历时长久的审判前程序，伤痕已弥合，辩方也难以在审判中提供反驳证据。再比如，侦查阶段不认可律师辩护权，不认可辩护人在讯问时的在场权，取保候审适用比例低，犯罪嫌疑人、被告人处于控方羁押控制之下，人身自由被剥夺，甚至辩护律师本身的权利也得不到有力的保障，等等，对律师针对非法证据开展辩护也极为不利。在刑事诉讼法亟待修改但尚未修改的背景之下，新出台的两个司法解释是否意味着律师在证据问题上的程序辩护权利得到根本改善，尚有待实践检验。

各地律协十分关注刑事辩护业务，相继出台了一系列针对辩护律师的指导性意见。尤其是在重大案件如死刑案件中，指导意见对辩护律师的资格、辩护策略、辩护质量等各方面提出了更细致的要求。比如在《贵州省律师协会关于死刑案件辩护规范指导意见（试行）》规定："在死刑案件中，律师事务所原则上应当指派具有刑事案件出庭辩护经验的律师担任辩护人。对于法院指定辩护的死刑案件，法院援助中心应当指定至少一名具有三年以上刑事辩护经验的律师担任辩护人。"这不仅有利于保证辩护质量，而且有利于避免重大案件给初入行、缺乏经验的律师带来高风险。该意见还规定了律师事务所集体讨论制度和专家咨询策略，并且区分程序性辩护和实体性辩护，明确了律师在证据、程序、事实、法律适用等方面开展具体辩护的各种策略和思路。这些指导性规范的出台说明，在刑事辩护的发展中，律协作为职业化、专业化自律自治机构，将发挥越来越重要的引导作用。

此外，鉴于现行辩护案件法律援助补贴标准过低，北京市有关方面已开始酝酿出台新的补贴标准。虽然提高后的数额也无法与市场价格相比，但其中蕴含着较好的意识和趋势，如能和法律援助案件的合理分配相结合，会产生更好的

效果。

总之，我们看到了积极的变化趋势，但是鉴于律师刑事辩护目前的困境比较严重，而基本的体制和制度修改非一日之功，观念和意识的转变更需要长期培育，刑事辩护业务的前景在短期内仍然不能让人有乐观的期待。这不仅是本文考察得出的结论，也是目前律师群体内部的一种普遍的心态。2010 年度有一个针对 36 名律师的调研，全部 36 名律师都认为刑事辩护业务目前困难重重，有 20 人表示同意一名北京律师的观点，认为刑事辩护律师职业已走入绝境，另有 16 名律师表示对这个问题看不清楚。对于影响刑事辩护律师发展前景的因素，选择最多的是"风险极大"，其次是"找不到刑辩律师的职业成就感"和"在公检法面前太弱势"，而对于收入和社会认可度等，部分律师也表达了不满。①

① 《问卷调查 36 名律师 20 人认为刑辩走入绝境》，http：//news. sina. com. cn/c/2010 – 11 –12/034818356595s. shtml，最后访问时间：2010 年 11 月 18 日。

B.5
北京青年律师发展报告

祁建建*

摘　要： 北京市青年律师数量增长迅猛，收入却并未如人数那般增长，他们对自身地位的评价也不高。导致这种状况的原因在于：以提成制为主的分配制度，对于案源少的初入行律师缺乏适当关照；带帮教等培训制度不完善，对于经验不足的青年律师缺乏合理培养；执业环境亟须改善，初入行律师心理落差较大；执业伦理认知偏差，对本职业的价值认识不充分。为此，青年律师、律师事务所、律协可有针对性地转变观念、制定政策，顺应和推动法治和社会发展进程，改善青年律师现状。

关键词： 青年律师　提成制　案源　收入

如何定义青年律师？作为人生中的一个重要又美好的年龄阶段，对青年年龄段的界定在世界各地因政治、经济和社会文化等情况的不同而不同。在全国律协青年工作委员会第一次会议上，大多数委员同意将年龄在40岁以下的律师，特别是执业3～5年的律师作为青工委的工作对象。截至2010年10月22日，北京市青年律师总数为12838人，其中，男律师7421人，占58%；女律师5417人，占42%。博士211人，占2%；硕士3638人，占28%；本科8667人，占68%；大专320人，2%；大专以下2人。25岁以下33人；26～30岁3642人，占28%；31～35岁4771人，占38%；36～40岁4392人，占34%。这些数据在比例上和2005年北京市律协另外一次调查的数据相差无几，该年度本科以上学历的律师人数达到94.33%，其中本科60.85%，硕士28.92%，博士4.56%；在年

---

* 祁建建，法学博士，中国社会科学院法学研究所副研究员。

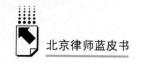
龄结构方面，中青年为律师队伍的主力，31～40 岁的比例最高，为 47.34%，20～30 岁的律师占 19.65%。①

律师行业是社会精英相对集中的行业之一，律师是文明社会的佼佼者。然而，可能没有人会想到，"困境"这个词会与承载了如此多美好理想和愿望的成功者的形象结缘并成为一个问题。确实，许多青年律师收入低并自我评价地位低，最后作为一个低收入、低地位的困难群体浮现出来，引起了律师界甚至全社会的注目。对青年律师这个群体进行描述之始，笔者就发现笔端异常凝重，一个个问题接踵而来。青年律师无疑是律师行业的未来。这一代青年律师将带给律师行业一个什么样的未来？青年律师的问题是一种普遍困境还是个体的问题？他们真的身处困境吗？根源何在？是他们自身的原因还是因为他们不能左右也无法回避的其他原因？他们需要帮助吗？怎样的帮助才是有效的？如何帮助这个群体走出困境？怎么样才算是走出困境？本文将对这些问题进行考察和解答。

一　青年律师普遍收入低

青年律师生存状况的一个特点，也是一个困境，是该群体的收入普遍偏低。这一特点是全国性的。在北京、上海等大都市，律师人数多，竞争激烈，导致律师收入分化尤其严重，在成功律师群体的对照下，在高额的生活成本的挤压下，青年律师的生存状况十分艰难，而支持青年律师迎难而上的意志和勇气的，完全是对苦尽甘来、但是有些遥远和模糊的未来的预期。

（一）青年律师普遍收入低的现状

2007 年 11 月 14 日，北京律协青年律师联谊会在友谊宾馆举行成立大会。此前，2007 年 9 月 29 日，全国律协青年律师工作委员会召开成立暨第一次工作会议。这是专门为青年律师成立的委员会，也是全国律协最"年轻"的一个委员会。全国律协于宁会长在讲话中指出，律师事业是社会和谐发展的重要因素，青年律师代表律师事业的发展方向。2007 年 11 月 18 日，中华全国律师协会常务理

---

① 数据来源参见杜福海《律师事务所非诉业务发展势头迅猛》，2008 年 9 月 14 日《法制日报》。

事会通过决议，要求各地方律师协会组建为青年律师服务的机构。至此，青年律师开始作为一个群体的形象、以一种有组织的方式逐渐凸显出来。

青年律师这个群体的困难，是由太多的因素综合起来造成的，所以需要解决的问题相当复杂。这并不是局限于北京或者哪个省区的地方性问题，也不是新问题。但引起律师界的普遍关注，成为一个值得认真研究和解决的问题，或许和三年前的一次调研有关。2007 年 3 月，由上海市律师协会发起"青年律师生存状况调查项目"，采用问卷调查与访谈相结合的形式，对上海市目前执业的 40 岁以下的青年律师的生存状态进行了全面的详细调查。调查结果曾在全国律师界中引起广泛关注。其中，"三年是道坎儿"、"没有方向感"、"收入和学历成反比"等一系列问题的提出，极大地震撼了律师界。在上海，从执业年限上来看，7 成以上的青年律师从业时间尚短，不足 5 年，这也决定了大家的收入情况普遍不乐观。年创收在 5 万元以下的占 22.03%，5 万~10 万元的占 27.97%，10 万~20 万元的占 23.31%，创收 200 万元以上的没有。而年可支配收入（净收入）就更少了。调查显示，相当比例的青年律师可支配收入集中在 1 万~5 万元，62% 以上的受调查者年可支配收入在 10 万元以下。据调查反映，44% 的受调查律师都认为自己的收入偏低，只有 9.2% 的律师对自己的收入表示满意，19.92% 的律师认为自己的收入"合适"。①青年律师的生存状况在此后很长一段时间里，成为中国律师界的热门话题。

2010 年"两会"前后，全国律协于宁会长称青年律师收入基本上跟出租车司机差不多，这一发言被报纸以"律师收入相当于的哥"的大标题予以报道。媒体的反应剑走偏锋，出乎于会长的意料。2010 年 4 月，在接受人民网采访时，他澄清自己的观点，指出律师收入是不平衡的，有很少一部分收入很高，大部分律师特别是青年律师收入并不高。他给出了较具体的数据，这个当时有着 16 万律师的行业创造的 GDP 大概 300 多亿，人均 GDP 不到 20 万，利润就更少，全行业最富有的和最穷困的律师平均起来，年收入也就是接近 10 万。"特别是青年律师，40 岁以下的律师平均收入还很低。"②

---

① 参见《青年律师工作委员会 2008 年工作总结及 2009 年工作设想》，http：//www. lawyers. org. cn/zhuanti/congress2009/info. jsp? id = 120419e54cf2c65b377827b4b3a20b6a，最后访问时间：2010 年 12 月 2 日。

② 于宁：《我国青年律师平均收入还很低》，http：//society. people. com. cn/GB/11291099. html，http：//legal. people. com. cn/GB/51654/51655/185576/index. html，最后访问时间：2010 年 11 月 18 日。

前面提到的 2007 年的上海调研报告也在一定程度上反映了上海青年律师的生存状况，其中反映出来的问题"学历越高反而收入越低"，被称为"一个有趣现象"。受调查的 49 名律师中，年收入为 1 万~5 万元的律师，硕士比例达到 55%。受访律师中有一半律师年收入在 1 万~5 万元，34% 的律师收入在 5 万~10 万元，13% 的律师收入在 10 万元以上。收入的高低与学历的高低有成反比的倾向。在年收入 1 万~5 万元的律师中，硕士比例达到 55%，而年收入为 5 万~10 万元及 10 万元以上的律师，硕士比例仅为 23% 及 25%。在从业年限上，年收入为 1 万~5 万元的律师主要集中在 3 年以下。① 其中，学历与收入的关系曾引发热议。"对学历与收入成反比，说明高学历和高收入没关系，更大程度取决于服务的态度和专业水平。当然读书多可以锦上添花，但更多的还是要通过实践来提高对法律的熟悉程度，提高法律服务水平。另一位不愿意透露姓名的业内人士指出，不是高学历的人实践能力都不强，也有做得很不错的，而且很多律师都很注意读书充电，但是也有一部分高学历者在实践工作中表现不灵活，待人接物呆板，开拓创新能力不强。"②

在笔者调研的 4 名北京青年律师中，关于本年度可支配收入，3 名律师的收入在 3 万~5 万元，1 名律师可支配收入在 5 万~10 万元。2 名律师为硕士毕业，1 名律师曾经获得海外硕士学位，2 名律师能够以英语为工作语言，但是从数据上看，是否硕士毕业、是否留学、是否能够以英语为工作语言等并未明显反映为收入差别，倒是律师的年龄、从业年限明显影响律师收入。关于对收入水平的认知，2 人认为收入较低，属于工薪阶层，另外 2 人认为收入很低，属于社会低薪阶层。

在 2010 年杭州市青年律师沙龙上，现场调查也显示，在座青年律师月收入 3000 元以下的占绝大多数，能以业务养活自己的仅有 2 人。③

确实，行内对青年律师这一群体的评价，很多时候都和收入有关。在 2009

---

① 葛志浩：《上海青年律师生存状态调查报告：学历越高收入越低》，http：//xwwb. eastday. com/eastday/xwkd/x/20070318/u1a271047. html，最后访问时间：2010 年 11 月 18 日。

② 葛志浩：《上海青年律师生存状态调查报告：学历越高收入越低》，http：//xwwb. eastday. com/eastday/xwkd/x/20070318/u1a271047. html，最后访问时间：2010 年 11 月 18 日。

③ 《杭州青年律师沙龙全程实录》，http：//blog. sina. com. cn/s/blog_ 4a47cd200100lu5q. html，最后访问时间：2010 年 11 月 10 日。

年，由 7 名大学生在西安开展的走访和问卷调研也表明，青年律师这个群体本身最关心、出现频率最高的，也是收入二字。那么，律师这个行业，所谓平均收入还很低，即使低到了"也就是接近 10 万"，也还是远高于国家统计局发布的 2009 年城镇居民人均可支配收入 17175 元，更高于该年度农村居民人均纯收入 5153 元。按照笔者的调研结果，北京市的优秀青年律师的年收入多在 3 万~5 万元，如果以平均 4 万元计算，则显著低于北京市 2009 年城镇平均工资 48444 元的水平。① 如果考虑到律师较高的职业准入门槛和前期成本投入，这一收入水平更是青年律师难以接受的现实。

（二）收入分配方式制约青年律师收入提高

导致青年律师收入偏低的原因，主要在于现行的律师收入分配方式。一方面，现行的实习制度使得实习律师的收入和生计毫无保障，在经济上熬过实习期困难重重；另一方面，现在律所普遍实行的提成制，成为制约青年律师收入提高的主要原因。

1. 现行实习制度提高了律师执业准入的经济负担

实习制度的目的在于严格律师执业准入，这本是无可非议的，然而，现行实习制度在提高技术、知识、经验的准入门槛的同时，也提高了进入律师行业的经济负担，这在很大程度上是不利于青年律师生存的，从长远来看也不利于律师行业的发展。

根据律师法的规定，申请执业律师资格的必备条件之一是在律师事务所实习满一年。在法律意义上，实习律师并不是律师。通常，实习律师收入微薄，不足以安身立命。在很大程度上，实习律师制度的某些规定给青年律师奠定了一个贫穷的底子，从而加剧了青年律师的贫困度，打击了青年律师的自信心。接下来的两个例子就展现了实习律师阶段的低收入情况，笔者只能称之为不能承受之低，因为这个阶段的律师工作，或者没有报酬，或者收入不足以维持生计。

在北京一家律师事务所工作的张鸿律师就是其中一位。他 2003 年通过司法考试后，在一家小型律师事务所实习，每个月 1200 元钱，此外没有任

---

① 《2009 年北京市单位职工年平均工资 48444 元》，http：//www. btv. org/btvindex/xw/content/2010 - 07/17/content_ 1156810. htm，最后访问时间：2010 年 11 月 18 日。

何补助。"我每个月房租、车费、通讯费、伙食费加起来3000元左右,这点钱实在无法维持生活。"①

与张鸿相比,小洪的实习生涯就更惨了。

> 小洪在中国政法大学上学时就通过了司法考试,毕业时因为喜欢律师自由的工作状态,回长沙一家大型律师事务所实习。"当时想到这家律师事务所实习的人挤破头,据说主任都把手机关了,怕有人说情。我能进来已经很满足了,根本就没有想到律师事务所给我薪酬。"整整一年时间,他在前台负责接听咨询电话,记录潜在的案源。"我工作比较认真,客户对我的解答满意,这部电话为律师事务所带来了几个案源,于是从第二年开始,律师事务所给了我每个月700元的薪酬。"②

不难理解,实习律师制度受到了很多质疑。现实中,要走到实习律师这一步,一般要接受四年法律教育,很多人还读了研究生取得硕士学位。通过激烈的竞争获得购买高昂的有偿教育服务的机会并将其现实化,对于很多家庭是精神和经济上的双重沉重负担。取得学位之后,一般还要准备一年参加司法考试,取得律师执业资格后,接下来是一年补贴极少甚至没有补贴的实习生活。

另外,其他一些规定也被认为对实习律师不利。例如,根据2010年的数据,北京市最低工资标准为每月960元,③但关于实习律师的规范性文件则鲜见关于最低工资标准的保障性规定,反而对实习律师兼职、独立办理案件等处处设限。很明显,这些对实习律师成功转向律师行业造成了困难和障碍。

2. 提成制是制约青年律师收入的直接原因

提成制并非法定的、强制性的律师收入分配方式,然而在实际中,多数律所

---

① 林世钰:《青年律师的风光与无奈》,http://news.jcrb.com/zyjd/bwcj/200812/t20081225_117751.html,最后访问时间:2010年11月18日。

② 林世钰:《青年律师的风光与无奈》,http://news.jcrb.com/zyjd/bwcj/200812/t20081225_117751.html,最后访问时间:2010年11月18日。

③ 《本市最低工资上调每月960元》,http://zhengwu.beijing.gov.cn/bmfu/bmts/t1116012.htm,最后访问时间:2010年11月18日。

不约而同地采取这种方式，使得这种方式成为制约青年律师收入的直接的也是主要的原因。在 2007 年北京市律协对律所的调研中，共涉及律师 7641 名，其中提成制律师 4566 人，占总数的 59.76%；薪金律师 2144 人，占 28.06%；提成加薪金律师 931 人，占 12.18%。可见北京市律师收入分配机制主要是以案件提成为主，只有在一些规模较大的律所中，才实行薪金制。薪金制律师的案源压力小，但对专业化程度要求较高。规模较小的律所以提成制为主，案件的多少和案件代理费的高低决定提成律师的收入。律师界称，"规模大的律所，青年律师专业压力大，案源压力小；规模小的律所，青年律师案源压力大，专业压力小"。在现实中，号称 20% 的律师拥有 80% 的律师业务，80% 的律师激烈争夺着 20% 律师的市场份额。青年律师开展业务之初，各种压力扑面而来。最紧迫也最现实的莫过于案源少。① "张鸿认为，因为律师事务所的分配机制是以案件提成为主，没有案源，意味着没有收入。而对于青年律师来说，案源是最大问题。"②

2009 年来自西安的一份调研报告称，该地青年律师"收入方式以案件提成为主的人占到 89.7%，而其中有 46.9% 的人没有基本工资，仅为案件提成"。调查中，七成青年律师近 3 年的收入不足 3 万元，也就是说，平均一个月赚不到 2500 元，其中又有 1/4 的人月收入在 1000 元左右。"扣除案件成本、纳税、买社保和交律师事务所的必要提成之后，赚的这些钱基本都用于日常的生活开支和应酬，1/3 的青年律师甚至入不敷出。"③ 一名青年提成律师声称，他所在律所的提成律师"每月工资人民币 600 元，除此之外，没有任何额外收入。而笔者每个月用于吃饭、租房的开支远远大于 600 元，这种收入的状况不足以让诸如笔者一样的青年律师安身立命、养家糊口"。④ 前文提到的小洪和张鸿也未能免于这一几乎可称之为极具普遍性的现实。

---

① 《青年律师的生存与发展》，参见中律网：http://club.148com.com/？uid－12915－action－viewspace－itemid－4212，最后访问时间：2010 年 11 月 18 日。

② 林世钰：《青年律师的风光与无奈》，参见正义网：http://news.jcrb.com/zyjd/bwcj/200812/t20081225_117751.html，最后访问时间：2010 年 11 月 18 日。

③ 《青年律师：西装革履背后的不为人知》，http://wenku.baidu.com/view/86c65d18964bcf84b9d57b89.html，最后访问时间：2010 年 11 月 18 日。

④ 《青年律师的生存与发展》，参见中律网：http://club.148com.com/？uid－12915－action－viewspace－itemid－4212，最后访问时间：2010 年 11 月 18 日。

张鸿称:"我在律师事务所干了三个月,才等来一个劳动合同官司,收了 1000 元代理费,当时激动得晚上都睡不好觉。"整整三年,他负疚地接受父母的资助。直到两年前换了一家律师事务所后,境况才慢慢好转。[①]

实习期结束后,小洪拿到了律师执业证,到一家中型律师事务所当律师,执业生涯的头三年步履维艰。"因为没有什么案源,律师事务所就让我做法律援助案件,每个刑事案子 500 元,一年做二三十个,收入很低。"[②]

青年律师的案件来源受到社会经验、人脉、阅历等许多限制。2008 年上海青年律师的调研表明,从案件来源来分析,律师事务所分配占了 36.44%;列居第二的是自己营销,占了 33.47%;第三是靠老客户介绍,有 27.97%。从业务内容来看,接近 60% 的青年律师有自己的专业发展方向。在诉讼业务上,从事金融证券和行政方面的律师还是很少,传统民商事业务更受青睐,这可能是由于传统业务门槛较低,容易入门。在非诉业务上,70% 都是以公司业务为主。其中,不论是诉讼,还是非诉,从事涉外业务的律师还是占到 12%~13%。从客户群体来分析,绝大多数律师还是以个人客户或者中小企业客户为主,占到 85% 左右,其中,个人类客户占据 48.73%,中小企事业单位占据 47.03%。客户对律师收入的贡献情况,和前面案件的来源大致相同。个人类客户占据 34.32%,中小企事业单位占据 45.76%。[③]

笔者调研时发现,北京的情况和三年前的上海十分类似。在接受调研的 4 名青年律师中,受薪律师的案源主要来自律师事务所,提成律师的案源主要来自自我营销和亲友介绍。75% 的律师年客户量为 10 户以下,25% 的律师客户为 10~20 户。有从事诉讼业务的青年律师对自己拓展业务的描述是:"律师的活儿太难找了,只能夹在老律师和法律工作者及黑律师的缝隙中生存。为寻找案源,到处认识人,到处发名片,有的甚至在法院门前摆摊设点,跟

---

① 林世钰:《青年律师的风光与无奈》,参见正义网:http://news.jcrb.com/zyjd/bwcj/200812/t20081225_ 117751.html,最后访问时间:2010 年 11 月 18 日。
② 林世钰:《青年律师的风光与无奈》,参见正义网:http://news.jcrb.com/zyjd/bwcj/200812/t20081225_ 117751.html,最后访问时间:2010 年 11 月 18 日。
③ 参见《青年律师工作委员会 2008 年工作总结及 2009 年工作设想》,http://www.lawyers.org.cn/zhuanti/congress2009/info.jsp? id = 120419e54cf2c65b377827b4b3a20b6a,最后访问时间:2010 年 12 月 2 日。

小商贩似的。"① 在这样的现状之下，10%的青年律师熬不过"出道"的前三年，由于无法承受的生存压力，不得不放弃自己的职业理想，转投其他行业或重新回学校读书。②

> 这个行业需要三到五年的成长期，而这个成长期和你最需要用钱的时期是重合的——刚一毕业，不能再依靠家里，你要生存、要吃饭、要租房或者买房、要谈女朋友，不稳定的收入没法支持这些。一个公务员职位杂七杂八的收入加起来，一个月三千块总是有的，一般还有宿舍，很大一个问题就解决了，实打实的!③

法官和检察官职位、政府各部门从事法制工作的职位，都是公务员职位，足以为青年人提供不错的生活保障。两相对比，青年律师的经济地位和社会地位的不确定性必然导致愿意直接从事律师职业的人越来越少，青年律师流失率较大。

二 青年律师普遍非经济性压力大

北京青年律师除了前述缺乏案源导致的收入低、经济压力大之外，处理案件本身的压力也大。"这种压力是一种综合性压力，你首先要考虑吃饱、穿暖；其次你要对你的当事人负责；再次为了追求这种结果，你必须付出一些其他的努力。"④

在接受调查的北京青年律师中，工作压力大被所有接受采访的人列为威胁自身健康的主要隐患。50%的人认为自己付出大于收入，另外50%的人认为自己付出远远大于收入。青年律师认为律师地位低，这一部分原因是律师事务所服务

---

① 《调查显示：法学毕业生难熬"出道"前三年》，http://campus.chinaren.com/20080330/n255988935.shtml，最后访问时间：2010年11月18日。
② 《调查显示：法学毕业生难熬"出道"前三年》，http://campus.chinaren.com/20080330/n255988935.shtml，最后访问时间：2010年11月18日。
③ 《调查显示：法学毕业生难熬"出道"前三年》，http://campus.chinaren.com/20080330/n255988935.shtml，最后访问时间：2010年11月18日。
④ 《青年律师：西装革履背后的不为人知》，http://wenku.baidu.com/view/86c65d18964bcf84b9d57b89.html，最后访问时间：2010年11月18日。

和代理的部分人社会地位低，尤其是在青年律师所代理的刑事案件中，这一因素尤为突出。有的律师则认为律师地位低还因为律师这种职业本身社会地位也低。50%的青年律师认为自己在社会中属于弱势群体，25%的人认为自己的社会地位属于中等偏下，另外25%的人认为自己的社会地位中等偏上。所有接受调查的青年律师都认为，当前的社会环境不利于律师业发展，律师业发展较慢。

青年律师关于律师业发展较慢的认知，和律师行业的实际发展数据相比，存在巨大偏差。根据公开的数据，从2007年到2010年，北京市律师事务所年营业收入从76.9亿元增长到113亿元，3年间增长46.9%；北京市执业律师人数更是从2002年的7021人迅猛增至2010年的22937人，8年间增长2.3倍。对照数据，再看青年律师们对律师业发展比较慢的评价，显然，如此迅速发展的律师业，似乎对于身处其中的他们并没有发生明显的正向影响。

对照十年前的调查，很容易发现，当前青年律师对自己身份和社会地位的评价甚至比他们的前辈在十年之前的自我评价更低。

回顾十年前的2000年，仅"有近半数的青年律师不太自我认同"。近三成人认为律师职业充满辛酸与无奈，甚至超过一成人认为"与自己的设想差距很大，产生了巨大的失落感"。一名青年律师告诉调查者，"我也曾有过理想，以为掌握法律就能维护公平正义，几年打拼后，才发现梦想只能服从现实，现实比我想象的复杂得多。现实司法环境和体制，却让律师在工作上很难有大的作为。"[1]

十年前的同一份调研曾表明，一半受访律师"对自己的律师身份比较满意"。[2]在一些律师看来，较低的收入并不影响律师社会地位和对律师这一职业的高度评价，特别是有些公职律师持这一态度。公职律师是事业编制，并不是作为社会法律服务者和自由职业者的社会律师，其社会地位和法官、检察官等司法机关工作人员相比更为平等；兼之从事法律援助案件，在道义上可以获得较大满足感。

十年过去，青年律师面对的情况似乎更为复杂。这不仅表现在前述北京律师对自我身份和社会地位的认知比起十年前普遍降低，而且表现在执业环境给律师身份和地位造成的障碍明显化，律师职业伦理也受到挑战。在外地的调研中，有

---

[1] 《青年律师：西装革履背后的不为人知》，http://wenku.baidu.com/view/86c65d18964bcf84b9d57b89.html，最后访问时间：2010年11月18日。

[2] 《青年律师：西装革履背后的不为人知》，http://wenku.baidu.com/view/86c65d18964bcf84b9d57b89.html，最后访问时间：2010年11月18日。

青年律师表示，有些情况在基层法院中尤其明显，如法官的权力得不到充分发挥，地方政法委或者书记县长都可能来干涉案件的正常审理。何况法官也有自身的问题，即使辩护再好、证据再充分，法官都不一定采纳，滥用裁量权的情况时有发生，导致青年律师得出以下经验："到公检法机关呀，就要社会化一点，请人家抽个烟、吃个饭都是比较正常的，有时你拿法律去跟他衡量，他们根本不听你的，他认为在那里他自己就是法律。"在该调查中，这种情况几乎每个律师都曾遇到过。

"'很多公检法机关工作人员对律师态度很不好。'因为不明白潜规则、坚持用法律说话，一些青年律师常常遭到的是一次又一次的闭门羹。"一些青年律师对此感到困惑。"当今律师制度安排下，律师被定位为社会中介服务人员，是实实在在的'法律商人'，尽管大部分人希望律师充当法律的守护神，但律师同时又通过代理案件来赚钱，是追求法律正义还是干脆做一个商人？两方面的冲突煎熬着他们。""同时人们认为，你为坏人辩护的话，你的'德'就受到影响了。这种观念使刑事辩护律师在为被告人辩护时，很难被人们所接受。"调查中，有青年律师称，"其实，不能把律师的工作放在道德层面去评论。"[①]

三 律协积极扶持青年律师发展

鉴于青年律师生存艰难，北京市律协近年来出台了一系列的制度和政策，旨在帮助和扶持青年律师度过困难时期。通过这些制度和政策的实施，青年律师的生存状况有望好转。另外，其他省市律协的有些做法也值得参考，在此一并列出。

（一）减免青年律师会费

北京市律协出台新的办法减免青年律师会费。2010 年 3 月，修订后的《北京市律师协会会费管理办法》调整了会费收取标准，北京专职律师个人会费每人每年由 2500 元降到 2000 元，下降幅度达到 20%，切实让利于会员；对青年律

---

① 《青年律师：西装革履背后的不为人知》，http://wenku.baidu.com/view/86c65d18964bcf84b9d57b89.html，最后访问时间：2010 年 11 月 18 日。

师实行"一免二减"，执业的第一年度免收会费，第二年度减半收取会费，以扶持青年律师。这种做法对缓解青年律师的经济困难能够起到立竿见影的效果，获得了青年律师好评。其他地方也有类似做法，如上海市对青年律师的个人会费缴纳实行"一免二减半"的政策，即第一年执业的新律师个人会费全免，第二年减半征收。

根据调研结果，在优秀青年律师收入多集中在 3 万~5 万元，10% 的青年律师熬不过前三年的现实下，即使 2000 元的会费，也可能是压倒青年律师继续从业的最后一根稻草，因此，建议北京市律协对于年收入低于北京市城镇单位年平均收入甚至低于北京市律师行业年平均收入的律师，自动免收会费，以鼓励案源少、收入低、面临各种困难的青年律师继续从业，保留和培养行业的后续发展力量。

（二）加强对青年律师的培训与交流

北京市律协通过实施专项培训、专题交流、境外学习等有效途径，不断加大扶持青年律师的力度。比如，为加强对青年律师的业务指引与执业指引，帮助青年律师解决生存与发展问题，北京律协曾在 2009 年启动"北京青年律师阳光成长计划"、"第一期北京青年律师阳光成长计划培训班"，有 120 余名执业不满 3 年的青年律师参加。培训班设置了诸如律师的思维方式、演讲与口才、律师形象礼仪及律师情绪管理等实务课程，邀请了 20 余位资深律师及管理专家、心理专家等作为授课老师，并采取了模拟分组训练、练习单元等多种授课形式，总课数达 52 节，共计 104 学时；采用了全体授课、座谈、对话、分组讨论、分组辅导、现场采访、现场矫正、社区实践、模拟法庭、网上指导、网上交流、课后作业、课后交流、拓展训练等十余种培训模式，尽力地优化青年律师成长和成才的环境，指导青年律师提升执业能力。北京市律协还组织主题为"与客户一同成长"的青年律师沙龙，为青年律师的沟通与交流搭建平台。针对占行业总人数 1/3 以上的女律师群体，组织了女律师执业技能培训、心理健康讲座、职业形象培训等一系列活动，为女律师提升执业水平、加强交流与沟通创造了条件。[1]

以上做法在青年律师中反映最良好、呼声最高的，是资深律师授课的培训方

---

① 《北京市律师协会理事会 2009 年工作报告》。

式。青年律师们希望有更多的机会听到资深律师传授从业经验和教训，资深律师从业经验的授课如能在各个专业、各个方向全面展开，将会对青年律师的发展产生良好的引导作用。

（三）建立创业贷款项目和青年律师基金

较好的范例是上海设立的律师创业贷款项目。这是全国第一个针对青年律师群体设立的扶助型专项贷款项目。上海市律师协会与中国银行上海分行签订了"律师个人信用循环贷款业务合作备忘录"，初入行的青年律师可以不再受困于基本生计问题。

根据备忘录，凡是取得律师资格证书、执业证、市律协会员卡，取得上海居住证明满一年且在上海执业一年以上，通过市律协年检且未被市律协等机构公开谴责或处罚的律师都可以向中国银行上海分行提出创业贷款申请，贷款额度申请若获通过，申请贷款的青年律师将与中国银行签订个人信用循环贷款额度协议，"律师展业贷款"的最高贷款额达到了 50 万元，最长的有效期限为一年，贷款无须任何房产或实物作担保，仅凭律师的信用即可，贷款利率为贷款合同签订时央行公布的贷款基准利率，不再上浮。"律师展业贷款"对于贷款的安全性也作出了相当的设计：申请人必须提供中国银行认可的推荐人，推荐人名单由市律协提供，贷款可用于个人合法的消费支出与投资经营，但不得用于股票等证券的风险性投资。据中国银行信贷部有关人士介绍，考虑到律师信用较好，推荐人仅承担道义监督责任，不作为贷款追偿的对象。该人士同时指出："律师是最讲诚信的职业之一，我们相信青年律师逾期不还贷的现象将非常少见。"该业务把银行产品的现有特点和律师群体的个性需求有效融合，为上海市青年律师执业环境的改善起到了积极的作用。[①]

上海市为青年律师提供的经济帮助除了律师展业贷款项目之外，还包括在会费预算中专门设立扶持青年律师的资金，专项用于扶持青年律师；与 10 位东方大律师共同设立 20 万元的"青年律师成才奖励基金"，鼓励和支持青年律师。

[①] 《青年律师生存和发展问题牵动中国律师界》，http://hi.baidu.com/liliyin888/blog/item/774e1ff29aacad16b07ec5b4.html，最后访问时间：2010 年 12 月 3 日。

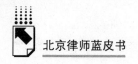

四 青年律师生存环境短期内难有根本改善

尽管律师协会做了大量工作，而且，这些工作对于改善青年律师的生存状况发挥了积极的作用，然而，由于一系列更为深层的因素的制约，青年律师的成长环境在短期内难以彻底改观。这一判断的主要理由如下：

首先，律师行业特点决定青年律师有一个适应过程。律师行业有其特点，使得青年律师在技艺积累和案源开拓方面，必然有一个过程，这个过程使得青年律师在执业初期较为艰难。如前文所述，青年律师在接受学校教育、培训获得法律专业知识，并通过专业资格考试后，取得社会认可的入行资格。然而，不但专业知识和律师业务需求时有脱节，而且法律专业理论知识和实践之间也有着巨大的差别，律师行业对于青年律师的要求远非法学教育和执业资格考试所能满足。除法律理论知识之外，青年律师必须顺应律师行业发展的要求，整合法律实践知识和理论知识，形成能够适应律师业要求的法律知识结构，更要有丰富的社会经验和人际交往历练。初入行的青年律师缺乏实践经验，缺乏广泛的社会交往，没有人脉的支持，接受这一阶段的磨练和前期的理论准备同样重要。

其次，青年律师人数增长快，行业竞争激烈。从业青年律师人数快速增长，律师行业竞争越来越激烈。当前全社会青年就业压力大，法律行业更是如此。我国目前总计有 600 余所法学院系，每年法学毕业生达到数十万人，《2010 年中国大学生就业报告》指出，2009 届本科和高职高专毕业生半年后就业率最低的专业都是法学，法学已连续 3 年垫底。[①] 相对于公检法等法律同行而言，进入律师行业只需通过司法考试且不受名额限制，相对容易，法学毕业生中有不少人进入律师业。加之司法考试并不限制其他专业毕业生，通过司法考试的其他专业考生也很多。自从 2000 年全国律师人数突破 11 万后，律师人数增速较快，截止到 2010 年 11 月，全国已有 19.4 万名律师；[②] 从

---

① 麦可思研究院编著《2010 年中国大学生就业报告》，社会科学文献出版社，2010，第 29～33 页。

② 姜泓冰：《我国律师近 20 万人　仍难应对企业"走出去"需求》，人民网上海 6 月 11 日电，http：//sh.people.com.cn/GB/138654/14875996.html，最后访问时间：2011 年 6 月 20 日。

2006年到2010年底，北京市执业律师由13511人发展到22937人，增长了69.8％，年均增长2357人，2010年实际新增律师1182人。短期内青年律师从业人数的快速增长，导致律师业务市场显得过于饱和，大量的青年律师得不到良好的培养和训练。许多调研都发现，一方面，众多青年律师迷茫于职业生涯的方向，或者为了生计而困于某种诉讼业务，或者被培训为某个专门业务领域的技术工种，甚至过早地专注于非诉讼法律业务的某个类型，青年律师几乎没有全面接触律师业务各方面的机会和选择。这可能会造成青年律师业务接触面窄，业务结构单一，对许多领域没有明确认识；在另一方面，律师行业的分工将越来越细致，客观上要求每个青年律师尽快确立自己的专业方向，以参与越来越激烈的竞争，并在律师之间加强合作，互相提携，形成良性的公平竞争。这两个几乎相互矛盾的要求反复拉锯，会令青年律师不知所从，甚至会导致青年律师缺乏信心，反过来又对他们争取案源产生不良的影响。

最后，制约青年律师发展的社会和法治发展因素在短期内难以改变。除行业特点、就业环境、收入分配制度以及前文所述的司法环境等因素之外，社会整体变迁和随之而来的法律、政策调整对于青年律师的发展有着更为重要的影响，但这些因素的影响将是缓慢、渐进的。

在宏观方面如建设民主法治国家的发展进程、个税起征点的调高、劳动合同法的颁布，微观方面如随着北京市劳动合同范本的不断更新和完善，个人和单位之间劳动合同的订立，最低工资额度的提高等这些有利于社会弱势群体的法律和政策转变，对于减轻青年律师经济与社会负担、加强其权利保护、帮助青年律师早日走出执业困境起着不可忽视的作用。但许多改革可能阻力较大且需要较长的时间验证其效果，因此也无法立竿见影地减轻青年律师的压力。

又比如根据2009年瑞银对73个城市的《收入与价格》调查报告显示，北京在生活成本方面均排名中游，如果考虑到青年律师的收入水平，北京市生活成本还是在相当多的青年律师的承受能力之外。

如上文所述，一些制约青年律师生存和发展的基本制度或重要因素，比如行业内竞争、盛行提成制、北京生活成本的快速增加等，短期内可能难以改变，是以青年律师状况并无希望在短期内发生根本性改善。

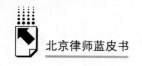

五 进一步改善青年律师成长环境的政策建议

尽管律师协会已经采取了一些措施，尽管一些深层的制约因素短期内难有根本改变，但是，律师协会、司法行政机关等有关机构或部门，还可以采取一些容易推进的改革措施，虽不能从根本上改变青年律师的生存环境，但是可以在很大程度上改善这一环境。这些措施如下：

（一）加强对实习律师的劳动保障

鉴于前面分析提到的实习律师的生存困境，有关部门应当通过最低工资标准、加强劳动保障等措施，改善实习律师的收入状况。而这些措施的具体内容，可以借鉴其他一些国家和地区的成功经验。

在英国，传统上将律师区分为大律师和事务律师。英国大律师的实习期为12个月，但6个月以后即可独立办理法律事务。律师协会规定实习律师月薪不得少于833英镑，12个月实习期可获得10000英镑收入。律协要求全职实习，每周工作不得超过48小时。但实习律师经师傅同意，亦可从事兼职。实际上实习律师很少有时间和机会从事兼职工作。成功的实习律师，工作时间亦远超规定负荷。全英实习律师人数也不多。从2001年到2008年，每年人数在554到724人之间。① 在香港，申请大律师者须跟随一位大律师"师傅"实习1年，前6个月的实习期内，律所和师傅可视情况决定是否付酬以及付酬数目，在后6个月处理一些简单案件时也会有一些酬金。要成为事务律师，学生要跟随一名已取得律师资格、执业至少5年的事务律师实习2年，由律师事务所发给固定薪金。实习期内，可申请律协的多种奖学金和基金资助。如需兼职，须向律协申请。②

在法国，实习期为两年，实习律师与真正律师没有本质区别。实习律师可以出庭辩论，独立以自己的名义完成诉讼行为；在律师公会会员大会上，也享有与

---

① http://en.wikipedia.org/wiki/Pupillage#Financial_position_of_pupils，最后访问时间：2010年11月18日。
② 参见香港律师公会网站：http://www.hkba.org/admission-pupillage/faq/a.html#9，最后访问时间：2010年11月18日。

真正律师相同的发言权与投票权。① 目前，法国正准备对这种体制进行改革，废止两年的实习。②

可见，在以上所列举的这些国家或者地区，实习律师问题之所以并不突出，也未成为律师的真正难题，是因为保证了实习律师能够获得基本生活费用。我国则不然。根据 2010 年的数据，北京市最低工资标准为每月 960 元，③ 但关于实习律师的规范性文件则鲜见关于最低工资标准的保障性规定，反而对实习律师兼职、独立办理案件等处处设限。这些对实习律师顺利展开职业生涯并成功转向律师行业造成了困难和障碍。因此，转变对实习律师的种种限制性规定，加强对实习律师的劳动保障，至少将有明文规定的最低工资标准贯彻落实，或者在具备条件时发布行业最低工资标准，解决实习律师的生活条件问题，是帮助青年律师脱困的一个重要方面。

（二）改革律所收入分配制度

律师事务所以开拓案源为中心的管理机制和以提成为主的分配机制，极大地限制了青年律师的发展。青年律师的成长需要积累经验的过程，需要较长时间的培养，而现行的律所管理机制是律师各自为战，对律师采取"自生自灭"的放任态度。律所领导对自己的定位不是作为青年律师的老师，而是作为青年律师的老板，把本应处于学习与成长阶段的青年律师过早地拖入到拉案源、求生存而进行的推销和恶性竞争中，使市场竞争激烈，有些青年律师不惜主动以低价揽业务，造成市场秩序失调。因此，律所分配制度的完善，应当考虑到律师的工作时间和付出的精力，综合案源等各种条件计算报酬，而不是单一地以提成制为主。

这方面的改革，可以适当借鉴美国的经验。美国律师的报酬计算不是完全根据案源分成，而是根据各种因素进行考核分配，比如案源、管理投入、承办案件的时间等。几乎所有的大型律师事务所都采用这样的分配方式。这些大型律师事

---

① 《法国律师资格的取得》，http：//blog. sina. com. cn/s/blog_ 621128180100h3gj. html，最后访问时间：2010 年 11 月 18 日。
② 范丽丽：《法国律师制度》，参见北京法院网：http：//bjgy. chinacourt. org/public/detail. php？id = 86579，最后访问时间：2010 年 11 月 18 日。
③ 《本市最低工资上调至每月 960 元》，http：//zhengwu. beijing. gov. cn/bmfu/bmts/t1116012. htm，最后访问时间：2010 年 11 月 18 日。

务所分工细致，专业化程度高，针对客户的需要，设有专门研究机构。为了拓展业务，设有专门的营销机构，其工作人员往往不具有律师资格，不需要律师自己推销和招揽案源。

另外，加强律所和律师之间的劳动合同的管理，保障青年律师的劳动权益，也可以间接地改变现行的收入分配模式，增进青年律师的福利水平。2007 年的一份调研报告称，在调查的对象中，只有 24% 的青年律师享有社会保险，且其中近一半为自己购买，真正享受律师事务所福利的律师只占总数的 12.9%。① 鉴于这种情形，加强对律所的劳动监察是十分必要的。在这方面，北京市新出台的 2010 年新版劳动合同书范本，包括了工时制度、劳动报酬、劳动保护、社会保险等方面的条款，在劳动合同中突出强调了劳动者所享有的各项权益，可供律所和青年律师签订劳动合同时作为参考。律协等有关机构或部门可以以此为契机，要求律师机构签订和履行这样的合同，加大对青年律师劳动权益的保障力度。

（三）完善律所带帮教等培训制度

数据表明，北京市律师事务所在对青年律师的业务培训方面还有很多不足，近一半的律所尚没有成形的培训制度，仅有 41.71% 的律所认为自己已经建立了比较规范、固定的所内培训制度，不足 2% 的律所能够每年向律师提供国内外培训学习的机会，培训支出占全年支出 5% 以上的律所尚不足一半，而占全年支出 10% 以上的律所仅占 16%。律师培训工作与 2005 年相近，仍缺乏系统性和长远规划。

在笔者调研的北京青年律师中，有 50% 的人对其所在律所有无带教老师制度回答不太清楚，另外 50% 的人回答是肯定的。带帮教制度并没有固定的模式，也出现了许多负面的声音。有人认为师父带徒弟就是徒弟应该为师父做事，师父可以支付报酬也可以不支付报酬；也有人认为师父在教徒弟的过程中，往往会有意无意地保留其技能的精华，以防徒弟超过了师父，影响师父的收入。这种状况的存在，一定程度上滋生了师徒之间彼此潜在的敌对情绪，并且大大延缓了青年律师的发展。因此，应当将带帮教制度纳入律师事务所的整体运行机制，使青年

---

① 《青年律师：西装革履背后的不为人知》，http://wenku.baidu.com/view/86c65d18964bcf84b9 d57b89.html，最后访问时间：2010 年 11 月 18 日。

律师能够在短时期内尽量广泛地接触各种案件，在执业之初积累较为系统的执业经验，然后由其自行选择执业方向。带帮教制度的完善，对于青年律师的顺利成长和发展有着难以估量的意义。

青年律师缺乏专业经验和社会阅历，其中又有许多人迫于生计从事刑事辩护业务，众所周知，刑辩业务有高度风险，带教老师的帮助十分重要。从下面这个案例可见带教老师的经验是如何宝贵，也看到教训是多么深痛。

2008 年 3 月 15 日，海淀区人民法院以《刑法》第 306 条伪证罪判处北京某女律师有期徒刑一年半。其所在律师事务所的待遇是每个月 800 块钱的底薪，其他的按照办案提成。她有一个带教老师。该老师做了 3 年多的律师，从未接触过刑案，这个强奸幼女案件收费 1000 元，因老师忙，"在没有任何人指导、没有任何人带的情况下，铤而走险接了一个刑案。而且是刑案中风险最大的性犯罪案件，因为性犯罪案件很难找客观证据，大量的都是主观证据。客观证据比较安全，主观证据变化性太大，风险很大。所以，她犯的第一个错误，就是在没有人带的情况下，自己接下了一起性犯罪案件的辩护"。"当被告人的爸爸带着被害人出现在女律师面前的时候，女律师并没有回避"，而"这个时候作为有经验的律师，一听说你是被害人，那我们简直像见了麻风病人一样：'你别跟我说话，离我们远点，我们不能未经司法机关同意，就接触被害人。'"被害人在应被告人父亲要求，写自己发生性关系系自愿的书面证言时，"这个女孩子文化低，写半天也没写清楚，我们这位女律师非常'认真负责'，自己以自己的口吻写了一份，让女孩抄了一遍，作为向法庭要提交的一份证据。这是她犯的第二个错误，直接面见了被害人。""女律师说：'如果有身份证能够证明她的出生年月日，从而证明他们两个有性行为的时候她已经满 14 岁了，也可以。'"被告人的父亲火速伪造了被害人的身份证，由女律师把自己起草的被害人抄了一遍的自述，连同一张假身份证明，提交给司法机关，证明被告人无罪。结果，女律师以伪证罪直接被拘留。这位女律师这个时候又犯了另一个错误，不向律师协会求助。律师协会有一个权益保障委员会，由一些有经验的律师组成。如果向律师协会求助，律师协会可以免费派律师为她作代理、作辩护，这是律师行业里的一种自助形式。她本人根本不向律师协会求助，自己找了两个律师朋友为她作无罪辩护，并因为不认罪，被判处有期徒刑一年半实刑。"我们有经验的律师，对客观证据我比较敢取，就像我刚才说的人事部门的存根档案，这样的证据我敢取，但是某人说的主观证据的话，我现在不敢取。因为他往往跟司法机关说的是1、3、5，跟我律师讲的是2、4、6，然后再被司法机关找回去的时候，司法机关说：'你说的2、4、6不对呀，你跟我说的是1、3、5，你是不是在骗我们司法机关，是不是做伪证？'证人一害怕：'我还是1、3、5，不是2、4、6。''那当初为什么说2、4、6，谁让你这么说的？''律师。'就这么简单的一个逻辑关系。其实你说谁在威胁、引诱证人？公诉人找到证人去取证：'如果你要是说不清楚，我们可以到检察机关去谈。'这一条就把证人给吓坏了：'我们还是在办公室谈吧，我一定配合你们，在办公室我们把事谈完，别到检察机关，去了以后还指不定出不出得来呢。'"读了4年法律，考了4年律师，又干了4年律师，最后以这样的方式结束，女律师对记者说："我憎恨律师行业。"

在《刑法》第306条以及种种其他律师职业之路上的雷区在立法层面尚未得到破除之前，青年律师职业可谓如履薄冰，如果没有经验丰富律师的带帮教，不仅难以保护当事人的合法权益，难以维护法律的尊严和公平正义，连自身合法权益都难以得到有效的保护。带帮教制度，由有经验的律师在青年律师从业初期加以有效帮助和引导，对青年律师起到极为重要的引路人的作用，能帮助青年律师回避执业早期因缺乏经验导致的职业风险。

（四）组织青年律师服务社会，扩展案源

在笔者的调研中，青年律师多希望律协多组织公益法律活动。通过公益法律服务活动，青年律师可以拓展人际交往面，增长社会阅历和从业经验。仅以法律援助业务为例，北京作为首都，有青年律师12838人，被提起公诉的刑事被告人每年就有2万余人，如果律协能够与法律援助机构建立良好的合作和沟通渠道，则合理安排青年律师对所有聘请不起律师的刑事案件犯罪嫌疑人、被告人提供法律援助，是有很好的人员基础和财政基础的。这是一个双赢的局面，一方面，青年律师的案源得到极大扩展；另一方面，法律援助作为政府责任和义务，也以最为完善的方式得到履行。律协更可以联手法律援助机构，开发以青年律师为主体

的网络平台，充分开发青年律师资源，通过网上平台为社会提供开放式的以法律咨询、答疑为主的法律援助。除法律援助业务之外，充分利用庞大的青年律师群体，拓宽公益诉讼的范围，如对环境污染、违法拆迁等矛盾易激化的群体性事件提供律师服务，通过诉讼渠道解决纠纷、定分止争，消除社会冲突，完善社会政策，维护社会公平正义，也是律协尽其社会责任、建设和谐社会、帮助青年律师拓展案源的一个重要途径。

此外，律协还可以开发网络平台，为青年律师个人建立个人主页，方便青年律师通过网络平台开展律师营销。律协还可与当地报纸、电台或者电视台合作普法栏目，为青年律师提供公平机会，使其通过在报纸、电台或电视台上回答法律咨询、撰写文章或在新闻报道中对新闻事件进行法律解读，或出版书籍、进行演讲、参加会议、参加公益事业或社会兼职等，推出青年律师的个人形象，为其创造营销机会，扩展潜在客户群。

（五）提高青年律师对职业伦理认识水平

正确认识律师职业伦理，是青年律师树立职业自豪感的前提。律师在现代民主法治社会中的地位极为重要，"只有在一个民主与法治的社会中才需要律师，一个民主和法治的社会离不开律师。律师是专制制度天然的敌人，在一个专制的制度下，绝对不需要律师制度或律师"。[1] 律师职业伦理具有特殊性，它由律师的角色和职业所决定，要求律师忠实于委托人，忠实于法律和法定程序。根据律师法的规定："律师应当维护当事人合法权益，维护法律正确实施，维护社会公平和正义。"律师不得罔顾委托人权益，将执业过程中知悉的不利于委托人的事实和证据用以对抗委托人。在这一点上，律师职业道德和传统意义上追求实体正义的社会道德有所不同，律师只有严格遵循程序和程序法的要求，才算得上遵守律师职业道德，而不能像通常社会道德所要求的、通过出卖委托人获得实体正义。只有在法律有明文规定的前提下，律师才能辞去委托、揭发委托人。

笔者注意到，在前文的调研中，有青年律师称"不能把律师的工作放在道德层面去评论"，这是一个从业者对自身职业道德观的不全面理解甚至误解，也是对律师职业道德的不自信。律师职业市场化、商业化并不是一个令人难堪的问

---

① 〔日〕河合弘之：《律师职业》，康树华译，法律出版社，1987，第97页。

题，律师职业也有其守护法律、伸张正义的职业道德，这和商业化趋势并行不悖。在这个意义上，刑事辩护面临的疑问更多。为被告人辩护是律师职业的重要业务之一，辩护律师的职业道德就是以合法手段为被告人提供有效的辩护。尽管我国被判决有罪的被告人近年来稳定在100万人左右且被公诉的被告人中88%以上被判有罪，但被告人享有辩护权并不是国家给予"坏人"的怜悯和施舍，而是一个公民在文明社会作为一个人所当然享有的基本权利。而法律之所以规定公民享有这一基本权利，则不仅是因为社会生活和政治活动的复杂性，每一个公民都是潜在被告人，也由于在法定期间查明真相的困难，使得无辜者被定罪的可能无法绝对排除。同理，为被告人辩护的律师也并非为"坏人"说话，而是职业道德使然。好的辩护律师，如使有罪者出罪，应当受到谴责的并非辩护律师，而是负责侦控的政府机关未尽其职责；好的辩护律师，更有利于无辜者出罪，保护公民不受刑事程序骚扰的权利。因此，在制度环境短期内难以改变的现实下，如何增强青年律师对本身职业和职业道德的正确认识，也是律师界要努力解决的问题。

即使在1996年律师法将律师定位为社会法律工作者，将律师从事业编制、财政补贴的行政管理模式中剥离出去，律师业被迫市场化、商业化之后，作为一种谋生手段的律师业，同其他行业相比仍然有着明确的职业化特点。律师职业的商业化和职业化因素并行不悖。法律的精神在青年律师心目中有着崇高的地位，青年律师对于服务社会有着高尚的热情。在笔者调研的青年律师中，多人在自选项目中提出，希望律协和律师事务所组织更多的公益性法律服务活动，服务社会，为弱势群体伸张公平正义。

处在当前全球化趋势中的信息社会，政府应当正确认识律师在民主法治社会中对于基本权利保障的重要作用，进行正确的舆论引导，主动宣传律师的重要意义，根据联合国《律师作用的基本原则》，这正是政府的责任和义务；律协也应当尽可能地与司法行政机关沟通，引导舆论以法治的精神看待律师职业，正确看待律师执业活动中出现的问题，尽可能消除被误导的舆论对律师行业造成的不良社会影响，这些都对青年律师正确认识律师职业道德、提高从业自豪感有十分积极的意义。对于律师的违规行为，现行法也应当赋予律协全面的惩治权，使律协成为律师自治、自律组织，而不仅仅是在律师违规、违法被追究责任时的协调和救援组织。

B.6
北京律师执业责任及风险防范报告

陈 宜 张弛月*

摘 要：我国自 1993 年以来，逐步探讨建立律师执业责任赔偿制度，并在律师法中规定下来。为了贯彻实施律师法的原则性规定，探讨建立行之有效的律师职业责任赔偿制度，降低广大律师和律师事务所的执业风险，北京市律师协会开展了大量的、富有成效的工作，为我国律师执业责任赔偿制度的建立和健全积累了丰富的实践经验。在这些工作中，一项重要的实践是自 2001 年 3 月开始，北京市律师协会与平安保险公司合作，用会费统一为北京市所有合法执业的律师事务所和律师投保了执业责任险。投保 10 年来，截止到 2010 年底，共有 14 起律师执业责任获得了理赔，维护了委托人的合法利益，使律师的执业风险得以有效转移。此外，北京市律师协会还通过加强律师事务所的管理与指导、不定期发布规范执业指引、开展警示教育活动、建立健全纪律处分制度、完善律师行业准入制度等措施，减少律师执业责任事故，降低律师执业责任风险，成效显著。

关键词：律师执业责任 风险防范 律师执业保险

一 我国律师执业责任制度

（一）我国律师执业责任的法律规定

随着民主法治的整体推进，律师在社会生活中发挥着越来越重要的作用，据

---

* 陈宜，中国政法大学律师学研究中心副教授；张弛月，中国政法大学民商经济法学院博士研究生。

2010 年 11 月召开的全国律师工作会议公布的数据，我国律师事务所已经发展到 1.69 万多家，律师队伍发展到 19.4 万多人。律师广泛参与刑事诉讼、民事诉讼、行政诉讼、知识产权诉讼和海商事诉讼，每年办理 170 多万各类诉讼案件。① 律师在社会生活中充分发挥作用的同时，随着律师业务领域的不断拓展，法律事务的专业化程度日益加深，律师在执业过程中存在不规范行为，律师事务所在业务管理上也存在一些缺位，律师因其违法执业或过错给当事人造成损失的事件时有发生，律师赔偿等责任问题日益突出。对于这一问题，司法行政机关、律师协会和广大律师事务所十分关注，并相继出台了一些举措。

1996 年颁布的《中华人民共和国律师法》（以下简称"1996 年《律师法》"）第 49 条规定："律师违法执业或者因过错给当事人造成损失的，由其所在的律师事务所承担赔偿责任。律师事务所赔偿后，可以向有故意或者重大过失行为的律师追偿。律师和律师事务所不得免除或者限制因违法执业或者因过错给当事人造成损失所应当承担的民事责任。" 2007 年修订的《中华人民共和国律师法》（以下简称"新《律师法》"）第 54 条规定："律师违法执业或者因过错给当事人造成损失的，由其所在的律师事务所承担赔偿责任。律师事务所赔偿后，可以向有故意或者重大过失行为的律师追偿。"从而从立法上确定了律师因违法执业或过错给当事人造成损失的赔偿责任。《律师执业行为规范（试行）》（2004 年 3 月 20 日五届全国律协第九次常务理事会通过）第 42 条规定："律师因执业过错给律师事务所造成损失的，律师事务所有权向律师追究。"以上规定对律师的执业责任作了原则性的规定，此外有关律师执业责任的规定散见于一些行政法规、规章及司法解释中。

实践中，在处理涉及律师民事赔偿责任的纠纷时，律师事务所、律师协会、司法行政机关等一般采取调解的方式。《律师和律师事务所违法行为处罚办法》（2010 年 4 月 7 日发布，自 2010 年 6 月 1 日起施行）规定司法行政机关对律师、律师事务所违法行为实施行政处罚，但并没赋予其对律师、律师事务所与委托人之间涉及民事责任的纠纷进行裁决的权力。《律师协会会员违规行为处分规则（试行）》（1999 年 12 月 18 日四届全国律协第五次常务理事会通过，2004 年 3 月 20 日五届全国律协第九次常务理事会修订）规定律师协会对律师和律师事务所

---

① 中国司法部部长吴爱英在 2007 年 4 月环太平洋律师协会第十七届年会上的致辞。

违规行为实施行业处分，同样没有赋予其裁决律师、律师事务所与委托人之间民事纠纷的权力。《北京市律师协会会员纪律处分规则》第5条明确规定："除非发生违规行为，否则纪律委员会在进行调查和处分的过程中，原则上不应处理会员与委托人、当事人或者客户之间基于委托关系以及会员之间基于合伙或者雇佣关系而发生的民事权利和义务，但是纪律委员会可以通过本规则第十七条规定的建议书形式向会员提出解决争议的建议。"

在多数情况下，采取诉讼的途径来解决有关律师执业赔偿责任的纠纷。目前绝大部分地方律师协会都建立了律师执业责任赔偿保险制度。

（二）我国律师责任赔偿制度建立历程

在改革开放初期，律师制度处于初创及恢复重建阶段，律师工作强调给予民众法律上的帮助，业务收费相对低廉。在这种情况下，律师责任赔偿制度的建立条件尚不成熟，因此，《律师暂行条例》对此没有作出规定。然而，随着律师事业的发展，律师体制改革不断深入，律师业务不断拓宽，律师素质不断提高，律师的作用也越来越受到社会承认，社会公众对律师提供的法律服务也提出了更高的要求，律师责任赔偿制度的建立随之提上了议事日程。

1993年司法部《关于深化律师工作改革的方案》明确提出加紧建立律师责任赔偿制度，一些地方性法规也对律师赔偿责任作了规定，而1996年《律师法》第49条的规定，则在立法层面上明确了我国律师执业责任赔偿制度。

2001年张福森在《贯彻〈纲要〉精神，加强律师职业道德建设》的讲话中指出要尽快出台全国统一的律师职业道德准则、律师责任赔偿和保险办法。为规范律师执业行为，司法部于2002年初发布了《关于进一步推动律师工作改革的若干意见》，提出如下要求：建立律师执业责任保险制度，并从2002年起在全行业推广，力争在2002年7月前，司法部律师公证司、全国律师协会向各律师事务所推荐保险公司及保险合同样本；各省（区、市）根据当地情况，确定每名律师的最低保险金额，以律师事务所为单位投保；律师事务所可以在推荐的保险公司投保，也可选择别的保险公司；各地也可以根据律师的意愿，统一投保；年检注册要对当年度律师事务所的保险合同进行检查，以保证该制度的有效实施。2002年3月，司法部又发布了《关于加快建立律师诚信制度的通知》，要求各地要在年内强制推行责任赔偿和保险制度，使由于律师违法执业或因过错给当事人造成的损

失，都能够得到赔偿，以有效保护当事人的合法权益，强化律师行业的社会信用。由于上述讲话和文件的推动，2002 年许多地方将律师赔偿责任作为律师业诚信制度建设的一项重要内容，广泛开展了律师赔偿责任制度的探索和推广工作。

二 北京市律师协会投保律师责任险实践

早在 1996 年初，北京张涌涛律师事务所即向中国平安保险公司北京分公司投保了律师责任保险，投保金额达 100 万元。1999 年北京市律师协会与中国平安保险公司北京分公司接触，探索建立律师执业损害赔偿保险制度，2001 年 3月 15 日正式签署了《律师执业责任保险协议》，成为全国首家建立律师执业责任保险的律师协会。北京采用的是以北京市律师协会为主体与保险公司签订保险合同的形式，是全国第一家以行业协会的名义为全体会员投保律师责任保险的律师协会。律师执业责任保险制度的建立不仅增强了律师和律师事务所抗风险的能力，维护了行业的整体形象，也在客观上维护了客户（当事人）的权益。这一符合国际惯例的做法不仅实行至今，还由司法部向全国推广。

自 2001 年开始，北京市律师协会与平安保险公司合作，用会费统一为北京市所有合法执业的律师事务所和律师投保了执业责任险。每年的 3 月 15 日，北京市律师协会均与中国平安保险公司北京分公司续约，为会员提供持续的执业责任保险保障。

依据律师执业保险协议，因执行律师职务中的过失行为，违反《律师法》或律师委托合同的约定，致使委托人遭受经济损失，依法应由律师事务所承担经济赔偿责任的，律师事务所可在保险期限内提出索赔，由保险公司负责赔偿。每年累计赔偿限额为 4 亿元，每家律师事务所每次事故赔偿限额为 600 万元，每名律师累计赔偿限额为 1500 万元，追溯期为 5 年。

（一）北京律协律师执业保险基本内容

每年的 3 月 15 日，北京市律师协会与中国平安保险公司北京分公司续约，为会员提供持续的执业责任保险保障。以 2009 年为例，该保险合同约定：①

---

① 消息来源：北京市律师协会网站"北京律师执业责任保险专题"，参见 http://bmla. org. cn/topic/4/A1. htm，最后访问时间：2011 年 6 月 2 日。

（1）投保险种名称为"律师执业责任险"，投保人为北京市律师协会，北京市律师协会所属的合法执业的全部律师事务所和律师为被保险人。

（2）保险责任包括：①被保险人的注册执业律师在中国境内（香港、澳门、台湾地区除外）以执业律师身份代表被保险人为委托人办理约定的诉讼或非诉讼律师业务时，在列明的追溯期开始内，由于过失行为，违反《律师法》或律师委托合同的约定，致使委托人遭受经济损失，依法应由被保险人承担的经济赔偿责任，被保险人在保险期限内提出索赔的，保险公司根据条款的有关规定负责赔偿。②被保险人支付的诉讼费用及事先经保险公司同意支付的其他必要、合理的费用，保险公司负责赔偿。

（3）保险期限：自 2009 年 3 月 15 日中午 12 时起至 2010 年 3 月 15 日中午 12 时止。

（4）赔偿限额：①每家律师事务所每次事故赔偿限额人民币 600 万元；②每名律师累计赔偿限额人民币 1500 万元；③累计赔偿限额人民币 4 亿元；④每次事故绝对免赔率为每次事故损失金额的 10%，但以人民币 20 万元为限。

（5）追溯期：保险责任起期往前 5 年。

（6）除外责任（保险公司不予赔偿的范围）：①非注册执业律师办理的委托业务；②注册执业律师未经所在律师事务所同意私自接受业务的；③注册执业律师与对方当事人或对方律师恶意串通，损害当事人利益的；④注册执业律师的非执业行为或故意行为；⑤以骗取保险赔偿金为目的的行为；⑥国家法律法规、自然灾害等不可抗力；⑦注册执业律师被指控对他人诽谤或恶意中伤，经法院判决指控成立的；⑧不适用中华人民共和国（香港、澳门、台湾地区除外）法律的委托业务；⑨非律师事务所的注册执业律师办理的委托业务。

（二）北京律协律师执业保险的理赔程序

北京律协律师执业保险的理赔程序分为如下步骤：①

1. 告知

被保险人（律师事务所和律师）在得知可能发生保险事故的情况下，应当

---

① 消息来源：北京市律师协会网站"北京律师执业责任保险专题"，参见 http：//bmla. org. cn/topic/4/A2. htm，最后访问时间：2011 年 6 月 2 日。

立即通知北京市律师协会保险事务联络人。

2. 申请

被保险人需要向北京市律师协会提出理赔申请。申请时需要提交如下材料一式五份：①出险通知书；②损失清单；③承办律师执业证复印件；④法院判决书或仲裁书；⑤北京市律师协会认为需要提交的其他材料。

3. 递交

北京市律师协会将申请材料递交给平安保险公司北京分公司。

4. 赔偿

保险公司接到申请后立即向被保险人了解事故原因和经过，初步判断事故的性质，对属于保险责任范围内的事故由保险公司按照协议的有关规定进行理赔。对于不属于保险责任范围的事故由保险公司通知北京市律师协会和被保险人。

（三）北京市律师协会投保律师执业责任险的特点

首先，该执业保险是北京市律师协会作为投保人向保险公司统一投保，协会每年均从会费中拨出专款用于投保，律师事务所和律师只要通过当年度北京市律师协会年检注册，就自然享有执业责任险的保障，而不必向保险公司缴纳保险费。

其次，在保险协议有效期内，被保险律师事务所因分立、合并、更名等原因导致律师事务所名称变更，该律师事务所依然享有对其曾经办理的律师业务发生保险责任提出索赔的权利，追溯期为5年。在该保险协议有效期内，被保险律师事务所因某种原因被注销，依法裁决应由该所律师个人承担由于执业责任造成的连带清偿责任的，保险公司负责赔偿。集中年检注册以后新成立的律师事务所和新执业的律师，只要及时到北京市律师协会进行会员登记，即可享有律师执业责任险的保障。在保险协议有效期内，被保险律师因调动（本市甲所执业调至本市乙所执业）、调出（本市执业调至外省市执业）、不再从事律师职业或者身故，该律师在北京合法执业期间发生的保险责任，保险公司依然负责赔偿。

再次，保险公司仅对依法作出的应由被保险人承担的经济赔偿责任进行赔偿，律师事务所和律师与当事人私下达成的赔偿协议，保险公司不予认可，也不负责赔偿。赔偿范围方面的限制在于：第一，保险人只对委托人的损失进行赔偿；第二，保险人只对律师的过失行为造成的损失进行赔偿；第三，保险人只对在中国境内（不包括港、澳、台）并且适用中国法律的业务进行承保；第四，律师事务所指派非律师或非本所律师办理业务以及律师私自办理业务，由此造成的有关损失，保险人均不予赔偿；第五，对于精神损害，保险人亦不予赔偿。①

最后，律师事务所和律师应当在被当事人诉至法院或提交仲裁请求赔偿后，立即通知北京市律师协会保险事务联络人。当法院或者仲裁机构判决或裁定律师事务所和律师承担赔偿责任后，律师事务所和律师应当及时向北京市律师协会保险事务联络人报案并提交相关材料。北京市律师协会将把所有产生执业责任保险赔偿的案件移交给协会负责律师惩戒的纪律委员会，由纪律委员会对其中违反法律和律师执业规范的行为进行调查和处分。

（四）北京律师协会执业责任险理赔案例回顾及分析

自 2001 年 3 月 15 日正式签署《律师执业责任保险协议》以来，截至 2010 年底，共发生索赔案件 17 件，赔偿数额总计 9465256.71 元。共有 16 家律师事务所向保险公司提交出险通知书，其中有 3 起案件法院判决律师事务所胜诉，其余 14 起案件获得了理赔，维护了委托人的合法利益，使律师的执业风险得以有效转移。在此对部分理赔案例进行回顾，并加以分析。

1. 北京某律师事务所合同见证过失责任理赔案

2005 年 3 月 20 日，北京某律师事务所与聂某签订《委托代理协议》，指派律师赵某为聂某与某咨询中心签订餐饮场所承包协议的见证人，并收取非诉讼代理费 500 元，当天聂某与该咨询中心签订了《餐饮场所承包协议书》，协议的主要内容为："咨询中心将位于北京王府井帅府园东方文苑宾馆二层餐饮部内的西北侧第一个档口承包给聂某经营……"，赵律师作了"双方意思表示真实，合法有效"的见证意见，并签名。当天咨询中心收取了餐饮场所承包押金 4 万元，入场开办费、宣传广告费 3 万元，并开具了收据。2005 年 4 月 29 日，咨询中心经理詹某下落不明，北京东方文苑宾馆有限公司及其经理证明：其公司二楼餐厅与咨询中心之间不曾有任何房屋租赁承包关系以及任何经营合作关系。2007 年聂某将律师事务所诉至法院，要求赔偿。一审法院判决律师事务所赔偿聂某 15500 元，承担诉讼费 2000 元。律师事务所不服一审判决，上诉到北京第二中级人民

---

① 邹莹：《律师民事责任制度研究》，贵州大学硕士研究生学位论文，2009 年 11 月，第 38 页。

法院，二审法院维持原判。此案中，律师事务所因咨询中心的经理查无音信，无法向其索赔，遂向保险公司提交共计 20290 元（赔偿金额 15500 元、一审诉讼费 2000 元、二审诉讼费 2790 元）的理赔申请。

法院认为，律师事务所指派的律师在审核承包协议及附件内容过程中，应该能够对签约对方身份的合法有效性进行法律判断，以确定其是否具有相应的订立合同的民事权利能力和民事行为能力，并向委托人进行充分提示，但在咨询中心并未提供充分的文件材料证明其具备转移餐饮场所使用权的权利的情况下，承办律师未尽谨慎注意、告知之职责，出具了"双方意思表示真实，合法有效"的见证内容，对聂某签订该协议产生一定的作用，未能防止出现聂某无法履行承包协议的情形，对其财产损失存在一定的过错，应退还服务费并对聂某的财产损失承担相应的民事赔偿责任。

2. 北京某律师事务所遗嘱见证过失责任理赔案

2007 年 11 月 26 日，金某与北京某律师事务所签订委托代理协议，协议约定金某委托律师事务所为其代书遗嘱。次日，律师事务所指派李、王两位律师来到金某父亲处代书遗嘱。在未见证金某父亲亲笔在遗嘱上签字的情况下，李、王两位律师在遗嘱见证人处签字确认，该瑕疵行为导致该份遗嘱被法院确认为无效遗嘱。后金某将律师事务所告上法院要求赔偿损失，法院判决律师事务所赔偿金某案件代理费 18000 元及诉讼费 10266 元，另有一审受理费 253 元以及执行费用 327 元，律师事务所向保险公司申请 28846 元的理赔。

法院认为，根据委托协议及发票，金某作为该份代书遗嘱的直接受益人，其有理由对该份遗嘱的有效性存在合理信赖，亦有权要求律师事务所赔偿其在合理信赖该份遗嘱的有效性而导致的直接损失，律师事务所指派律师在未见证被继承人金某父亲亲笔在遗嘱上签字的情况下，即在遗嘱见证人处签字确认，其受托行为明显存在瑕疵，并且该瑕疵行为亦导致该份遗嘱被法院确认为无效遗嘱，故金某有权要求赔偿其在信赖该份遗嘱而承担的律师费和诉讼费。

3. 北京某律师事务所遗嘱见证过失责任理赔案

2009 年 1 月 10 日，张某因其母亲李某立遗嘱之事，与北京某律师事务所签订委托协议，由律师事务所律师卢某和王某到朝阳区某医院为其母亲代书遗嘱并作为现场见证人。当天律师到场询问了相关情况，作了谈话笔录后，按照李某的口述代写了遗嘱，因李某无法签名，经她同意后由王律师代其签名，李某在签名上按了手印。李某去世后，遗嘱受益人张某起诉要求按照遗嘱继承房产，该代书遗嘱被一、二审法院以李某没有在遗嘱上签名为由而未采纳。2009年11月30日，张某向法院起诉律师事务所要求赔偿损失。法院判决律师事务所赔偿张某经济损失20万元，负担案件受理费2040元。

法院认为，律师事务所系依靠自己聘请的律师所掌握的法律技能为委托人提供服务并取得相应的报酬。本案中，原告委托被告办理李某的遗嘱事宜，其目的是通过被告提供的见证服务而使遗嘱具有法律效力，被告作为从事法律服务的专业机构对原告这一目的是明确知道的，故被告应当为委托人提供完善的法律服务，以实现原告与其签约的目的。原、被告在协议中已经约定由被告指派两位律师（其中一人代书）见证原告之母系自愿立遗嘱，并自愿在遗嘱上签字，但其向法院提交的谈话笔录中已经载明李某有签字的能力。由于被告未能履行代理人应尽的职责、按照法律规定见证李某在遗嘱上签字或告知李某仍需在遗嘱上签字遗嘱方可生效，致使造成原告损失，被告对此应承担责任，赔偿原告因此而减少的继承份额。

4. 北京某律师事务所遗失证据责任理赔案

1999年，李某与北京某律师事务所签订委托代理合同，律师事务所指派律师施某、韩某代理李某与某公司货款纠纷案上诉审理。在该案审理过程中，法院委托北京某审计事务所对当事人之间的欠款情况进行审计鉴定。韩律师于1998年12月1日将李某提供的支付货款发票、酒水结算单据、入库单交予该审计事务所，该所于1999年8月作出审计鉴定报告。1999年9月2日，韩律师自审计事务所取回全部证据材料原件。2000年2月，韩律师调离律师事务所。2000年5月30日，法院依据审计鉴定结论认为，该公司提供的证据不能支持其追索货款的诉讼主张，属证据不足，判决撤销该案原审判决，驳回该公司的诉讼请求。2002年5月，李某以韩律师在上述案件审结两年后仍未退还证据原件为由，起诉要求韩律师返还其与该公司的单据354张，并由律师事务所承担连带责任。西城区人民法院判决律师事务所返还单据354张，驳回李某其他诉讼请求。律师事务所不服，提起上诉，北京市第一中级人民法院于2003年7月作出终审判决，维持一审判决。此后李某申请执行该判决内容，律师事务所称单据原件不在该所，无法返还，并表示李某可以起诉该所赔偿损失，该所可以根据法院判决对李某进行赔偿。李某申请暂缓执行。2004年5月，李某再次起诉该公司，要求返还多收货款及返利共计431万余元。2007年2月，北京二中院作出一审判决：李某不能提供收款凭证原件，且该公司业务员孙某对凭证中的本人签字予以否认，故依现有证据不能确认该公司欠李某货款的事实，驳回李某的诉讼请求。2006年5月，律师事务所因合伙人不足法定人数，被北京市司法局依法注销。2008年7月，李某起诉律师事务所原主任、合伙人张某，要求赔偿因单据丢失造成的经济损失4376004.63元。

2010年5月20日，北京第二中级人民法院判决：律师事务所在代理李某与该公司购销合同纠纷上诉案中，将李某提供的收条、发票等证据原件丢失，且一直不能履行生效判决确定的返还义务。后李某起诉该公司，诉讼期间，因李某不能提供原件，公司业务员孙某否认白条的真实性，法院驳回了李某的诉讼请求。因李某提供的原件被律师事务所丢失，直接导致李某在无法证明付款凭证的真实性而败诉，故律师事务所对李某因此受到的损失负有赔偿责任。因律师事务所已经注销，李某起诉要求原合伙人及主任张某承担责任，张某明确表示同意作为本案唯一被告，事后再与其他合伙人另行解决。因此判决张某赔偿李某经济损失2360476.60元，承担案件受理费22680元。

5. 北京某律师事务所申请财产保全过失责任理赔案

北京某律师事务所于2009年7月接受河北某铁艺公司委托，指派律师金某作为该客户与天津某公司买卖合同纠纷案一审诉讼代理人，其间金律师代理该客户向法院提出对天津公司采取财产保全的申请，法院查封了天津公司银行存款61000元，在财产保全期限第一次届满前，2010年1月4日金律师代理该客户向法院提出了续封申请，法院续封了天津公司银行账户。一审判决后，天津公司不服提起上诉，该客户继续委托金某为二审的代理人。但在二审期间，财产保全期限第二次届满前，金律师没有为该客户向法院申请续封，致使原来已经查封的银行存款被其他法院查封。法院终审判决天津公司返还该客户货款75000元，由于天津公司已非正常撤离，致使该客户胜诉的判决无法得到执行。该客户认为金律师有过错，给其造成损失，向法院提起诉讼，要求判令律师事务所赔偿因财产保全申请失误而造成的损失61000元。

法院认为，原、被告间诉讼代理合同关系成立，依法应予保护。虽然原、被告间的《委托代理合同》、《委托代理协议》未明确约定被告有申请财产保全的代理权限，但是依照法律规定，申请财产保全无须特别授权，且原告申请财产保全、申请延长保全期限均由被告的律师金某代为书写并向法院提交，同时原、被告间的《委托代理协议》约定，原告委托被告为其与天津公司加工合同纠纷一案的二审进行代理。作为受托人的被告在代理期限内有代为申请财产保全的义务，至少有在财产保全期限届满前提醒委托人申请延长保全期限的义务，且双方约定的代理期限应当至 2010 年 4 月 21 日二审判决送达后。由于在代理期限内，续冻期限届满前，被告未代理原告向法院申请财产保全，亦未提醒原告申请延长保全期限，使经原告申请续冻的存款被别的法院冻结，致原告经二审法院确定的债权不能及时得到实现，给原告造成了损失，应予赔偿。

三　北京律师协会防范执业风险举措①

（一）重视律师事务所的管理与指导

2005 年初，根据广大律师会员的要求和工作需要，北京律师协会成立律师事务所管理指导委员会，负责总结、交流律师事务所管理工作经验，对律师事务所的管理工作提出指导性意见，对律师事务所在发展过程中面临的管理模式、方法、经验、教训进行研究、探讨，为协会决策机构提供律师事务所发展方面的咨询意见和建议。该委员会成立以来，与其他专业委员会一起对律师事务所的管理开展了大量工作。

1. 北京市律师事务所的管理现状问题调研

2005 年 7 月至 10 月，北京市律师协会专门就北京市律师事务所的管理现状问题在全市律师事务所范围内开展了一次较大规模的无记名问卷调研活动，获得了大量的第一手的珍贵数据，拉开了科学分析、总结律师事务所发展规律的序幕。通过了解北京市律师事务所的管理现状，总结北京市不同类型律师事务所的不同管理经验，研究分析不同类型律师事务所存在的主要问题及原因，探讨解决问题的方式和发展前景，促进和推动首都律师业的健康发展。

2007 年 7 月至 10 月，北京市律师协会进行了第二次"北京市律师事务所管理现状调研活动"。第二次调研活动主要采取发放纸质问卷的方式，同时配合以

---

① 资料来源：北京市律师协会 2010 年工作总结。

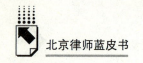

"首都律师网"网上问卷调查。调研的目的是为了了解北京市律师事务所的管理现状，总结北京市不同类型律师事务所的不同管理经验，研究分析不同类型律师事务所存在的主要问题及原因，藉以推动北京律师机构组织方式和管理模式的改革完善。

2. 北京市律师事务所管理体系评价标准及评估指南试行

北京市律协 2009 年与中国政法大学律师学研究中心合作，认真参考英国、澳大利亚、新加坡等国律师协会制定的相关标准，并结合我国具体国情，起草了北京市律师事务所管理体系评价标准及评估指南，该评价标准及评估指南的试行对北京市律师事务所的规范化管理起到了指导作用。

3. 北京律师论坛举办

2002 年 12 月，以"律师与法治"为主题的"2002 首届北京律师论坛"在京举行。论坛对北京律师业的发展历程进行了总结和成果展示，对十六大召开和中国加入世贸组织之后我国进一步加强法治社会建设的前景和律师业所肩负的历史使命进行了展望。

2010 年 11 月 27～28 日，北京市律师协会举办了以"规范与超越"为主题的"第二届北京律师论坛"。

4. 律师事务所管理人沙龙活动举办

随着律师业的迅猛发展，如何加强规范化管理已经成为北京律师事务所共同面对的问题。鉴于目前北京市律师事务所发展极不平衡，且相互之间的沟通渠道有限，为适应广大中小所和新建所在交流管理经验、沟通发展信息等方面的需求，协会决定筹办律师事务所管理人沙龙，就律所管理中大家关心的共性问题，以轻松平等的方式互相交流，取长补短，帮助中小所和新建所提高管理水平，更好地满足社会法律服务需求。2010 年 7 月 23 日，协会举办了首期律师事务所管理人沙龙活动，与会律师分别就如何寻找律所管理成本和效益的平衡点、中小律所的初期管理体系运作成本、评价体系指引与律所管理实践的差异以及评价体系的细化和完善等进行了热烈的讨论，并就律师事务所管理人沙龙活动的主题选择及活动方式等提出了许多富有建设性的意见和建议。

（二）不定期发布规范执业指引

从律师执业责任赔偿的理论研究与实践看，律师在执业中的违法或过错是律师执业责任赔偿的构成要件，在判断律师是否具有过错时，其标准是律师在执业活动中是否尽到了高度注意的义务、忠实义务和保密义务，维护了委托人的合法权益。律师执业行为规范是律师执业的准则，也是评判律师执业行为是否符合律师职业要求的标准，还是对违规律师、律师事务所进行处分的依据。律师协会作为律师进行自我管理的行业组织，完善律师执业行为规范，制定律师业务指引，对于提高律师抵抗风险的能力，防范执业过失引发的风险有着重要意义。

为负起律师协会肩负的社会责任，维护社会公众利益，增进社会对律师职业的信任，规范律师的执业行为，降低执业风险，依据现行《北京市律师协会会员纪律处分规则》第 17 条和第 19 条的规定，北京市律师协会纪律委员会从 2006 年 4 月开始不定期以《规范执业指引》的形式向会员发布规范执业的指导意见，现已发布 8 期规范执业指引。

（1）第 1 号规范执业指引，于 2006 年 4 月 3 日发布，内容涉及律师事务所正常收费以外受托代委托人保管资金的规范。

（2）第 2 号规范执业指引，于 2006 年 4 月 3 日发布，明确律师和律师事务所在指导、管理实习律师和办理律师转所环节中应当遵守的纪律。

（3）第 3 号规范执业指引，于 2008 年 1 月 29 日发布，就律师执业身份及律师事务所不得为非律师提供执业便利等事宜作出规定。

（4）第 4 号规范执业指引，于 2008 年 1 月 29 日发布，就律师转所而引起的案件交接工作等问题进行规范，以维护当事人、律师和律师事务所的合法权益。

（5）第 5 号规范执业指引，于 2008 年 1 月 29 日发布，所针对的情况是，当时频频出现所谓国外投资公司设在中国境内的代表机构物色急需资金投入的内资企业，并表明投资意向，但以这些企业必须委托一家该代表处指定的律师事务所为其合法性等事项实施尽职调查或出具法律意见书为条件，而待该代表处拿到律师出具的法律意见书后通常会表示拒绝投资。这些企业或个人感到受骗并联系该代表处时，该代表处均人去楼空。为提高广大律师的警惕，避免卷入诈骗等违法犯罪，北京律协特就有关事项发布指引。

（6）第 6 号规范执业指引，于 2010 年 1 月 20 日发布，鉴于当时连续出现了多起因律师函而引发的争议，北京律协特就有关事项发布执业指引，以规范律师函的使用。

（7）第 7 号规范执业指引，于 2010 年 1 月 20 日发布，北京律协于 2001 年

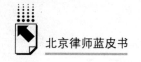

颁布了《北京市律师业避免利益冲突的规则（试行）》，在试行过程中，随着律师业务的不断扩展，有关利益冲突的问题趋于复杂化，针对集中出现的若干问题，特就律师执业利益冲突有关事项制定了该规范执业指引。

（8）第 8 号规范执业指引，于 2010 年 8 月 20 日发布，主要就律师会见犯罪嫌疑人和调查取证等方面活动，作出规范执业指引。

（三）开展警示教育活动

2010 年北京市律协根据司法部、市委政法委及市司法局的部署和要求，在北京市律师队伍中组织开展了警示教育活动。在 3 月到 5 月间，先后召开了北京市律师队伍警示教育工作动员部署会，进行了思想动员及工作部署，召开了律师队伍警示教育工作经验交流会和律师队伍警示教育工作转段会暨优秀律师事迹宣讲团启动会议，对全市警示教育工作学习讨论阶段的总体情况进行了全面总结，对整改提高阶段的工作进行了部署。通过这些会议与活动，律师队伍警示教育工作稳步顺利推进。

同时，为统一思想认识，北京市律师协会组织编印了警示教育系列材料《先进事迹学习材料汇编》及《警示教育典型案例汇编》，并编发了警示教育特刊 43 期，发放到全市各律师事务所。同时，律师协会组建了优秀律师事迹宣讲团，通过各种形式，广泛宣传先进律师群体和优秀律师的典型事迹。

（四）建立健全投诉、纪律处分制度

1. 出台投诉、纪律处分行业规范

为了充分发挥协会在监督指导与规范会员执业行为方面的职能作用，协会制定出台了执业纪律与执业调处委员会规则、委员会审查庭规则、立案规则、听证程序规则、处分适用规则、纪律处分决定执行规则、执业纠纷调处规则、投诉调解规则等 8 个行业规范，提高了会员惩戒工作标准化及规范化水平。

北京市律协 2001～2010 年间共出台律师执业风险防范相关规范 15 个，内容涵盖了职业行为、会员纪律处分、利益冲突、执业广告、保守执业秘密、计时收费等诸多方面，主要包括：

（1）《北京市律师事务所执业广告管理办法》（2000 年 7 月 1 日）；

（2）《北京市律师执业规范（试行）》（2001 年 6 月 16 日）；

（3）《北京市律师业避免利益冲突的规则（试行）》（2001年6月16日）；

（4）《北京市律师保守执业秘密规则》（2004年5月15日）；

（5）《北京市律师协会会员处分复查委员会规则（试行）》（2005年12月1日）；

（6）《北京市律师协会会员纪律处分规则》（2006年7月9日）；

（7）《北京市律师协会执业纪律与执业调处委员会听证规则》（2010年6月30日）；

（8）《北京市律师协会执业纪律投诉调解规则》（2010年6月30日）；

（9）《北京市律师协会纪律处分决定执行细则》（2010年6月30日）；

（10）《北京市律师协会投诉立案规则》（2010年6月30日）；

（11）《北京市律师协会执业纪律与执业调处委员会规则》（2010年6月30日）；

（12）《北京市律师协会会员执业纠纷调解处理规则》（2010年6月30日）；

（13）《北京市律师协会执业纪律与执业调处委员会处分的适用标准》（2010年7月30日）；

（14）《北京市律师协会执业纪律与执业调处委员会审查庭工作规则》（2010年7月30日）；

（15）《北京市律师事务所计时收费指引》（2010年9月28日）。

2. 编发《北京律师执业警示录》

2005年，第七届北京律协纪律委员会编辑出版了第一册《北京律师执业警示录》并免费发放至各律师事务所，起到了较好的警示教育作用。

2010年第八届北京律协执业纪律与执业调处委员会编辑了第二册《北京律师执业警示录》，从2005年以来受理、查处的投诉案件中，选取了55个具有代表性和教育意义的典型案例，内容涉及违反律师事务所管理、违反诚信、工作不尽职、虚假宣传和利益冲突等几种主要类型。通过分析总结，对会员进行警示教育。书中每个案例都分为三个部分：简要案情、纪律委员会认定和案件评析。该书不仅提供了案件的基本事实和各方的诉求与答辩，并且在认定事实的基础上明确给出了律师协会的处理决定和详细论述，最后还配以案件评析，对案例中的错误行为进行了深入浅出的剖析，以期让读者明白什么样的执业行为会引发投诉，为什么这类执业行为会受到行业处分，以及正确的做法应该是怎样的。

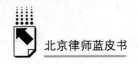
3. 出版《北京律师执业规范手册》

为了指导会员有效防范执业风险，律师协会根据投诉案件查处工作中发现的一些普遍性的问题，在协会网站发布了3份规范执业指引，以提示全体会员对频繁引起投诉的不规范执业行为提高警惕并采取防范措施；为了帮助广大会员学习掌握与执业相关的法律、法规和规范性文件的规定，并自觉用以规范执业行为，协会编辑出版了《北京律师执业规范手册》。

（五）加强律师事务所内部管理

律师事务所是律师的执业机构，是律师管理的基本单元。律师在提供法律服务时，应当处于律师事务所的有效管理之下，这是律师向社会提供法律服务的基本要求之一。新《律师法》规定："律师事务所应当建立健全执业管理、利益冲突审查、收费与财务管理、投诉查处、年度考核、档案管理等制度，对律师在执业活动中遵守职业道德、执业纪律的情况进行监督。"

针对律师事务所提升管理水平、规范管理制度的需求，律师协会在加强对律师事务所规范化、制度化管理的指导方面开展了一系列的活动。一是组建律师事务所合伙人沙龙并积极开展活动，为合伙人交流管理经验、沟通发展信息搭建了平台；二是举办了两期"新设立律师事务所合伙人管理培训"活动，为新建律所如何开展管理提供了具体的指导；三是为帮助律师事务所准确适用《劳动合同法》及《劳动合同法实施条例》，依法规范用工管理，在协会网站发布了律师事务所劳动合同范本，并邀请劳动合同范本的起草人之一、律师协会劳动与社会保障法律专业委员会主任吴颖萍律师为律师事务所管理人员举办了专题培训；四是根据市发改委、市司法局发布的《北京市律师服务收费管理实施办法（试行)》，制定并提请理事会审议通过了《北京市律师事务所计时收费指引》；五是根据《律师事务所管理办法》关于律师事务所应当建立律师执业年度考核制度的相关规定，为完善考核工作机制、规范考核程序等，起草了《律师事务所对律师执业活动的考核指引》并正在广泛征求意见；六是为探讨信息化的时代发展对律师事务所提高管理水平、提升运营效率带来的发展机遇与挑战，成功举办了律师事务所管理与信息技术应用研讨会。

为有效发挥行政主管在律师事务所中的中枢作用及律师协会与律师事务所之间的桥梁作用，律师协会先后组织了人力资源管理培训、律师事务所管理信息系统解决方案及文档电子化和劳动合同范本培训，开展了业务技能竞赛、长走竞赛等活动，为律师事务所行政人员加强交流、提高业务技能创造了条件，得到了广大行政主管及律师事务所的好评。

（六）完善律师行业准入制度

一个人要成为律师，除了要通过国家统一司法考试取得律师资格以外，还要经过实习以及其他方面的必要培训和考察。虽然我国律师法和司法部发布的有关规定中规定了严格的律师执业证书取得制度，但如何将这些制度落到实处，还必须有行之有效的具体措施。实践中，律师执业风险的存在往往与业务能力不强和法律知识欠缺有关。为提升会员风险防范能力，做好申请律师执业人员审核、培训及考核工作，律师协会专门成立了申请律师执业人员管理考核工作委员会，并出台了申请律师执业人员管理考核委员会工作规则、申请律师执业人员培训考核管理办法及申请律师执业人员和异地变更执业机构人员审查考核办法等三个行业规范。律师协会专门召开了实习管理工作座谈会，听取了理事、监事、律师事务所及实习律师等不同方面的意见和建议，选聘了53名资深律师担任申请律师执业人员集中培训讲师团讲师，健全律师行业准入机制。律师协会还通过面试的方式对实习期满的申请执业的人员进行考核。自2009年7月30日第一次面试考核以来，截至2010年7月31日，不合格作延期处理的有56名，约占总数的4.76%。面试的考核方式强调对实习人员的综合素质进行测评，并有效防止了实习人员以弄虚作假等不正当手段通过考核。

B.7
北京律师惩戒工作发展报告

宋　刚*

　　摘　要：律师惩戒是律师行业管理的一个重要方面。在目前"两结合"管理体制中，律师惩戒包括司法行政机关的行政处罚和律师协会的行业处分两个方面。最近几年来，北京市司法行政机关和北京市律师协会分别在律师行政处罚和律师的行业处分方面，实施和完成了大量的工作。对比分析这两方面的工作发现，二者存在着一定的分工。其中，司法行政机关的行政处罚侧重于严重的违规行为，并适用严厉的处罚措施；律师协会的行业处分侧重于比较轻微的违规行为，主要适用规劝性质的处分类型。经过一段时期的实践和探索，这种分工格局在 2009 年以后基本确定下来。相比律师法比较原则的规定，这种分工丰富和发展了"两结合"管理体制的内涵，加强了律协作为行业自律组织的权限和权威，提高了律协开展行业自律工作的积极性。

　　本报告考察北京市律师惩戒工作的开展情况。律师惩戒是律师行业管理的一个重要方面，由于我国当前律师行业管理实行行政监管和行业自律相结合的体制，即业内所谓的"两结合"体制，所以，需要从"两结合"体制出发，来认识和理解律师惩戒工作。我国的律师管理最初实行的是单一的司法行政管理，后来逐步发展确立了行政管理与行业自律相结合的体制。① 1993 年 12 月 26 日国务院批准的《司法部关于深化律师工作改革的方案》规定："从我国的国情和律师工作的实际出发，建立司法行政机关的行政管理与律师协会管理相结合的管理体

---

　　* 宋刚，法学博士，北京师范大学法学院副教授。
　　① 严本道：《论我国律师管理体制的改革》，《理论月刊》2003 年第 4 期。

制。经过一个时期的实践后，逐步向司法机关宏观管理下的律师协会行业管理体制过渡。"自此业内称的"两结合"管理体制建立。1995 年第三次全国律师代表大会改选，中华全国律师协会的理事会全体理事、常务理事、会长、副会长全部由专职律师担任，司法行政机关的领导不再兼任律师协会的领导职务，律师协会在人员组织上摆脱了与司法行政管理机关之间的"一套人马，两块牌子"的紧密关系，成为相对独立的组织。此后，律师协会在行业自律方面发挥着重要作用，包括在律师惩戒方面，与司法行政机关一起行使着律师行业的管理职能。

在"两结合"体制下，律师惩戒包括司法行政机关的行政处罚和律师协会的行业处分两个方面。本报告的考察就从这种划分出发，首先分别考察北京市司法行政机关对律师的行政处罚实践和北京市律师协会对律师的行业处分实践，进而对比分析两种律师惩戒的性质和特点，揭示二者在律师惩戒方面的分工，讨论这种分工对律师行业管理"两结合"体制的内涵的丰富和发展。

本报告根据有关的统计数据进行考察和分析。统计数据少数来源于公开出版物，多数由北京市律师协会秘书处提供。本报告通过对有关的数据、材料的整理、计算和分析，得出有关的结论。这些结论虽然有经验数据作为依据，但是鉴于现有数据资料并不是很充分，数据的整理和计算难免有疵漏，分析框架的选择难免有笔者的主观因素，所以，这些结论在很大程度上只能是初步的、大致的认识。

一　司法行政机关的处罚实践

（一）对律师的行政处罚

根据《律师法》第六章的相关规定，司法行政机关可以对律师处以警告、罚款、没收违法所得、停止执业、吊销执业证书。对于近年来北京市司法行政机关实施这些处罚的实践，笔者根据有关部门提供的统计数据，整理得出表 1 和图 1。考察表 1 和图 1，发现北京市对律师的行政处罚具有如下三个特点值得关注。

第一，相对于北京市较大规模的律师队伍人数来说，被处罚的律师人数并不多，近 5 年来累计 20 人次。

表1 2006~2010年北京市司法行政机关对律师的行政处罚统计

年份	警告	停止执业	吊销执业证书	被处罚律师总数	北京律师总人数	受处罚的比例(%)
2006	3	2	1	6	13511	0.04
2007	2	2	4	8	15792	0.05
2008	0	0	1	1	18635	0.005
2009	0	0	1	1	21215	0.005
2010	0	0	4	4	22937	0.02
合计	5	4	11	20		

资料来源：（1）本表的基本数据由北京市司法局提供；（2）对于律师停止执业，停止的时间有所不同，有3个月、6个月、9个月、1年四种类型，根据资料整理我们发现，近5年以来这四种期限的停止执业使用频率非常平均，分别使用过一次。

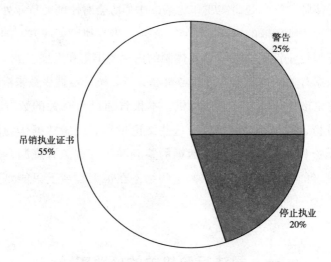

图1 2006~2010年北京市司法行政机关对律师的
行政处罚类型所占比例

资料来源：本图中的比例根据表1中的数据计算得出。

第二，司法行政机关对于律师的处罚的类型相对简单，只有警告、停止执业、吊销执业证书三种类型。从近5年的累计使用次数看，我们发现，对于律师而言，最为严峻的处罚——吊销执业证书居然占到了55%，而处罚轻微的警告、停止一段时间执业的处罚比例分别为25%和20%，罚款和没收违法所得的处罚方式尚未使用。

第三，参照北京律师人数众多以及增长迅猛，我们可以发现，每年不超过8人的处罚人数与高达近两万人的律师总人数相比，司法行政机关对律师的处罚比例非常小，近 5 年累计处罚仅仅为 20 人次。另外，从增长速度我们可以发现，律师人数在短短的 5 年内增长了 70%，而律师受到行政处罚的人数却没有增长，反而相对于前几年有减少的趋势。

（二）对律所的行政处罚

根据《律师法》第六章的相关规定，司法行政机关可以对律师事务所（以下简称"律所"）给予警告、停业整顿、罚款、没收违法所得、吊销律师事务所执业证书等类型的处罚。在 2006～2010 年期间，北京市司法行政机关对一些律所违法行为进行处罚。对于这些处罚情况，笔者根据有关部门提供的统计数据，整理得出表 2 和图 2。考察表 2 和图 2，发现北京市对律所的行政处罚有如下特点。

表 2 北京市司法行政机关对律所处分情况统计

年份	警告	责令改正	罚款	停业整顿	受处罚律所合计	北京律所总数	被处罚比例(%)
2006	2	1	0	2	5	984	0.51
2007	1	1	1	0	3	1091	0.27
2008	0	0	0	0	0	1211	0
2009	0	0	0	1	1	1355	0.07
2010	0	0	0	0	0	1486	0
合计	3	2	1	3	9		

资料来源：（1）本表的基本数据由北京市司法局提供；（2）在停业整顿的处罚中，停业整顿 3 个月的 2 次，停业整顿 6 个月的 1 次；（3）在警告、责令改正的处罚中，如果存在违法收入，还会同时对律所科以没收违法所得的处罚。然而，笔者认为这是附属于警告、责令改正的处罚方式，因此没有将没收违法所得作为单独的处罚类型予以统计，特此说明。

第一，司法行政机关对律师事务所进行处罚的情形很少发生，并且近 5 年以来还呈现减少的趋势。特别是近三年来，仅仅以停业整顿的方式处罚了一家律所。

第二，从相对数的角度看，受处罚律所的比例也是非常低的。相对于上千家律所，每年受到处罚的律所仅仅为个位数，所占比例之低，可见一斑。不仅如此，就动态而言，律所的数量增长相当快，近 5 年增长了 51%，但是受到行政处罚的律所数量却有减少趋势。

第三，司法行政机关对于律所的处罚类型也比较简单，仅限于警告、罚款、责令改正和停业整顿四种类型。没收违法所得和最严厉的吊销律所执业证书两种处罚，并未在统计中出现。

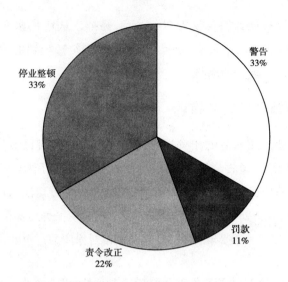

图2　2006～2010年北京司法行政机关对律所的各类处罚所占比例

资料来源：本图中的比例根据表2中的数据计算得出。

第四，比较司法行政机关处罚律师个人和处罚律所的情况，可以发现，司法行政机关对律师的处罚非常严厉，吊销律师执业证书的处罚比例高达55%，而对律师事务所吊销执业证书的处罚却一次也没有。

二　律师协会的处分实践

（一）律师协会的惩戒权限

根据《律师法》第五章的规定，律师协会作为律师的自律性组织，可以在不抵触有关法律、行政法规、规章的前提下，制定行业规范和惩戒规则，并对律师、律师事务所的违法违纪行为实施惩戒。

全国律师协会1999年12月制定了《律师协会会员违规行为处分规则（试行）》（以下简称"《处分规则》"），并于2004年3月予以修订。《处分规则》对律协组织如何行使惩戒权限、实施行业处分，作了进一步的规定。修订后的《处分规则》第9条规定："律师协会对会员违规行为作出的行业处分种类有：（一）训诫；（二）通报批评；（三）公开谴责；（四）取消会员资格。"第11～

15 条规定，对个人会员（律师）和团体会员（律所）的训诫、通报批评、公开谴责等类型的处分，由省、自治区、直辖市及设区的市律师协会实施；对个人会员（律师）和团体会员（律所）取消会员资格的处分，由省、自治区、直辖市及设区的市律师协会决定，同时报请同级司法行政机关吊销其律师执业证书；律师和律师事务所执业证书被吊销之决定已生效的，律师协会取消其会员资格。

对于处分的具体实施机构，《处分规则》第三章作了具体规定。根据该章规定，中华全国律师协会设立纪律委员会，负责律师行业处分相关规则的制定及对各级律师协会处分工作的指导与监督；各省、自治区、直辖市律师协会及设区的市律师协会设立惩戒委员会，负责对违规会员进行处分。

需要特别指出的是，鉴于北京律师规模较大，并为了加强和落实律师管理"两结合"的基本方针和原则，北京市自 2010 年开始，有计划、有步骤地开展了区县律师协会的组建工作。随着这一工作的推进，2010 年以后，区县律师协会将陆续承担相当于设区的市律师协会的行业自律职能，这种职能也就体现在律师行业处分方面。

（二）行业处分案件总体情况

1. 投诉情况

北京市律师协会每年收到较大数量的投诉，如图 3 所示，近五年以来，收到的投诉量一直处于较高的水平，但变化也不大。说明律师协会作为行业自律组织，其行业自律功能得到了认同。

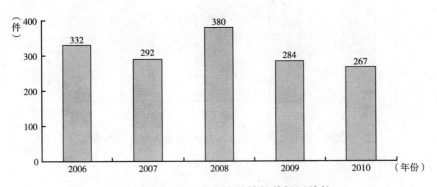

图 3　2006～2010 年北京律协接待投诉件数

资料来源：数据由北京市律师协会秘书处提供。

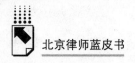
2. 立案情况

投诉的案件中，以立案数除以当年的投诉数，得出的数据称为立案率，图4所示即为近五年来立案率趋势。

图4所示的立案率显现出了很明显的下降趋势，立案率降低减少了律师协会调查处理的工作量和成本，使得律师协会集中精力对于那些比较严重的不当行为进行深入调查处理。立案率出现上述降低趋势的原因主要有：第一，律师协会加强了立案的审查，对于那些被投诉的律师明显没有不当行为的投诉，或者匿名的投诉，律师协会不予立案处理。第二，北京律协调整了工作模式，加强立案阶段中的调解。一些案件通过双方的调解结案，不再立案继续审查。为此，2010年6月30日北京律协还通过了《北京市律师协会执业纪律投诉调解规则》。第三，应该由其他机关处理的投诉，律协建议其向相关主管部门投诉。例如，2010年5月30日《北京市律师诉讼代理服务收费政府指导价标准（试行）》、《北京市律师服务收费管理实施办法（试行）》开始试行后，根据《实施办法》第35条的规定："律所与委托人因律师服务收费发生争议的，律所应当与委托人协商解决。协商不成的，可以提请市律师协会调解处理，也可以申请仲裁或者向人民法院提起诉讼。"由于许多当事人对律师的投诉集中在收费方面，此类投诉直接向价格主管部门提起或者通过诉讼的方式解决，导致此类投诉的案件不再立案处理，立案率得以降低。

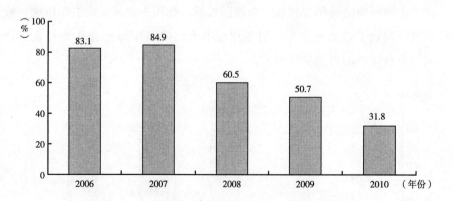

图4　北京市律协2006～2010年投诉案件立案率

资料来源：投诉案件立案率根据由北京市律师协会秘书处提供的数据计算得出。

3. 召开听证会情况

在律师协会处理投诉的过程中，比较值得关注的是听证会召开情况。召开听证会能够给予各方陈述的机会，更能查清事实真相。不过，最近几年来，如图5所示，召开听证会的案件数呈现下降趋势。

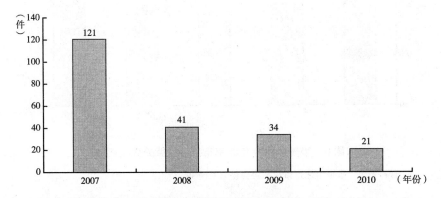

图5 2007～2010年北京市律协召开听证会的案件数

资料来源：数据由北京市律师协会秘书处提供。

据笔者在北京律协调研所了解的情况，听证会召开的有关规定其实没有变化，一般而言，只要当事人申请或者律协认为有必要，都会召开听证会。之所以呈现如此趋势，其主要原因在于：其一，加强了立案的审查和立案调解工作，导致正式立案数减少；其二，对于有主动悔过或主动承认自己不当行为的律师，不再召开听证会。

4. 结案数量

如图6所示，过去的5年内，对于律师及律师事务所的投诉案件，律师协会每年结案的案件数量都是比较高的。近三年来还出现了上升的趋势。由于每年结案的案件中包含了往年立案的案件（即有的案件从立案到结案跨年度），因此我们很难通过结案率这样的比例来进行考察，但是从绝对数量看，每年的结案数量是一个相对较高的数字，就年度工作日而言，律师协会几乎是每日结一案。这种结案数量表明，律师协会的行业自律工作积极开展，并在律师惩戒方面发挥着重要的作用。

5. 实施行业处分的案件数

北京市律师协会每年处理了较大数量的投诉，其中，如图7所示，具有处分结果的案件数量比例较大，间接表明受到行业处分的律师或律所为数不少。需要特别指出的是，其中2010年所结案件中，实施行业处分的案件数量有较大幅度的增加。

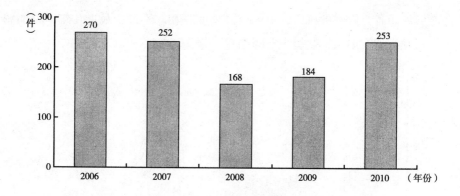

图6　2006~2010年北京市律协纪律处分结案数

资料来源：数据由北京市律师协会秘书处提供。

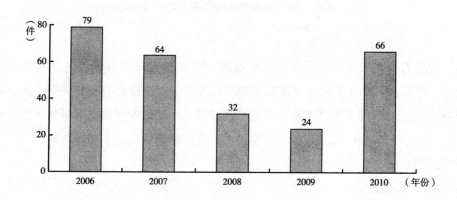

图7　2006~2010年北京市律协实施行业处分的案件数

资料来源：数据由北京市律师协会秘书处提供。

6. 大量发出"规范执业建议书"

值得注意的是，北京市律师协会在处理投诉案件的时候，对于一些不太规范的执业行为，向相关的律师或律所出具"规范执业建议书"。这种规范执业建议书不是一种处分，而是让律师或律所知道正确的做法是什么，并对其改正措施提出建议。这种建议书和行业处分相结合，兼顾了惩罚和引导两种行业自律作用。如图8所示，2010年律协出具的"规范执业建议书"份数大幅增长，反映了律师协会在行业自律过程中，逐渐改变了消极处理的管理模式，增加了主动、积极管理的成分。

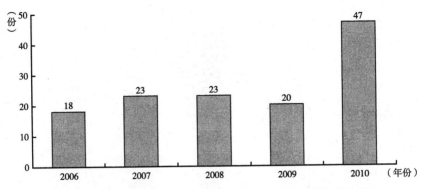

图8 2006～2010年北京市律协发出的规范执业建议书份数

资料来源：数据由北京市律师协会秘书处提供。

（三）对律师的处分情况

1. 处分的类型和数量

对于律师受处分情况，笔者根据北京市律协秘书处提供的数据，整理得出表3"2006～2010年北京市律师受行业纪律处分情况"。考察该表中的数据及其对比和变化，可以总结出5年来北京市律师受律协行业纪律处分情况的一些特点。这些特点主要包括：

第一，受处分律师数量和案件处理进程有关。如表3所示，各年受处分律师的数量波动较大，没有明显的规律和趋势。对于这些数量变化背后的原因，笔者向有关负责人进行了咨询，进而了解到，北京市律协不同年份对投诉案件处理的力度有所不同，从而导致每年的结案数量不一样，受处分的律师数量相应地存在波动。

表3 2006～2010年北京市律师受行业纪律处分情况

年份	警告	训诫	通报批评	公开谴责	取消会员资格	受处分律师总数	北京律师总人数	受处分律师比例
2006	6	15	14	33	2	70	13511	0.52
2007	7	14	11	20	5	57	15792	0.36
2008	2	6	10	11	0	29	18635	0.16
2009	0	6	6	11	0	23	21215	0.11
2010	0	18	13	13	4	48	22937	0.21
合计	15	59	54	88	11	227		

资料来源：（1）部分数据由北京市律师协会秘书处提供；（2）部分来源于《中国律师年鉴2006～2008》，人民法院出版社，2009；（3）部分数据是笔者在前两类数据的基础上整理、计算得出。

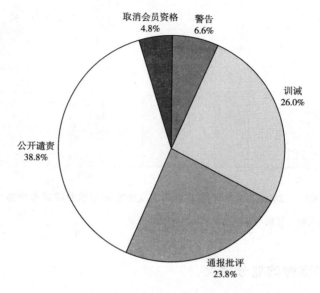

图9　2006～2010年北京律师受行业处分各类措施适用比

资料来源：本图中的比例系根据表3中的数据计算得出。

第二，处分类型渐趋规范统一。2006～2008年，北京市律协对律师作出的行业处分包括警告、训诫、通报批评、公开谴责、取消会员资格五种类型。而在此之前，处分种类较多，除了上述五种之外，还包括终止会员权利（3个月、6个月、1年）、书面检查、停止执业、强制培训等类型。之所以出现这种变化，是因为2006年北京市律师协会修订了《北京市律师协会会员纪律处分规则》，该规则第12条规定："根据本规则可由纪律委员会做出的处分措施有：（一）警告；（二）训诫；（三）通报批评；（四）公开谴责；（五）取消会员资格。"而在2009年以后，实际上警告处分也不再适用了，目的在于和全国律师协会制定的处分规则相一致，因此该规则所规定的处分类型，只有训诫、通报批评、公开谴责、取消会员资格四种类型。

第三，处分措施具有一定的威慑效果，但不是很强。处分措施的威慑效果涉及律师管理"两结合"体制中的权力分配，涉及律师协会行业自律的权威和能力，因此是一项重要的考察指标。从实际的处分措施来看，行业处分主要适用的措施是警告、训诫、通报批评和公开谴责，2009年以后，实践中警告也不再适用。虽然也适用了一定比例的"取消会员资格"，但是，一方面，这种处分适用数量很少；另一方面，这是在司法行政机关"吊销执业证书"之后的配套性处分。由此看来，目前行业处分的主要措施就是训诫、通报批评和公开谴责三种类型，其中最严厉的就是公开谴责。这些处分措施有一个特点，就是从总体上看，都是规劝、劝喻性质的，至多就是在声誉上带来一些损失。

2. 律师受到处分的原因分析

律师因为什么原因受到行业处分？从制度层面说，所有违反律师职业道德和执业纪律的行为，都将受到相应的处分。对于律师应当遵守的职业道德和执业纪律，律师法、三大诉讼法等有关法律作了较为原则的规定，以这些规定为基础，全国律协2004年3月制定了《律师执业行为规范（试行）》（以下简称"《执业规范》"），为律师行业处分提供了全面、系统、操作性更强的依据。根据《职业规范》，律师职业道德和执业纪律包括十个方面：①职业道德；②执业前提；③执业组织；④委托代理关系的建立；⑤律师收费规范；⑥委托代理关系的终止；⑦执业推广；⑧律师同行关系中的行为规范；⑨律师在诉讼与仲裁中的行为规范；⑩律师与律师行业管理或行政管理机构关系中的行为规范。

对于实际的处分原因，笔者根据律师协会提供的资料进行整理和统计，得出图10"2005～2008年北京律师受行业处分原因（人次）"。在2005～2008年间，北京一共有191名律师受到各种行业处分，其中2005年35人，2006年70人，2007年57人，2008年29人。由于有的案件中，一个律师同时违反了多项执业纪律，比如有的律师同时违反了"代理工作不尽职"、"私收案"和"私收费"三项纪律，所以，被处分的人数和违反执业纪律的次数并不相同，后者在数量上更大。具体到这191名律师，经过笔者统计，他们一共违反纪律240人次。在这240人次中，各种纪律被违反的次数存在显著差异，具体分布如图10所示。考察图10，并结合其他资料，可以总结出受处分律师违规行为分布的一些特点。

第一"代理工作不尽职"是最多的违规行为，4年中多达50次。

第二，"私收费"和"私收案"数量也比较多，前者为35次，排第二；后者为20次，排第四。之所以同时提到这两种违规行为，是因为二者在实际中存在联系，即"私收案"往往导致"私收费"；"私收费"的根源也常常是"私收案"。从律协提供的档案材料上看，有10名律师都是同时违反了这两项纪律，比例不小。

第三，律师的"代理工作不尽职"行为同时伴随着其他违规行为。具体地

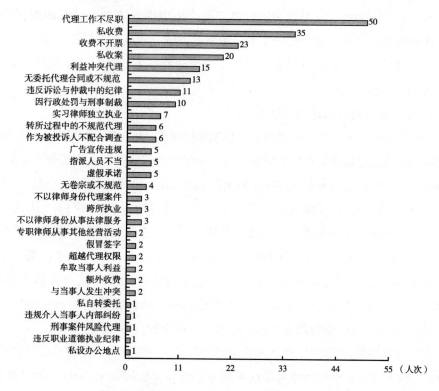

图10 2005～2008年北京律师受行业处分原因

资料来源：本图中的数据系笔者根据北京市律师协会秘书处提供的原始资料整理、计算得出。

说，在"代理工作不尽职"的律师中，有7人被查出有"收费不开票"行为，有4人被查出"不签订委托代理协议"，有3人被查出"私收费"，有2人被查出存在"冲突利益代理"行为。这种现象的一个合理解释是，律师由于"代理工作不尽职"被当事人投诉，在调查"代理工作不尽职"行为时，一并查出了其他违规行为。而这一解释的一个合理推论是，如果不是因为和委托人"闹翻"而被投诉，大量的违规行为，比如"私收费"、"收费不开票"、"不签订委托代理协议"等，很难被律师协会和司法行政机关发现。

第四，一种违规行为不是太多，但是值得注意，这就是"作为被投诉人不配合调查"。在2005～2008年这4年中，这种事件一共发生了6次。这种行为之所以值得警惕，是因为涉及律师协会作为行业自律组织的权威，关系到各类投诉案件能否顺利开展调查和正确适用行业处分。

（四） 对律所的处分情况

律协对律所的处分情况，笔者根据北京市律协秘书处提供的数据，整理得出表 4 "2006～2010 年北京市律协对律所的处分情况"。考察该表中的数据及其对比和变化，可以总结出对律所的处分情况的一些特点。在很大程度上，这些特点和对律师的处分是一致的。

表 4　2006～2010 年北京市律协对律所的处分情况

年份	警告	训诫	通报批评	公开谴责	受处分律所总数	北京律所总数	受处分律所的比例（%）
2006	4	13	18	30	65	984	6.61
2007	4	12	15	23	54	1091	4.95
2008	0	6	8	11	25	1211	2.06
2009	0	3	3	11	17	1355	1.25
2010	0	18	13	11	42	1486	2.83
总和	8	52	57	86	203		

资料来源：（1）部分数据由北京市律师协会秘书处提供，（2）部分来源于《中国律师年鉴 2006～2008》，人民法院出版社，2009；（3）部分数据是在前两类数据的基础上整理、计算得出。

第一，受处分律所的数量变化和律师协会的工作力度有一定关系。从表 4 看，2006～2009 年的 4 年间，受处分律所的数量逐年降低，而 2010 年却有较大幅度的增加，这种数量变化并无显著的规律和趋势。对于这种变化的原因，律师协会负责人解释说，一方面，这和当年律所违规情况有关；另一方面，也和律师协会有关机构在这方面的工作力度有关。

第二，处分措施逐步规范统一。在 2007 年以前，律协对律所的处分共有四种：警告、训诫、通报批评和公开谴责。在制度上，律师协会还可以对律所实施"取消会员资格"，但是在实际中并无适用的案例。2008 年以后，警告不再适用，之所以如此，据笔者调研，其原因在于北京市律协为了与全国律协的处分规则相一致，从而不再适用警告了。因为根据全国律协通过的《律师协会会员违规行为处分规则（试行）》第 9 条规定："律师协会对会员违规行为作出的行业处分种类有：（一）训诫；（二）通报批评；（三）公开谴责；（四）取消会员资格。"自 2008 年以来，北京市律协在实践中适用的处分措施和全国律协的《处分规则》接轨，增强了行业处分的规范性和统一性。

第三，和对律师的处分一样，处分措施具有一定的威慑效果，但不是很强。如图11所示，对律所的处分措施主要是警告、训诫、通报批评和公开谴责。在2006～2010年5年适用的处分中，警告占3.9%，训诫占25.6%，通报批评占28.1%，公开谴责占42.4%。然而，这几种处分措施的惩处力度较弱，对于被处分的律所而言，主要是名誉上的损失，不会像罚款、停业措施那样导致经济上的直接损失，更不会像吊销律师事务所执业证书那样关乎其存亡。在制度上，律协可以适用取消律所会员资格的处分，但是一方面，在最近5年中并无适用的案例；另一方面，仅仅是取消会员资格并不直接影响律师的执业资格，这种处分通常是在司法行政机关吊销律所执业证书的处罚生效后相配套的处分。

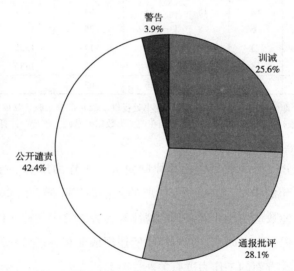

图11 2006～2010年北京律所受行业处分各类措施适用比例

资料来源：本图中的比例系根据表4中的数据计算得出。

三 对比分析和总结

根据上述数据和图表，对比司法行政机关的行政处罚实践和律师协会的行业处分实践，对于北京市律师行业管理方面的发展状况，可以总结得出如下初步的结论。

（一）律师行业管理在律师惩戒方面做了大量的工作

律师违规惩戒是律师行业管理工作的重要方面，在现行的体制中，这一工作主要由司法行政机关和律师协会负责，前者为行政处罚，后者为行业处分。从前面收集和整理得出的统计数据来看，目前这方面都开展实施了大量的工作。

首先，司法行政机关作出了一定数量的处罚决定。在 2006～2010 年期间，共处罚律师 20 人次，包括警告 5 人次，停止执业 4 人次，吊销执业证书 11 人次；同期共处罚律所 9 次，包括警告 3 次，停业整顿 3 次，责令改正 2 次，罚款 1 次。

其次，律师协会积极开展行业处分实践，而其在数量上比行政处罚更多一些。在 2006～2010 年期间，律师协会共处分律师 227 人次，包括警告 15 人次，训诫 59 人次，通报批评 54 人次，公开谴责 88 人次，取消会员资格 11 人次；同期共处分律所 203 次，包括警告 8 次，训诫 52 次，通报批评 57 次，公开谴责 86 次。

（二）律师惩戒实践充分贯彻并适当发展了"两结合"体制

北京市的司法行政机关和律师协会分别进行着不同性质、不同数量的律师惩戒工作，这些工作相互配合，共同构成了律师行业管理"两结合"体制在律师违规惩戒方面的实践，并丰富和发展了"两结合"体制的内涵。

首先，两种性质的律师惩戒存在着某种分工，通过分工来实现"两结合"。这种分工具体表现为：律协行业处分集中于比较轻微的违规行为，处分的手段主要包括训诫、通报批评、公开谴责等规劝性质的措施；司法行政机关的行政处罚则主要针对比较严重的违规行为，处罚手段主要是罚款、停业整顿、吊销执业证书等比较严厉的措施。当然，对于严重的、需要吊销执业证书的违规行为，律师协会一般也要给予处分，但是这种处分一般是在司法行政机关定性处罚之后，给予取消会员资格的处分。基于这种分工，司法行政机关一般只处理比较严重的违规行为，因此直接惩戒的律师数量少；同样，根据正态分布的定律，轻微的违规行为数量上肯定是要多一些，所以律协的行业处分在数量上也就比行政处罚多得多。

其次，这种分工丰富和发展了"两结合"管理体制的内涵。律师法虽然赋予司法行政机关和律师协会各自一定的权限，体现了律师管理"两结合"的基本方针，但是，有关的规定比较笼统，尤其是对于律师协会的自律权限，仅有原则性的规定。因此，如何贯彻和实现两种管理的结合，需要在实践中丰富和发展。从 2006 年以来北京市司法行政机关对律师和律所的处罚来看，"两结合"体制的内涵处于发展演变的过程中，而且这种发展演变存在着一定的方向和趋势。我们看到，在 2008 年以前，司法行政机关对律师和律所的处罚包括多种类型，一些轻微的处罚，比如警告、责令改正等，也有一定数量的适用。2009 年以后，司法行政机关不再适用这类处罚。对律师来说，2009 和 2010 年仅适用了最严厉的吊销执业证书；对律所来说，这两年也只适用了比较严厉的停业整顿。这种变化表明，司法行政机关在有意识地调整律师惩戒方面的分工，逐步将大量的不是特别严重的违规行为，交给律师协会适用行业处分，而仅对极少数特别严重的违规行为适用比较严厉的行政处罚。这样一种变化，无疑加强了律协作为行业自律组织的权限和权威，提高了律协开展行业自律工作的积极性，因而是"两结合"管理体制的一种值得肯定的发展方向。

（三）律师协会的行业处分工作还有提升空间

有关的数据和资料显示，律协在行业处分方面的工作，还存在改进的余地。首先，无论是在结案的数量上（参见图 6），还是对律师和律所的处分数量上（参见表 3 和表 4），2010 年都明显多于前两年，造成这种差距的一个重要原因在于，前两年的投诉案件处理速度不够快，存在一定的案件积压现象，而 2010 年因为加大了案件处理的力度，所以结案数量和处分数量都显著提升。这一现象表明，律师协会作为行业自律性组织，行业处分作为一项重要的自律职能，应该加强机构和人员建设，增加经费投入，保障各类投诉案件能够得到及时快速的处理，向律师队伍和社会各界树立精干高效的自律组织形象。

其次，律师被处分的原因的分析表明，许多律师由于代理工作不尽职而被当事人投诉，在对被投诉律师的调查中，又查出了许多不规范的执业行为，比如收费不开票、不签订委托代理协议、私收费等。这种情况表明，如果不是当事人因为别的原因投诉，这些违规行为很难得到及时的发现和惩戒。因此，建议律师协会定期开展执业规范性的调查，以此督促律师恪守职业道德和执业纪律，最大限度地减少不规范的执业行为。开展这样的调查，既有利于促进律师行业健康发展，也有利于提高律师协会的自律能力。

典型事件和
重点问题

B.8

2010 年度北京律师典型事件和
重点问题分析

陈 宜 王进喜*

摘 要: 本报告选取了 2009~2010 年北京律师业 10 个典型事件或重点问题,加以客观描述,并进行分析,提出对该事件和问题的看法。这 9 个事件或问题包括:①中央领导视察北京律师事务所;②北京律协首次发布《北京律师社会责任报告》;③李庄事件和北京律师警示教育活动;④北京律师行业区县律师协会两级管理架构的建立;⑤北京实习律师管理办法出台;⑥公益法律服务热线的开通与推广;⑦北京律师行业党的建设工作受到表彰;⑧律师服务收费管理办法颁布;⑨普降会费,惠及会员;⑩第二届北京律师论坛成功举办。

关键词: 北京律师 典型事件 重点问题

---

* 陈宜,中国政法大学律师学研究中心副教授,主要研究方向:律师制度、律师事务所管理、法律职业规则;王进喜,中国政法大学律师学研究中心教授,主要研究方向:律师制度、律师事务所管理、法律职业规则、证据法。

一 中央领导视察北京律师事务所

（一）习近平视察北京德恒律师事务所

2010年1月29日，中共中央政治局常委、中央书记处书记、国家副主席、中央深入学习实践科学发展观活动领导小组组长习近平在北京调研新社会组织开展深入学习实践科学发展观活动的情况。他强调，各地各部门党委（党组）要坚持抓好新社会组织学习实践活动整改落实阶段的工作，着力加强长效机制建设，再接再厉，乘势而进，在新的起点上全面推进新社会组织党的建设，进一步扩大党的组织覆盖和工作覆盖。

29日上午，习近平在北京德恒律师事务所，视察了党员之家和律师工作间，同该所员工和有关负责人亲切交流。当了解到这个律师事务所的学习实践活动搞得很认真、很有成效，习近平十分高兴。他强调，改革开放以来广大律师积极介入经济社会生活各个领域，提供法律服务、化解社会矛盾，为维护社会公平正义、促进社会和谐稳定发挥了重要作用。律师行业要以开展学习实践活动为契机，进一步规范律师与司法人员的关系，引导广大律师端正执业理念，促进律师行风进一步好转，为建设社会主义法治国家作出新的贡献。

习近平同志还视察了国富浩华会计师事务所和北京出租汽车暨汽车租赁协会。随后，习近平主持召开部分新社会组织学习实践活动座谈会。中共中央政治局委员、北京市委书记刘淇介绍了北京市新社会组织学习实践活动情况，司法部部长吴爱英、财政部部长谢旭人分别介绍了律师事务所、会计师事务所行业学习实践活动情况。

习近平在讲话中指出，目前新社会组织学习实践活动正处于整改落实阶段，各单位要制定切实可行的整改措施并抓好落实。行业指导小组要加强指导，督促各单位认真做好整改落实工作和满意度测评。要认真总结学习实践活动的成功经验，在建立健全长效机制上下工夫，不断巩固和扩大学习实践活动成果。

习近平强调，加强新社会组织党的建设，是第三批学习实践活动的重要目标。各地各单位要充分利用开展学习实践活动这一难得机遇，攻坚克难，推动新社会组织党建工作不断取得新进展、新成效。要扎实抓好新社会组织党组织组建工作，认真落实新社会组织党建工作责任制，进一步理顺新社会组织党组织管理体制，积极探索新社会组织党组织发挥作用的有效途径，切实加强党员队伍建设，不断提高新社会组织党建工作科学化水平。

中共中央政治局委员、中央书记处书记、中央组织部部长、中央深入学习实践科学发展观活动领导小组副组长李源潮陪同调研。

（二）周永康视察盈科律师事务所

2010 年 2 月 8 日上午，中共中央政治局常委、中央政法委书记周永康同志在北京市委书记刘淇、市长郭金龙、司法部部长吴爱英等领导的陪同下，前往北京盈科律师事务所慰问首都律师并致以节日的问候。

视察过程中，周永康同志仔细阅读了盈科律师事务所深入开展学习实践科学发展观活动的相关图片和资料，亲切慰问了律师代表，对盈科律师事务所加强党的建设、充分发挥党员律师先锋模范作用、积极服务社会公益事业的做法表示赞赏。他强调，要进一步加强律师党建工作，以党建带动整个律师队伍建设，有效发挥律师深入基层化解矛盾纠纷的积极作用，努力做社会和谐的促进者。

市司法局党委书记于泓源同志及朝阳区委、区政府和朝阳区司法局相关领导陪同视察。

（三）中央领导的视察意义重大

早在 2008 年，中央政治局常委、国家副主席习近平同志在中央组织部和司法部党组《关于进一步加强和改进律师行业党的建设工作的通知》及下一步工作安排上就作出重要批示，指出：《关于进一步加强和改进律师行业党的建设工作的通知》出台很及时，很有必要，要抓好贯彻落实，实现党的组织和党的工作对律师行业的广泛覆盖，努力为探索、加强新社会组织基层党建工作提供新鲜经验。中央政治局常委、中央政法委书记周永康同志在司法部呈报的吴爱英部长在全国律师行业党的建设工作会议上的讲话（送审稿）上作出重要批示，强调：我国律师是社会主义法律工作者，共产党员律师应当成为律师队伍中的中坚力量，必须拥护党的领导，遵守党的章程，履行党员义务，执行党的决定。要自觉维护宪法和法律的尊严，自觉维护社会的和谐稳定，依法维护人民群众的合法权益，保持良好的职业操守和崇高的个人品德，为社会的公平正义作出贡献。中央

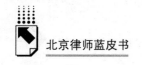
政治局委员、书记处书记、中组部部长李源潮同志，国务委员、中央政法委副书记孟建柱同志也分别就律师行业党建工作作出了重要批示。

此次中央领导对北京律师事务所的视察，再次充分体现了党中央和中央领导同志对律师工作、律师队伍建设的高度重视和对广大律师的亲切关怀，对于推进北京律师事业的改革和发展具有重要意义。

二　北京律协首次发布《北京律师社会责任报告》

2010 年 11 月 27 日，北京市律师协会首次发布《北京律师社会责任报告》，这也是全国律师行业第一家以律师社会责任为主题的综合性报告。《北京律师社会责任报告》从政治、经济和社会角度全面梳理了北京律师承担社会责任的情况，报告表明首都律师具有强烈的社会责任意识，律师履行社会责任的主要方式有参政议政、立法建言、政府顾问、公益诉讼、法律援助、免费法律咨询、奖教助学和慈善事业等。调研数据显示：97.09% 的律师愿意履行社会责任，76.87% 的律师已经以各种形式履行了社会责任。该报告近 5 万字，通过近 1500 份问卷调查、走访座谈和资料分析得出，历时半年多完成。

（一）《北京律师社会责任报告》出台的背景

近年来，北京律师在取得成绩的同时，在履行社会责任方面也遇到了一些问题，社会对律师还存有偏见。极少数律师在司法官员的腐败中充当了不光彩的角色，还有个别律师具有过度商业化的倾向，欠缺社会责任感，这些都为律师行业的健康平稳发展敲响了警钟。

北京市律师协会十分重视引导全体律师勇于承担社会责任，认识到律师业的发展必然伴随着承担更多的社会责任。律师的社会责任感关系到律师在党和人民群众心目中的形象，关系到律师职能作用的发挥，关系到律师社会地位的提升，关系到律师业的未来发展和前途。

为了反映北京律师行业 30 年来履行社会责任的历程，全面总结北京律师在履行社会责任过程中积累的宝贵经验，分析成绩背后的不足，进一步鼓励、引导北京律师履行社会责任，在构建和谐社会中发挥更大作用，树立北京律师在履行社会责任方面的正面形象，同时也为了改变社会公众与媒体对律师行业了解不够充分、占有信息不全面的状况，八届北京市律师协会决定编制发布《北京律师社会责任报告》。

（二）《北京律师社会责任报告》的编制

为了顺利完成《北京律师社会责任报告》的编制工作，宣传与联络委员会进行了如下安排：5~6 月份，完成课题策划，成立工作协调配合小组；7~9 月份，选择确定委托的专业机构，并完成报告调研工作；10 月份，完成报告初稿，并征求意见；11 月份，在第二届北京律师论坛召开时向社会发布。

按照报告编制工作时间的安排，协会副会长姜俊禄，副秘书长刘军，宣传与联络委员会主任马慧娟，副主任刘光超、王安心、李肖霖，秘书长余尘，副秘书长米良渝以及宣联委委员们多次召开会议，就《北京律师社会责任报告》的体系构成、委托机构和调查问卷设置进行了讨论。

2010 年 5 月 20 日，宣传与联络委员会召开了《北京律师社会责任报告》编制工作筹备会。会议就《北京律师社会责任报告》的编制意义、范畴、构成体系、编制时间和委托专业机构等项内容进行了讨论。6 月 24 日，宣传与联络委员会召开了《北京律师社会责任报告》招标评审会议。会上，有 4 家投标机构分别介绍了各自的基本情况、专业资质和《北京律师社会责任报告》编制方案。宣传与联络委员会对参与《北京律师社会责任报告》编制机构招投标活动的 4 家投标机构进行了审核，并确定《法制日报》社为中标机构。8 月 10 日，宣传与联络委员会又召开《北京律师社会责任报告》讨论会议，对委托机构《法制日报》社编制的《北京律师社会责任报告》问卷调查展开讨论，逐一确定调查问卷的课题设置。意图通过对律师行业的抽样调查和实证分析，从政治、经济、社会三个角度来了解北京律师履行社会责任的状况。

北京律协通过调查问卷的形式，向本市的律所和律师收集数据材料，以完善首都律师履行社会责任的数据调查报告，为整个报告编制提供科学的、准确的理论依据，并为提高北京律师整体行业履行社会责任的意识、能力和水平提供决策指引。

2010 年 5 月，北京市律师协会委托《法制日报》社、《法制与新闻》杂志社和中国政法大学法学院部分师生共同成立调研课题组，调研北京律师在过去 30 年履行社会责任的状况和特点，研究律师履行社会责任的路径和方法，进而起草

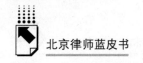

并向社会公众发布《北京律师社会责任报告》。

报告研究的目的之一是梳理和明确北京律师社会责任的概念；目的之二是介绍和反映北京律师履行社会责任的客观情况，树立和弘扬北京律师在履行社会责任方面的正面形象；目的之三是发现和挖掘北京律师在履行社会责任方面的潜力，促进北京律师整体行业履行社会责任的意识、能力和水平的提高。

报告通过介绍国外律师履行社会责任的方式、情况，为我国律师履行社会责任提供参考和借鉴。报告采用了问卷调查、召开座谈会、数据整理、公开资料的收集等实证研究方法，通过对调查收集的数据进行分析，得出结论，发现问题，提出建议。

（三）《北京律师社会责任报告》的主要内容

报告从政治、社会、经济三个方面探讨北京律师的社会责任。数据显示，北京律师将参与立法活动、参政议政、提供法律援助、为企业提供法律服务、普法活动、代理公益诉讼、支持法学教育等作为履行社会责任的主要形式。

1. 从政治角度看北京律师的社会责任

该部分对北京律师参政议政的情况、参与立法的情况、参与司法解释的制定、参与行政规章制定、参与政府公共决策、参与政府决策、担任政府法律顾问、参与化解社会矛盾、服务国防、服务外交等方面，采用问卷调研、资料整理、典型案例分析、座谈调研的研究方法进行分析总结。

2. 从社会角度看北京律师的社会责任

该部分对北京律师提供法律援助、提供免费法律咨询、参与公益诉讼、帮助弱势群体、参与非诉讼方式化解矛盾、参与普法活动、提供农村法律服务、办理环境保护案件、参与慈善捐助活动、支持法学教育、从事法学研究等方面加以调研、分析总结。

3. 从经济角度看北京律师的社会责任

该部分从北京律师海外上市、兼并、清算、反倾销反补贴、知识产权保护等业务入手，在此基础上，报告对北京律师履行社会责任现状进行了总结：积极主动、服务大局；行业引领、机制保障；专业分工、专门负责；立足北京、辐射全国；热心公益、关注民生；内容丰富、形式多样；弘扬法治、培养人才。并对北京律师履行社会责任加以展望，提出进一步增强律师对社会责任的认知；创新律师履行社会责任的方式；重视舆论导向，营造良好氛围；构建完善律师社会责任制度。

（四） 良好的社会评价

2010 年 11 月 27 日，北京市律师协会在北京会议中心召开新闻发布会，发布了《北京律师社会责任报告》。协会副会长姜俊禄，宣传与联络委员会主任马慧娟，公益律师代表、法律援助与公益法律事务专业委员会主任刘凝以及来自人民日报、新华社北京分社、北京日报、北京晚报、法制日报、中国司法、中国律师、中央人民广播电台、北京人民广播电台、首都政法网等 10 余家新闻媒体的记者参加了新闻发布会。姜俊禄副会长结合《北京律师社会责任报告》的产生背景，从北京律师在履行社会责任方面的特点和履行社会责任的展望两个方面向记者朋友们进行了介绍，"报告"体现出北京律师群体对履行社会责任有着极高的热情，他们通过各种途径积极参与为公众与社会服务，并依此而成为一种趋势。会上刘凝律师就法制宣传和公益法律事业问题回答了记者们的提问，刘律师放弃高收入，全身心投入为百姓普法工作的精神赢得与会者的一致好评。

三　李庄事件和北京律师警示教育活动

2010 年 2 月 9 日，重庆市第一中级人民法院以李庄犯辩护人伪造证据、妨害作证罪，依法判处其有期徒刑一年零六个月。同月 20 日，北京市司法局依法吊销了李庄的律师执业证书，北京市律师协会依据行政处罚决定和有关行业规范，给予李庄取消会员资格的行业纪律处分。

（一） 李庄事件经过

2009 年 12 月，北京市康达律师事务所李庄律师因涉嫌刑事犯罪被重庆检察机关批捕，该事件受到业界和社会的广泛关注。

12 月 14 日，北京市律师协会接到重庆检察机关的通知后，于次日派出由副会长张小炜、秘书长李冰如、权益保障委员会主任皮剑龙、纪律委员会主任于君和秘书处工作人员组成的五人调查小组赶赴重庆了解有关情况。

12 月 15 日下午，北京市律师协会召开新闻发布会，协会新闻发言人、副会

长姜俊禄律师向近二十家媒体的记者作出如下表态：一是坚决支持重庆警方的依法打黑行动；二是北京市律师协会对此事保持高度关注。此外，姜俊禄律师还介绍了北京市律师协会在维护律师合法权益和规范律师执业行为两方面的职能。多家媒体对此进行了报道。

12 月 16 日，北京市律师协会调查小组通过重庆市律师协会向重庆市公安机关和检察机关表达了北京市律师协会的基本态度，并向有关人员了解了李庄律师涉嫌刑事犯罪的有关情况。17 日，调查小组返京，并将调查情况向北京市律师协会、北京市康达律师事务所和李庄律师的家属进行通报和介绍。

12 月 19 日，北京市律师协会将有关情况和北京市律师协会对李庄律师涉嫌刑事犯罪事件的态度向全市律师事务所和全市律师进行通报：①北京市律师协会对李庄律师涉嫌刑事犯罪事件将继续保持高度关注，期望并相信重庆市司法机关会严格按照法律规定，依法办理此案。北京市律师协会对此事件的关注得到了重庆市司法机关的充分理解。重庆市司法机关表示一定会严格依照法律程序，依法办理此案。②北京市律师协会希望全市律师对李庄事件保持冷静和理性。李庄事件已进入司法程序。任何人的罪与非罪都应当由国家司法机关按照法律程序，以事实为依据，以法律为准绳，作出最终的判决。作为法律人，北京律师应当用法律人应有的理性对待这一事件。③李庄将得到律师的法律帮助。北京市康达律师事务所正在帮助李庄律师的家属聘请律师。北京市律师协会将提供必要帮助。律师介入后，将依法履行法律帮助、会见、阅卷、调查、辩护等法定职能。④北京市律师协会希望媒体对李庄事件客观报道，并希望媒体能够恪守职业道德，客观履行舆论监督职责。

2010 年 2 月 9 日，重庆市第一中级人民法院以李庄犯辩护人伪造证据、妨害作证罪，依法判处其有期徒刑一年零六个月。同月 20 日，北京市司法局依法吊销了李庄的律师执业证书。

（二）律师行业的警示教育

2010 年 3 月，司法部向各地司法行政机关就李庄违法违纪案件发出通报，要求各级司法行政机关、各地律师协会利用李庄案件在全国律师队伍中开展警示教育活动。

通报指出，我国律师队伍的主流是好的，是一支可以信赖的队伍。李庄案件只是个案，要把其与整个律师队伍区分开来。各级司法行政机关、各地律师协会和广大律师要充分认清李庄违法犯罪的危害，切实从中汲取教训，引以为戒，警钟长鸣。

通报要求，广大律师要始终坚持严格依法执业，带头严格守法，努力做"法律之师"。广大律师要严格遵守职业道德和执业纪律，在执业活动中要经得起名利、金钱的考验，树立正确的世界观、人生观、价值观和社会主义荣辱观，切实增强职业道德和执业纪律观念，严格遵守职业道德规范和行为准则，努力成为社会的道德楷模和表率，努力成为"道德之师"。

1. 北京市律师队伍警示教育工作动员部署

为深入贯彻司法部全国律师队伍建设电视电话会议精神，严格落实《关于在全国律师队伍中开展警示教育的意见》以及北京市委、市政府、市委政法委关于大力加强律师队伍建设的要求，市司法局结合全市律师队伍实际，决定于2010 年3 月中旬至年底在全市律师队伍中开展警示教育工作，进一步增强全市广大律师自觉做中国特色社会主义法律工作者的使命感和责任感，增强广大律师依法诚信执业意识，确保律师工作的正确方向。

3 月19 日上午，北京市司法局组织召开北京市律师队伍警示教育工作动员部署会，全面启动北京市律师队伍警示教育工作。市司法局局长于泓源、政治部主任史立森、副巡视员娄斌、副局级领导李公田及市律师协会领导出席了会议。18 个区县司法局局长，试点单位代表，市律师协会理事、监事，部分律师事务所主任代表参加了此次会议。

会议下发了《北京市律师队伍警示教育工作方案》，明确了警示教育工作的指导思想、工作目标、组织领导、工作机构、主要内容和方法步骤。全市警示教育工作分为动员部署、学习教育、整改提高、总结验收四个阶段，旨在通过此项工作，大力宣传一批先进律师事务所和优秀律师的典型事迹。市司法局成立警示教育工作领导小组和教育督查小组两个专门领导机构，同时选定在西城区和昌平区率先开展区县警示教育工作试点，在北京市盈科律师事务所开展律师事务所警示教育工作试点。

2. 试点单位率先启动并全面开展律师队伍警示教育工作

北京市盈科律师事务所作为律师事务所警示教育工作试点，积极开展警示教育活动。第一，召开警示教育动员大会，以警示汲教训，以警示促发展。第二，召开执业风险防范研讨会，汲取执业教训，防范执业风险。3月24日下午，盈科律师事务所刑事部邀请刑辩领域的著名律师组织召开了"律师办理刑事案件——执业风险防范研讨会"。会上律师们对李庄案件进行了深入剖析，对应该汲取哪些深刻教训，如何防范执业风险进行了深入的研讨。会后，盈科律师事务所还就如何防范执业风险提出了"关于办理刑事案件防范执业风险提高办案质量的建议稿"。第三，召开预备党员转正大会，增添血液扩队伍，警示教育促发展。第四，顺利完成动员部署，进入学习讨论阶段。在这一阶段，盈科律师事务所将发挥党支部作用，采取灵活多样的形式组织开展警示教育活动，内容包括：围绕社会主义法律工作者的内涵、律师执业纪律的现状、律师执业风险和执业自律、本所律师的执业投诉、监督与处理四个专题组织召开四次专题讲座；组织"我心目中的律师形象"演讲、征文活动；开展律师执业纪律应知应会的测试；在律所内网站上开辟警示教育学习专栏；开通党员热线；开展客户对律师和律所服务满意度调查；开展规范卷宗评选活动；组织律师进行拓展训练。律所专门从律师管理角度建立了风险防范体系，从创立良好的职业环境和为律师提供良好的服务入手考虑和改善工作，建立行之有效的风险预警机制、风险防范机制、收案制度、缔约明确化制度、风险评估及告知制度、法律服务质量控制、管理控制机制和业务档案制度，共同努力建立科学、合理的风险防范制度体系。

盈科律师事务所的试点工作得到了市司法局领导的肯定。

3. 北京市律师事务所在警示教育活动中的举措

在警示教育活动中，北京市律师事务所积极响应号召，认真踏实地开展活动，并根据自身的情况出台了行之有效的措施。

（1）组织上重视。成立了警示教育工作领导小组，由所主任担任组长，亲自主抓全面工作。领导小组下设办公室，负责各项任务的具体落实。

（2）授课培训，规范执业行为。通过授课、研讨的方式，规范执业行为。将警示教育教材中的相关信息摘录汇编，对全体律师和工作人员开展授课培训，警示大家规范执业行为，防范执业风险。

（3）树立先进典型。力争通过警示教育树立起一个执业行为规范、品行良好、综合素质高的律师形象，作为学习榜样。通过"向榜样学习"活动促使先进带后进，先进更先进，带动整个律师事务所的良性发展。

（4）以党建促所建。顺义区以上党课、党支部书记培训、重温入党誓词、社会主义法治理念专题教育、参观反腐倡廉教育基地、党员律师公益服务等方式，以党建促所建。局党组统一配发了律师党支部标牌、党旗以及党员律师桌牌。要求各律师事务所党支部建立专门的党员活动室，悬挂党旗、党章制度，实行党员律师挂牌上岗。

没有党支部的律师事务所积极筹建支部，加强党的领导，并以此为切入点在律师中强化社会主义法治理念教育。

炜衡党支部认真研究影响和制约律所党建工作和科学发展的突出问题。本着求真务实、开拓创新的原则，结合律师的工作特点和工作实际，向合伙人管委会提出了试办业余党校的设想，并拟定了切实可行的方案，得到了律所管委会的大力支持。经党支部和合伙人管委会多次研究，成立了炜衡业余党校。

（5）着力完善制度。健全事务所内部管理制度，包括收（接）案制度、档案管理制度、收费管理制度、重大案件请示报告制度、劳动合同制度、案件集体讨论制度、执业律师监管制度等。进一步细化本所案件代理的工作规程，通过规范各项规章制度加强对本所律师执业的指导和监督。

对于重大、敏感案件自设关卡，形成专门立卷制度，一案一卷，逐一建档，并要求及时向党支部备案，通过加大内部审核筛查力度，为律师代理和办理案件把好方向。

（6）加大公益案件的承办力度。通过办理公益案件不断增强律师的执业技能，加强律师的执业道德教育，努力将律师培养成富有爱心、执业技能强、道德素质高的"人民满意"律师。

丰台区司法局在南苑棚户区设立专项法律服务工作站，组织专业律师志愿者队伍为棚户区百姓提供法律咨询、民事调解和诉讼代理等一系列法律服务。

（7）向当事人发放《风险提示书》，让每名当事人在案件代理前就对预期的风险有所了解，同时也强化了律师本人的自律意识，自觉履行代理职责。

（8）建立目标考核机制。把警示教育与薪酬考评相结合，在部门考评律师时，把是否积极参加警示教育活动、是否积极参加业务培训纳入考评内容，按考评结果确定薪酬，通过激励机制督促律师积极参与警示教育活动。

（9）为贯彻落实全市组织部长会议精神，大力加强对年轻律师的教育培养，为在两新组织中做好党员发展工作奠定基础，市律协党委把在律师行业建立共青团组织列为年度计划，并作为党委工作的一项重要内容加以推进。

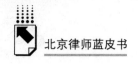

四　北京律师行业区县律师协会两级管理架构建立

北京律师近些年发展很快，已经超过 2 万人，对行业协会服务的需求也越来越多，律师参与行业协会事务的呼声也越来越高。而修订后的律师法也全面强化了区县一级司法行政机关的律师管理和服务职能。建立区县律师协会，有利于将《律师法》中赋予区县司法行政机关的管理和服务职能落到实处，完善区县层面的"两结合"律师管理体制。2009 年 10 月，北京市司法局出台了《关于建立区县律师协会进一步完善我市律师管理和服务体制的工作意见》。宣武区律师协会是北京市试点成立的第一家区（县）律师协会，2010 年底全市成立了 11 家区县律师协会。

（一）2007 年修订的律师法进一步强化了区县司法行政机关的管理职责

根据 2007 年律师法规定，申请律师执业，设立律师事务所，申请人均应当向设区的市级或者直辖市的区人民政府司法行政部门提出申请，并提交相关材料，由区县司法行政部门予以审查，并将审查意见和申请材料报送省、自治区、直辖市人民政府司法行政部门，由省、自治区、直辖市人民政府司法行政部门予以审核，作出是否准予执业、准予设立的决定。对违纪律师和律师事务所的处罚权限也主要由区县司法行政机关行使。如设区的市级或者直辖市的区人民政府司法行政部门可以对违纪律师给予警告、处 5000 元以下的罚款、没收违法所得、停止执业的处罚；对违纪的律师事务所给予警告、停业整顿、罚款、没收违法所得的处罚。同时律师法规定，律师协会是社会团体法人，是律师的自律性组织。全国设立中华全国律师协会，省、自治区、直辖市设立地方律师协会，设区的市根据需要可以设立地方律师协会。

（二）2009 年 10 月 16 日北京市司法局印发《关于建立区县律师协会进一步完善我市律师管理和服务体制的工作意见》

为全面贯彻落实党的十七大精神，深入实践科学发展观，积极适应北京市律师工作发展的需要，进一步完善北京市律师管理和服务体制，北京市司法局于

2009 年 10 月 16 日发布了《关于印发〈关于建立区县律师协会进一步完善我市律师管理和服务体制的工作意见〉的通知》（京司发［2009］323 号）。《工作意见》把建立区县律师协会作为北京市律师工作的重中之重，要求各区县司法局、市局机关相关处室和市律师协会务必高度重视，充分认识此项工作的重要性，切实加强组织领导，保证此项工作取得实效。《工作意见》的主要内容包括：

1. 建立区县律师协会的意义

（1）建立区县律师协会是进一步发挥律师职能作用的需要。在区县建立律师协会有利于区县司法行政机关更好地调动辖区律师的积极性，组织律师服务区域经济社会发展和满足辖区老百姓法律服务需求。同时，可以发挥区县律师协会作为区县党委和政府联系广大律师的桥梁和纽带作用，更好地改善律师执业环境，保障律师执业权利，发挥律师职能作用。

（2）建立区县律师协会是进一步加强律师队伍建设的需要。周永康同志在第七次全国律师代表大会上对律师队伍建设提出了"做中国特色社会主义的法律工作者、做经济社会又好又快发展的服务者、做当事人合法权益的维护者、做社会公平正义的保障者、做社会和谐的促进者"的总体要求，明确了律师队伍的基本定位，指明了律师工作的发展方向。通过建立区县律师协会可以进一步加强律师队伍建设，加强律师行业党的建设，不断提高律师队伍的政治、业务和职业道德素质，提高律师队伍的执业能力，更好地践行中国特色社会主义法律工作者的总体要求。

（3）建立区县律师协会是进一步完善"两结合"管理体制的需要。修订后的律师法全面强化了直辖市的区县一级司法行政机关的律师管理和服务职能。目前，北京市仅在市级层面建有律师行业组织，在区县层面，律师和律师事务所还没有建立起完善的行业组织平台。建立区县律师协会，有利于将律师法中赋予区县司法行政机关的管理和服务职能落到实处，完善区县层面的"两结合"律师管理体制。

（4）建立区县律师协会是进一步提高行业自律管理能力和会员服务水平的需要。随着北京市律师队伍的迅速壮大，广大律师对律师协会的行业管理和会员服务提出了更高的要求。建立区县律师协会有利于更好地组织和团结辖区内的律师，凝聚行业力量，发挥行业智慧，拓宽律师参与行业建设和行业管理的渠道，进一步扩大行业自律管理的覆盖面和参与度，进一步改进律师协会对会员的服务

和管理。

2. 建立区县律师协会的相关政策要求

（1）依法明确法律地位。区县律师协会是由辖区律师和律师事务所组成的社会团体法人，是律师的行业自律性组织，依法对辖区律师和律师事务所实施行业服务和管理。区县律师协会应当依法办理社团法人登记，依法接受本区县司法行政机关、社团管理机关的监督、指导以及市律师协会的指导。

（2）建立基本组织制度。区县律师协会按照民主管理的社团建设要求，设立决策、执行、监督机构，建立协会的基本组织制度。原则上，会员人数在200人以上的区县，可以设立会员代表大会、理事会、会长会议三级决策机构；会员人数在200人以下的区县可根据本地区具体情况，设立会员大会（或会员代表大会）及理事会两级决策机构。区县律师协会设立监事会作为监督机构，秘书处作为执行机构。会员代表大会、理事会、会长会议、秘书处及监事会的人员规模，由各区县本着便于议事、决策、执行和监督的原则自行确定。原则上，秘书长由区县司法行政机关推荐。

区县律师协会还可以根据工作需要设立专门工作委员会，协助决策机构就相关工作进行调研，提供咨询意见。为保证全市律师行业业务指导工作的统一性，原则上区县律师协会不再设立专业委员会。

（3）建立健全运行机制。区县律师协会逐步完善以章程为核心的决策、执行、监督等协会内部各类机构的运行规则及管理制度，建立健全决策、执行、监督机构既相互制约又相互协调的管理结构。区县律师协会在区县司法行政机关和市律师协会的指导下，依据本工作意见的精神制定章程，并按照章程不断完善内部运行机制。区县律师协会的章程不得与市律师协会的章程和有关制定区县律师协会章程的规范要求相抵触。

（4）妥善做好选举工作。区县律师协会在区县司法行政机关的监督指导下，按照民主选举的原则，依照章程和选举规则妥善做好协会选举工作。在酝酿、协商各类机构的人选时，坚持突出政治素质、注重综合素质的原则，要充分考虑律师在辖区的代表性，要充分考虑与市律师协会工作上的协调性。同时，还要注重听取各级律师党组织的意见，充分发挥各级律师党组织的政治保障作用。

3. 市和区县律师协会的各自职能

职能划分的基本原则。市和区县律师协会应按照分层管理和服务的原则，明确划分事权，各有侧重地履行相应的职能。

（1）市律师协会的职能：第一，维护全市律师行业人员资质、服务标准、职业纪律的统一性；第二，为全市律师行业提供普遍需要的执业保障和基本服务的经济性；第三，在市级及以上层面开展工作及协调工作的便利性。具体包括：改善律师执业环境，维护律师的合法权益；总结、交流律师工作经验，为律师和律师事务所提供服务；组织律师行业开展对外宣传与对外交流，扩大行业的对外影响；开展行业发展战略研究，拓展律师执业领域，对律师进行业务指导；制定行业规范和惩戒规则，监督、指导和规范律师的执业行为和律师事务所的规范化建设；制定全市律师培训规划，组织全市律师的政治、业务、职业道德和执业纪律培训；统一组织管理全市申请律师执业人员的实习活动，对实习人员进行考核；对律师和律师事务所进行表彰和奖励；按照行业规范，根据区县律师协会的初步处理意见，对律师和律师事务所的违法、违规行为进行惩戒或向司法行政机关提出处罚建议，受理律师的复查申请并作出裁定；根据区县律师协会的考核意见，对会员统一进行年度登记管理；建立并完善律师执业责任保险制度；制定全市统一的会费标准及会费收取、分配和管理办法；对区县律师协会工作进行指导；组织全市性的律师进行文体活动和会员福利工作；协调与党委政府、司法机关以及与其他组织的关系；中华全国律师协会或市司法局委托履行的其他职责。

（2）区县律师协会的职能：区县律师协会主要为辖区内的律师和律师事务所提供日常性、区域性、有特色的管理和服务。具体包括：对辖区律师和律师事务所的日常管理和服务；改善辖区律师执业环境，维护辖区律师合法权益；总结、交流辖区律师工作经验，为辖区律师和律师事务所提供指导和帮助；组织辖区律师行业开展对外宣传与交流，扩大律师行业的对外影响；对辖区律师和律师事务所进行表彰和奖励；依据全市统一规范，对辖区律师进行业务指导，对律师事务所的规范化管理进行指导和监督；根据全市的统一要求，组织辖区律师的政治、业务、职业道德和执业纪律培训；受理对辖区律师和律师事务所的投诉，对受理的投诉进行调查并向区县司法行政机关或市律师协会提出初步处理意见；调解辖区律师执业活动中发生的纠纷；按照全市统一部署，对辖区律师的执业活动进行考核并提出考核意见；组织和推动辖区律师和律师事务所为区域经济社会发展服务；组织辖区律师进行文体活动和会员福利工作；协调与辖区党委政府、司

法机关以及其他组织的关系；市律师协会或区县司法行政机关委托履行的其他职责。

（三）建立区县律师协会的保障措施

1. 北京市司法局律师管理部门和北京市律师协会成立专门机构，对建立区县律师协会过程中遇到的代表选举、章程起草、经费保障等问题及时给予指导协调

市局组织、人事、财务部门和各区县司法局，要及时和市、区县两级组织、编制、财政、社团管理等部门加强沟通协调，积极出台相关政策，为区县律师协会的工作提供政策支持和保障。

2. 试点先行、逐步推开，稳妥有序地推进建立区县律师协会工作

2009年度前选择1~2个符合条件的区县先行试点。其他符合条件的区县应积极做好制度准备、组织准备和人员准备等前期筹备工作，在总结和完善试点区县工作的基础上，按照统一部署于2010年初开始分期分批筹建本区县律师协会，在2010年全部组建完毕。其工作目标是：在现行律师管理和服务体制的基础之上，逐步在符合条件的区县建立区县律师协会，并以此为依托进一步建立和完善律师党组织，理顺律师党建工作组织体系。力争在两年的时间内，在北京市，尤其是律师比较集中的区县，建立和完善"两个层面、三条主线、条块结合、相互衔接"的律师管理和服务工作新格局。

3. 经费保障

为保证全市律师行业的统一，由市律师协会制定全市统一的会费标准并统一收取会费，区县律师协会不得再单独收取会费。市律师协会要按照费随事转的原则，根据区县律师协会承担的职能，向各区县律师协会转移支付会费。区县律师协会应制定会费管理和使用办法，会费的管理和使用应接受主管司法行政机关、市律师协会和区县律师协会会员的监督。

根据市、区律师协会的职能划分及区县律师协会承担的具体工作，市律师协会每年应将不低于会费总额的25%拨付给各区县律师协会。按照"基础运行费＋业务经费"的计算方式具体确定向各区县律师协会拨付会费数额（具体拨付办法另行制定）。

（四）积极稳妥有序地推进建立区县律师协会工作

依据《社会团体登记管理条例》的规定，具有50个以上的个人会员，经业务主管单位审查同意，可以成立社会团体。在北京市 18 个区县中，东城、西城、崇文、宣武、朝阳、海淀、丰台、石景山、房山、通州、顺义、昌平、大兴等 13 个区县已经具备设立条件，可以建立区县律师协会。由于宣武、崇文建制的撤销，全市共可建立 11 个区县律师协会。暂时不具备建立协会条件的区县，可以采取联席会、联谊会等有效形式，将辖区律师进一步组织起来，加强管理和服务。

1. 宣武区律师协会暨全国第一家区县律师协会成立

2009 年 10 月 27 日，在有关部门通力合作、认真筹备的基础上，北京市宣武区律师协会成立大会暨第一次律师代表大会胜利召开，成为北京市试点成立的第一家区（县）律师协会，也是全国第一家区县律师协会。李晓斌律师事务所李晓斌律师当选为宣武区律师协会会长。没有经验可借鉴，没有先例可参考，从成立到宣武建制的撤销，宣武律协领导班子以其扎实的工作作风，在摸索中前行，积累了不少有益的经验。

2. 各区县律师协会陆续成立

2010 年 1 月 10 日以后，各区县律师代表大会陆续召开。会议审议通过了区律师协会章程，选举产生了第一届区县律师协会理事会、监事会。

第八届北京律协理事吴晓刚律师当选为昌平区第一届律师协会会长。

第八届北京律协理事于君律师当选为丰台区第一届律师协会会长。

第八届北京律协代表刘晓波律师当选为顺义区第一届律师协会会长。

北京坤宇律师事务所肖焕坤律师当选为大兴区第一届律师协会会长。

北京太行律师事务所刘德诸律师当选为房山区第一届律师协会会长。

第八届北京律协理事左增信律师当选为通州区第一届律师协会会长。

北京方正律师事务所邵昊律师当选为石景山区第一届律师协会会长。

第八届北京律协代表于哮峰律师当选为东城区第一届律师协会会长。

第八届北京律协副会长张小炜律师当选为海淀区第一届律师协会会长。

第八届北京律协理事王立华律师当选为西城区第一届律师协会会长。

第八届北京律协代表赵曾海律师当选为朝阳区第一届律师协会会长。

3. 市律协、市司法局、各区县政府、区县司法局对区县律协的指导与大力支持

2010 年 7 月 1 日下午，北京律协与已成立的区县律师协会召开座谈会。市律协会长张学兵，副会长王隽、白涛、周塞军，秘书长李冰如，区县律师工作委员会主任韩德晶和宣武、昌平、丰台、顺义、通州、房山、大兴、崇文八家区县律师协会的会长、副会长、监事长和秘书长等40余人参加座谈。市司法局副局级领导、市律协党委常务副书记李公田、市司法局律管处处长萧骊珠应邀到会。会议由张学兵会长主持。会议首先由区县律协试点单位宣武律协会长李晓斌、昌平律协会长吴晓刚介绍了试点阶段的运行情况。丰台、崇文、通州、房山、大兴、顺义六区县协会的会长也分别介绍了本协会组建及工作启动的有关情况。之后，市律协各位副会长分别介绍了各自分管工作的具体内容。张学兵会长介绍了市律协工作的总体情况，并就各区县律协如何开展工作提出了几点建议：一是刚刚成立的八家区县律协应结合本区实际情况，按照市司法局《关于建立区县律师协会进一步完善我市律师管理和服务体制的工作意见》的要求，抓紧协会内部机构组建和秘书处的建设；二是抓紧建章立制工作，市律协有一套较为完善的规章体系，其中很多规则可以适用于区县律协，同时，市律协也正在抓紧制定区县律协相关工作规则的模板，为区县律协建章立制工作提供借鉴；三是在工作启动阶段，各区县律协的工作重点应放在密切联系辖区律师事务所和律师，组织开展丰富多彩的活动，增强凝聚力，宣传和表彰典型，扩大律师事务所和律师的影响等方面。张会长表示，市律协将与各区县律协保持密切的沟通与联系，为区县律协工作的开展提供切实的支持和帮助，共同承担起服务全市广大律师和律师事务所的责任。

李公田副书记就区县律师协会工作需要注意的几个问题与大家进行了坦诚的沟通与交流。

4. 区（县）律协受理投诉两级架构形成合力

为贯彻北京市司法局《关于建立区县律师协会进一步完善我市律师管理和服务体制的工作意见》，明确各区（县）律师协会在会员行业纪律处分、执业纠纷调处工作中的职权划分，北京市律师协会执业纪律与执业调处委员会制定了《关于区（县）律师协会纪处工作若干问题的指导意见》。根据该意见，区（县）律师协会将依据市律协的授权，负责对其辖区内律师和律师事务所投诉的受理、调查和提出初步处理意见；市律协则在区（县）律师协会初步处理意见的基础上，作出处分或结案的决定。两级律师协会在纪处工作上，既有明确的职权划分，又有紧密的衔接沟通。

五 北京实习律师管理办法出台

近年来，我国律师业发展势态良好，律师的数量和律师事务所的规模在不断扩大。但是对实习律师培训制度却重视不够，不少人认为只要通过了司法考试就万事大吉，就能顺利成为一名律师，对实习律师培训抱着走过场的态度。为了规范北京市申请律师执业人员的实习活动，提高执业律师的素质，北京市律师协会根据《中华人民共和国律师法》、《北京市律师协会章程》、中华全国律师协会近期修订的《申请律师执业人员实习管理规则》（以下简称《实习管理规则》）等规范性文件，于 2010 年 9 月 28 日第八届北京市律师协会理事会第九次会议审议通过了《北京市律师协会申请律师执业人员实习管理办法》（以下简称《北京市实习律师管理办法》），并于 2010 年 10 月 15 日发布。《北京市实习律师管理办法》的发布实施是北京市第一次以律师协会行业规范性文件的形式确定了实习律师培训制度，对完善律师职业准入，增强律师队伍的职业道德和执业纪律，促进律师业良性发展具有重要而深远的影响。

（一）《北京市实习律师管理办法》制定的相关背景

1. 《实习管理规则》的颁布实施

经过四年多的探索和实践，中华全国律师协会在总结《申请律师执业人员实习管理规则（试行）》实施以来实习管理工作成功经验的基础上，针对实习律师培训过程中新出现的问题，结合律师业发展的实际需要，并兼顾各地律师业发展不平衡的现状，遵循合法、合规、合理、可操作等原则，对该规则进行了修改并颁布了《实习管理规则》，这是实习律师培训制度的一次重大完善，修改后的规则进一步贯彻了《律师法》和《律师执业管理办法》的有关规定，着力解决实践工作中出现的问题，着重培养实习人员具有良好的政治素质和道德品行，规范实习行为，严格实习考核标准与考核程序。

2. 北京市律师协会对实习律师培训制度的积极探索

修订后的《律师法》和《律师执业管理办法》对律师协会履行组织管理实习活动、对实习人员进行考核的新职能提出了明确要求。北京市律师协会也对三年多的实习管理工作实践进行了总结，对各律所反映的问题进行了研究。在

《北京市实习律师管理办法》制定的过程中，北京市律师协会举办了律师事务所座谈会和实习律师座谈会，充分了解实习律师管理工作中存在的问题。在律师事务所座谈会中，参会的律所主任和行政主管对北京律协目前的实习律师管理工作给予了充分肯定和认可，对实习管理工作中存在的问题提出了各自的想法和建议，主要包括以下几方面的问题：一是建议对接收实习律师的律师事务所提高准入门槛；二是要加强律师事务所实习律师指导老师的管理责任力度；三是要求律师事务所应当为实习律师提供基本生活保障；四是律师事务所对实习律师要明确实习工作的办事流程；五是希望市律协为外地进京的高素质人才在京实习开通绿色通道。实习律师座谈会上，实习律师们普遍对市律协一个月的集中培训给予高度评价。他们认为，授课老师备课认真，从律师的执业操守到律师的实务操作，由浅入深，感觉受益匪浅，并希望增加实习律师去律所参观学习的机会。同时，在实习律师座谈会中，实习律师普遍反映的有关实习管理工作中存在的问题主要包含以下方面：律师事务所提供实务培训范围过窄；有的律师事务所实习律师的指导老师只是挂名；部分实习律师在律师事务所实习期间无报酬或仅有微薄补贴等。在《北京市实习律师管理办法》制定的过程中，北京市律师协会广泛征求了律师事务所和实习律师的建议，收集了各方意见，如建议对取得资格证的人员先组织集中培训，再到律所实习，使实习律师谨慎择业，加强职业选择的针对性；建议对实习律师管理规范的律师事务所和优秀指导老师给予表彰和奖励，鼓励律师培养新人；建议实习期满提交实习鉴定至面试考核通过期间延长实习证有效期；等等。

3. 原有的实习律师培训制度相关规范不完善

在中华全国律师协会制定的《申请律师执业人员实习管理规则》和北京市律师协会制定的《北京市实习律师管理办法》未颁布实施以前，对实习律师的管理，最早是依据1996年司法部颁布的《律师执业证管理办法》，该办法规定，申请领取律师执业证的人员应在一个律师事务所连续实习一年。律师事务所接受实习的，应向住所地司法行政机关备案。律师事务所应指派具有三年以上执业经历、政治思想好、业务素质较高的律师指导实习人员。实习人员辅助律师办理业务，不得单独执业。实习人员应当接受职业道德和执业纪律的培训；接受刑事辩护和民事、行政案件代理、非诉讼代理、法律咨询以及代书等业务方面的指导训练，并完成司法行政机关规定的业务量。司法行政机关应当对实习人员的实习活动进行检查。实习期满，律师事务所应对实习人员的思想道德、业务能力和工作态度作出鉴定。2004 年，全国律师协会制定的《律师事务所内部管理规则（试行）》从律师事务所的角度对实习律师的管理建立了相关规则，《律师事务所内部管理规则（试行）》第 19 条规定，律师事务所应当依法接受和管理实习人员学习，律师事务所不得指派实习人员单独办理律师业务。随着全国及各地律师协会和司法行政机关对律师行业准入制度、实习律师管理制度的探索的不断丰富和深入，2006 年 11 月 28 日中华全国律师协会制定并发布了《申请律师执业人员实习管理规则（试行）》，对申请律师执业人员实习的管理制定了专门的规则，明确了申请实习人员的条件、实习登记、实习内容、实习人员实习期间的管理等方面的内容，标志着实习律师培训制度的初步建立。

4. 实习律师培训制度在律师事务所层面落实不够

实践中，实习律师的实习培训制度并没有真正建立起来，多数的律师事务所实习培训效果有限。这种状况的形成，有着深刻的背景。首先，在法律服务市场竞争激烈的大环境下，律师事务所的业务量确实有限，律师事务所聘用律师时，不得不考虑律师的业务背景，而新律师的培养，既要投入精力和财力，又不能很快获得效益。其次，在目前的情况下，对实习律师的培训只能单纯依靠律师事务所自身的投入，而这种投入的回报是没有保障的。实践中，实习律师往往是实习期满或者期满后执业不多久就走人，因此，律师事务所的投入就有很大的风险。这也是现在许多律师事务所对付薪实习律师的培养方式慎之又慎的原因。再次，目前很多律师事务所根本就没有一套成熟完善的管理、发展体制，缺乏整体、长远的规划，更谈不上顾及实习律师的培训。总之，各种内外因素造成一些律师事务所只注重律所自身的发展而忽视了为整个行业培养新生力量的责任。

（二）《北京市实习律师管理办法》的主要内容

《北京市实习律师管理办法》共 7 章 48 条，除总则和附则外，主要对实习的申请条件和登记、集中培训、实务培训、面试考核以及实习监督等方面，在以全国律师协会《实习管理规则》为蓝本的基础上，对实习律师制度进行了较为全面的规定和完善。《北京市实习律师管理办法》主要是对以下几个方面进行了规范：

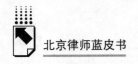
1. 重视培养实习人员良好的政治素质和职业道德素质

北京市律师协会根据律师是中国特色社会主义的法律工作者的定位，在该办法第3条明确规定，按照"政治坚定、法律精通、维护正义、恪守诚信"的培养目标和本办法的规定，组织管理申请律师执业人员的实习活动；第14条中也明确将社会主义法治理念、律师职业道德和执业规范作为对实习律师集中培训的重要内容；第23条规定，在实务训练中，对实习人员进行律师职业道德和执业纪律教育，是实习指导律师的首要职责，在实习结束时，实习指导律师应对实习人员的政治素质、道德品行、业务素质、遵守律师职业道德和实习纪律的情况出具考评意见。可见，《北京市实习律师管理办法》要求对实习律师的政治思想、业务技能和职业道德进行全方位的培训和教育，并且要把政治思想和职业道德教育放到突出地位。教育实习人员坚定不移地做中国特色社会主义的法律工作者、做经济社会又好又快发展的服务者、做当事人合法权益的维护者、做社会公平正义的保障者、做社会和谐稳定的促进者。

2. 落实全国律协《实习管理规则》，填补品行审查的空白

品行良好作为申请实习律师的前提条件，是律师协会对实习人员进行考察的重要方面。品行良好是遵守律师职业道德的基础，然而，在实际的审查中，如何对品行良好进行界定，却没有一个明确和统一的标准。全国律师协会在修订后的《实习管理规则》中根据律师行业发展和实践工作的需要，突破性、创造性地建立了律师行业准入的品行审查标准和工作机制。根据这些规定，北京市律师协会制定了《北京市实习律师管理办法》，将下列情形认定为不良品行：①因故意犯罪但依照刑法规定不需要判处刑罚或者免除刑罚，被人民检察院决定不起诉或者被人民法院免除刑罚的；②因违法、违纪行为被国家机关、事业单位辞退的；③因违法、违规行为被相关行业主管机关或者行业协会吊销职业资格或者执业证书的；④因涉及道德品行等违法行为被处以治安行政拘留或者采取强制性教育矫治措施的；⑤因弄虚作假、欺诈等失信行为被追究法律责任的；⑥有其他产生严重不良社会影响的行为的。曾有上述不良品行的，应当经过五年的品行考察期，期满后经律师协会组织的品行审核委员会审核，确有证据证明该申请实习人员的不良品行已经改正的，才能准予其实习登记。

3. 完善实习内容和实习要求

申请实习人员的实习期为一年，形式分为集中培训和实务训练。集中培训内

容包括社会主义法治理念、律师执业管理规定、律师职业道德和执业规范、律师实务知识和执业技能等。通过集中培训,申请律师执业人员应当熟悉律师职业道德的基本内容,确立良好的律师职业道德观念,自觉遵守律师执业规范,了解律师实务知识。实习人员的实务训练应达到的要求是在实习指导律师指导下参加接待当事人活动;在实习指导律师指导下参与诉讼、仲裁或者非诉法律事务代理工作;在实习指导律师指导下进行案卷整理归档工作。《北京市实习律师管理办法》对实习内容和要求的具体、明确规定,为一年的实习培训内容给出了明确的指引,是衡量律师培训是否符合实习内容、是否达到实习要求的重要标准。

4. 严格实习考核机制

经过三年多的实践摸索,北京市律师协会对实习考核工作积累了一定的经验,根据本地实习律师的培训状况,选择通过面试的方式对实习期满的申请执业的人员进行考核。自 2009 年 7 月 30 日第一次面试考核以来,截至 2010 年 7 月 31 日,共举办面试考核 37 期,有 1232 名申请律师执业人员参加了面试考核。其中,面试合格的有 1176 名,不合格作延期处理的有 56 名,约占总数的 4.55%。办法中具体规定了面试时间安排、考官组成、考核内容和标准、面试程序、面试结果的公示、复核等基本内容。面试的考核方式强调对实习人员的综合素质进行测评,另外,也有效防止了实习人员以弄虚作假等不正当手段通过考核。

5. 进一步健全实习管理模式

全国律协修订的《实习管理规则》,试图通过强化律师协会、律师事务所、实习指导律师的教育管理职责,逐步健全三者有机结合的实习管理模式。北京市律师协会十分认同这一管理模式,在《北京市实习律师管理办法》制定的过程中,一方面,为保证实习考核的权威性、严肃性和有效性,根据违法、违规行为的严重程度,对考核不合格的情形作了分情形的细化处理;另一方面,加强了对律师事务所、实习指导律师和实习人员的监督管理,要求律师事务所和实习指导律师切实履行职责,加强对实习人员的全面教育和管理,对违法、违规行为严肃处理。此外,《北京市实习律师管理办法》第 8 条规定,接收申请律师执业人员实习的律师事务所应当与实习人员签订劳动合同和《实习协议》。律师事务所必须与实习律师签订劳动合同为该办法的一大亮点。劳动合同的签订意味着律师事务所和实习律师之间建立了稳定的雇佣关系。一方面,强化了律师事务所对实习

律师的培训责任；另一方面，劳动合同也限制了实习律师的随意流动，确保了律师事务所的利益。由此可以有效弥补实习管理工作中的薄弱环节，规范实习秩序，保证实习质量，避免出现实习人员混日子、实习走过场的情形。

（三）《北京市实习律师管理办法》颁布的重大意义

建设一支高素质的律师队伍，要求必须从入门开始，保证进入律师队伍的人员政治、业务和职业道德素质合格。通过加强实习人员的教育、管理与考核，可以筛选符合条件的人员进入律师队伍，将品行不良的人拒之门外，从而实现律师队伍建设关口前移的目标，有效保证律师队伍的整体素质，促进律师事业持续、稳定、健康发展。因此，《北京市实习律师管理办法》的颁布具有以下几方面的重大意义：一是健全了律师行业准入制度。在一如既往地重视对实习人员业务素质的培养之外，更加重视对律师道德品行、政治素质、职业道德素质的教育，提高律师行业的准入门槛，明确"品行不良"的具体评价标准，杜绝品行不良的人进入律师队伍。二是严格实习考核标准与考核程序，强化了律师事务所和实习指导律师的教育管理职责。该办法要求各律师事务所对本所实习人员的实务训练制订切实可行的工作规划，督促实习指导律师切实履行职责，完善了律师队伍建设和管理的长效机制。三是加强了对实习律师实习活动的监督与考核。加强对申请律师执业人员实习活动的监督及考核，是健全律师行业准入管理工作的重要方面，是保障律师行业长期、稳定、健康发展的重要动力。

（四）反思及完善

北京市律师协会制定的《北京市实习律师管理办法》进一步完善了北京市实习律师培训制度，为各地律师协会开展实习律师培训管理工作起到了积极的示范作用。然而，我们必须清醒地认识到，一部法规的出台并不能解决实习律师培训制度中的所有问题。北京市律协应充分发挥其实习律师管理职能，进一步改进实习管理工作，如针对很多人盲目选择律师行业的问题，可以对准备申请实习、进入律师行业的人员开设"北京律师行业介绍"的课程，把工作延伸到申请实习之前；加大对律师事务所实习管理检查力度，重点从检查劳动关系的建立、社会保险的缴纳开始，严肃查处少数靠招揽实习人员牟利的律师事务所；等等。总之，律师协会实习组织管理工作的不断完善，可以充分发挥行业自律管理的优势，为我国律师事业发展提供源源不断的高素质人才，推动律师两结合管理体制和中国特色社会主义律师制度不断完善。

六　公益法律服务热线的开通与推广

（一）公益法律服务热线开通

为了更好地为社会提供法律服务，树立北京律师的公益形象，北京律协根据《北京市律师协会 2009 年工作计划》安排，于 2009 年 10 月 26 日正式成立公益法律咨询中心，开通运行公益法律服务热线。首批共有 40 家律所的 298 名执业律师加入公益法律咨询中心的免费法律工作中。《律师执业行为规范（试行）》第 12 条规定：律师应当关注、积极参加社会公益事业。这为公益法律服务热线提供了法律依据。而公益法律服务热线设立的直接依据则源自《北京市律师协会 2009 年工作计划》。其内容包括：设立北京公益律师服务热线，向电信部门申请开通免费热线电话，面向全市会员征集公益律师，组织公益律师服务团，并从会费拨出专门款项对公益律师给予经济补助。该内容既为公益法律服务热线的开通提供了人员基础——面向全市征集律师，又从物质上对公益律师给予经济补助。

北京律协公益法律咨询中心设在协会新址——东城区安定门外西滨河路 18 号院 5 号楼一层北门，由协会统一安排自愿报名并通过审核、选拔、培训的律师事务所轮流值班。接听热线电话和接待现场咨询的律师均为执业三年以上、品行良好、志愿服务社会的执业律师。咨询服务包括接听热线电话和接待群众来访。服务时间为周一至周五（国家法定节假日除外）上午 9：30～12：00，下午 1：30～5：00。北京律协公益法律咨询中心热线电话号码为：8008100789。

截至 2010 年 9 月 30 日，公益法律服务热线已经顺利开通 48 周，参与咨询的志愿律师累计已达 950 人次，其中女性律师 336 人次，共接听市民咨询电话 10422 个，接待来访 1735 人次。咨询对象不仅有本市市民，还包括外地市民，甚至外籍人士。前来现场咨询的人员主要是城镇居民，其次是外来务工人员和郊区农民。咨询的内容主要涉及民事和劳动人事方面的相关法律问题。问题主要集中在房屋拆迁、买卖以及承租所带来的法律纠纷，基于继承、婚姻产生的财产分割纠纷，由于医疗事故和交通事故引起的纠纷，以及劳动人事关系引起的法律纠纷等，几乎涵盖了市民日常生活的各个方面。

开通公益法律服务热线意义深远，作用显著。一方面，为志愿律师运用专业法律知识化解社会矛盾、促进社会和谐提供了渠道，为市民了解法律知识、理解律师工作、提高依法维权意识、推进社会的法治化进程提供了一个崭新的平台，得到了公众的普遍认同和肯定；另一方面，志愿律师在运用法律知识服务市民、回报社会的过程中增强其自身的社会责任感和使命感，对树立北京律师的良好形象、强化律师队伍建设发挥了应有的作用。热线开通至今，吸引了一大批热心公益活动的律师和律师事务所，赢得了公众的认可和好评，初步实现了工作设想。

笔者根据北京律协的有关资料，制作了公益法律服务热线运行情况表。从表1可以看出，截至2010年4月20日，接听咨询电话数为4450次。而截至2010年9月30日，接听咨询电话数达到10422次，增幅高达134%。从表2中可以看出，日均来电个数持续增长。可以得出结论：公益法律服务热线不但热度不减，而且有越来越热的趋势。

表1　公益法律服务热线运行情况及不同时期的对比（一）

运行期间	2009.10.26~2010.4.20(X)	2009.10.26~2010.9.30(Y)	Y/X
运行时间(周)	24	48	2
志愿律师人次	496	950	1.92
接听咨询电话数	4450	10422	2.34
接待来访人次	856	1735	2.03

说明：数据由北京市律师协会秘书处提供。

表2　公益法律服务热线运行情况及不同时期的对比（二）

起始日期	2009.10.26			
截止日期	2010.4.20	2010.5.29	2010.7.20	2010.9.30
运行时间(天)	176	215	267	339
接听咨询电话数	4450	5490	7310	10422
接待来访人次	856	1042	1348	1735
日均来电个数	25.3	25.5	27.4	30.7
日均来访人次	4.86	4.85	5.04	5.12

说明：（1）数据由北京市律师协会秘书处提供；（2）项目"运行时间（天）"包含节假日。

北京律协为公益咨询中心工作的顺利开展，提供了较为独立的咨询接待场所，以及必要的电话录音及电脑设备，并配备了必要的接待设施。2010 年 4 月 22 日下午，北京律协在四层第四会议室召开"公益法律咨询热线工作座谈会"。会长张学兵、副会长姜俊禄、宣传与联络委员会主任马慧娟、青年律师工作委员会主任董刚，以及 10 家公益法律咨询热线志愿律所的主任和志愿律师参加了座谈。与会领导为参会的 10 家志愿律所颁发了铜牌。张学兵会长指出，北京律协将从经费、机制、宣传和专业培训等方面提供有力保障，为大家解除后顾之忧，希望大家能一如既往地支持热线工作，用心、用热情、用专业技能更好地参与热线咨询，使热线越来越"热"、经久耐"热"。

（二）公益法律服务热线的闪亮推广

公益法律服务热线越来越热，这是与其宣传活动分不开的。为了扩大公益法律服务热线的作用，北京律协进行了大量的宣传活动。

公益法律服务热线与北京人民广播电台合作，从 5 月 1 日起在节目中插播公益广告。同《北京晚报》每周三的《法治周刊》合作，从 6 月起采用固定的活动标识和专题报道的形式，推出专栏宣传推广公益法律服务热线。与此同时，协会还设计印刷了公益法律服务热线宣传折页等，并在"首届北京市社会公益活动周"、"北京青少年社团文化节"等大型活动现场向市民发放 2000 余册，今后还将通过本市大型公益活动、为社区居民举办的"法律大讲堂"等活动过程中向市民发放。宣传折页在市司法局接待大厅、已经设立律师查询电子屏幕的基层法院，以及协会大厅放置，供市民取阅。在市司法局的统一协调下，北京律协还积极响应市民政局号召，将"北京律协公益法律咨询中心"作为独立项目成功申报参加了"社会组织服务民生行动"，并于 2010 年 7 月 12 日，作为社会组织公益服务的推介展示项目参加了北京市"政府购买社会组织公益服务项目推介展示暨资源配置大会"。

北京律协不断探索，力求通过各种媒介，加大"公益法律服务热线"宣传力度，特别是探索运用了公交候车亭灯箱广告以及公交车移动电视广告的形式进行宣传，使公益法律服务热线越来越热。这可以由运行情况表 2 看出：2010 年 5 月 29 日和 7 月 20 日两个节点处"日人均来电"显著增加，而这两个节点分别是公交候车亭灯箱广告和公交车移动电视广告投放的日子。

2010 年 5 月 29 日晚，以"用心倾听，用行动帮助您"为主题的 50 幅北京律协公益灯箱广告，在本市人流密集区域的公交候车亭内正式"上岗"，每天乘车上下班的市民，途经这些站点，都能看到北京律师协会公益热线 8008100789 的广告，感受到北京律师浓浓的爱心氛围。此次投放的 50 幅公益灯箱广告发布期为 5 月 29 日到 6 月 28 日、8 月 1 日~31 日和 10 月 1 日~31 日三个时段，主要采用非固定点位流动式，每周更换地点。为了有效传播北京律协公益热线，提高市民认知度，从而更好地开展公益法律服务工作，公益广告主要设置在人口稠密的居民区，以及人流密集的商业区等地较为显眼的公交站台内。公益灯箱广告历经七稿才最终确定，画面不仅包含公益法律服务热线相关信息，还力求融入北京律师关爱社会的公益之心。

图 1　公益热线广告实景

2010 年 7 月 20 日，在北京市万辆公交车的移动电视显示屏上，出现了以"北京律协公益法律热线"为内容的滚动字幕广告。此次公益广告具体发布的内容为"北京律协向市民免费推出法律服务热线 800 – 810 – 0789，由专业律师为市民解答法律疑惑，提供解决纠纷的意见、建议"。分 7 月 20 日到 8 月 16 日和 9

月 1 日到 10 月 5 日两个时段发布，与公交候车亭灯箱广告交叉进行。在本市 278 条公交线路、10000 辆公交车的 20000 块电视屏上，采用字幕形式以每日 60 次的频率滚动播出。这则广告以简练的语言，向每天乘坐公交车的市民提供北京律协公益法律服务热线信息，旨在利用"北京移动电视"受众面广、信息量大、传播速度快等特点，进一步扩大宣传北京律协公益热线的覆盖面，以便为更多的市民提供专业法律服务，在全市营造北京律师热心公益的浓厚氛围。

今后，北京律协还将继续通过多种媒介宣传公益法律服务热线，使更多的市民了解并记住这条热线，使之真正成为普通市民寻求法律帮助的快捷通道，为化解社会矛盾，推进社会法制化，构建和谐社会发挥积极作用。

图 2　公益热线广告夜景

（三）公益法律服务热线中的志愿律师

公益法律服务热线能够越来越热，这与广大志愿律师的无私服务是分不开的。参与公益法律服务的志愿律师投入了大量的热情和精力，经常从早上一直忙到中午，顾不上休息，不少律师甚至嗓子都哑了；咨询现场常常有老年市民前来，值班律师既要耐心细致地解答法律问题，还会经常不厌其烦地进行心理疏导。经过值班律师的不懈努力，"800 热线"的专业程度以及服务意识受到社会各界的肯定，咨询对象不仅有本市市民，还包括外地市民，甚至外籍人士。一位来自大连的陈先生在公益咨询中心的留言簿上留下这样一段话："我是来自大连的一位退休老兵，因有关知识产权方面的问题来此。咨询中心值班律师接待了我，听了我的讲述，同时阅读了相关材料之后，给了我非常详细、耐心的法律方面的知识讲述，我是第一次从一位公益方面的律师那里了解到如此清晰的法律知识，更让我心悦诚服的是律师对法律的认真，我真诚感谢！"公益法律服务中心的志愿律师以其专业的业务知识和良好的服务态度赢得了咨询者的广泛好评，有利于整个律师群体社会形象的提升，也使广大志愿律师获得了自我实现。

（四）公益法律服务热线未来展望

公益法律服务中心的法律咨询活动能够顺利开展，是北京律协和志愿律师共同努力的结果。为了进一步发挥公益法律服务热线的作用，北京律协将和志愿律师一道再接再厉，努力使热线越来越"热"、经久耐"热"。

北京律协应从经费、机制、宣传和专业培训等方面提供有力保障，解除广大志愿律师的后顾之忧。《北京市律师协会 2009 年工作计划》中写道，从会费拨出专门款项对公益律师给予经济补助。北京律协在积极落实相关经费的同时，还会积极支持公益法律咨询中心硬件设施的建设。北京律协在不断探索运用各种媒介宣传"公益法律服务热线"的过程中，进行了许多有益尝试，积累了丰富的经验，使公益法律服务热线越来越热。在以后的日子里，北京律协还会一如既往，加大对"公益法律服务热线"的宣传力度，创新宣传途径，使其成为普通市民寻求法律帮助的快捷通道，为化解社会矛盾，推进社会法制化，构建和谐社会发挥积极作用。

提高律师服务社会的热情和积极性。广大志愿律师应当一如既往地支持热线工作，用心、用热情、用专业技能更好地参与热线咨询。同时，也应对广大志愿律师提供经济补助和精神鼓励。北京律协可以将参加公益法律服务的相关情况作为一项绩效考核内容，定期对律师和律所进行评估，表彰优秀律师和先进律所，提高律师的社会责任感和参与公益服务的积极性。

进一步扩展、延伸热线的服务内容。公益法律咨询中心运行至今，咨询的内容主要涉及民事和劳动人事方面的相关法律问题。问题主要集中在房屋拆迁、买卖以及承租所带来的法律纠纷，基于继承、婚姻产生的财产分割纠纷，由于医疗事故和交通事故引起的纠纷，以及劳动人事关系引起的法律纠纷等。公益法律咨询中心应当积极探索，进一步扩展、延伸热线的服务内容，在解决咨询者法律问题的同时，还应积极利用自身的法律特长，努力化解相关矛盾，降低司法成本，维护社会稳定。上海市积极探索新机制，通过"法律服务进社区"、"化解矛盾在社区"等方式，让广大律师主动走进社区，从源头上化解矛盾纠纷。他山之石，可以攻玉，应当充分发挥公益法律咨询中心的作用，使律师的专业法律知识能够为化解社会矛盾、促进社会和谐发挥力量。

七 北京律师行业党的建设工作受到表彰

2009 年以来，北京市律师行业党组织和广大共产党员在司法部和市委的领导下，认真学习贯彻党的十七大和十七届四中全会精神，深入贯彻落实科学发展观，广泛参与社会建设，充分发挥基层党组织的战斗堡垒作用和共产党员的先锋模范作用，在化解社会矛盾、参与政府信访接待、开展法制宣传、实施法律援助、提供法律保障等工作中作出了突出贡献。为宣扬典型、表彰先进，经各律师事务所酝酿自荐、各区县司法局推荐和市律师协会党委考察以及网上公示，2010年 6 月，市司法局党委研究决定，授予 29 个律师事务所党支部和 50 名律师党员为 2009 ~ 2010 年度北京市律师行业"五好党支部"和"优秀律师党员"称号，予以通报表彰。

（一）北京律师行业的党建现状

1. 形成了比较完善的管理体系，为党建工作开展提供了强有力的组织保障

为适应律师行业和律师队伍的发展变化，按照司法部和市委的总体部署，北京市司法局积极探索建立科学规范、权责一致、运转高效、充满活力的律师行业党建组织体系。1995 年，中共北京市司法局律师总支委员会成立。在此基础上，2001 年 12 月，市司法局党委推动建立了北京市律师协会党委，律师行业党的组织体系建设开始启动。2005 年，伴随律师管理体制机制改革，律师事务所党支部和律师党员转由所在区县司法局党组织管理，条块结合的管理模式初步形成。

由于区县没有律师协会，"两结合"的律师管理体系不能落实，进而影响党组织机构设立的问题，2010年北京市司法局大力探索在条件成熟的13个区县建立区县层面的律师协会和协会党组织，具体负责本区县律师行业管理和党建工作。在理顺行业管理体制的基础上，明确和落实各级党建工作责任，从而逐步构建起市司法局党委统一领导、区县司法局党组织直接领导、区县律师协会建立党委（总支）、党支部建在律师事务所的全新的党建工作体制。

2. 通过规范组织关系接转工作，加强了对党员律师的管理，强化其身份意识和组织观念

针对律师行业党员比例大、流动变化快的特点，北京市司法局积极落实市委"集中治理＋长效机制"的工作思路，于2008年底在全市范围集中时间、集中力量，开展律师党员接转组织关系专项工作，逐人逐所登记信息，仅用4个月的时间就使全市99.26%的律师党员组织关系落户区县司法局，并随即被编入事务所党支部或组建新的党支部。接转工作完成时，律师事务所党支部由305个增加到421个，增长38%。

3. 创新支部建设模式，实现了"组织全覆盖"

针对不同类型的律师事务所，北京市司法局党委创新党建工作覆盖模式，在以下三方面作了积极的探索：一是依托司法所建立地区党支部模式，整合司法行政内部资源，由区县街道司法所牵头成立地区党支部，司法所长任党支部书记，将行政区域内的零散律师党员统一纳入组织管理，同时负责对党员的教育和律师事务所党员发展工作。二是依托大所建立联合党支部模式，按照就近原则，由规模较大的律师事务所牵头成立联合党支部，把附近小型律所的零散党员组织起来。三是依托区县司法局派驻党建联络员模式，区县司法局选派科级以上党员干部和司法所党员，到没有党员或党员少、建立党组织有困难的律师事务所担任党建联络员，指导开展党的工作，积极创造条件促进成立律师党支部。截至2010年8月10日，北京市1355个律师事务所中，已建独立党组织380个（党委1个、党总支6个、独立党支部373个）、联合党支部68个（覆盖630个律师事务所），对无党员的345个律师事务所，已全部派出党建工作联络员开展党建工作，实现了"组织全覆盖"的工作目标。为使党建工作联络员切实发挥作用，北京市司法局实施了"党建工作联络员公示"制度，职责上墙，责任到人，以定期检查、抽查《党建工作联络员工作手册》等方式督促联络工作有效开展。

（二）律师行业党建的成效

1. 有助于社会公益的实现，提高了律师的社会地位

花园路街道联合党支部大力开展社区公益服务。2009 年花园路地区属地律师积极参与"社区法律援吧"值班，义务为社区居民提供法律咨询，共接待当事人 600 余人次，发放法律援助宣传材料 1000 余份，为当事人解答法律问题 1000 余件，引导社区居民尤其是老、幼、残、妇女、农民工等依法维权，最大限度地维护了地区的和谐稳定。另外，还积极参与了辖区 36 个社区法律服务室的工作，促进法律服务室规范化建设，充实了人民调解组织力量，与调解员共同开展了集人民调解、法律服务、法制宣传、法律援助、社区矫正和帮教安置为一体的综合性工作，取得了良好的社会效益。

君泰律师事务所党支部在学习实践科学发展观过程中开展了捐资助学活动。律所多名党员律师积极投身捐资助学活动，为内蒙古呼伦贝尔市、阿拉善盟以及三峡库区等近 30 名贫困少数民族高中生开展"一对一"助学活动，为其提供学费及生活费，帮助他们完成学业；在西北政法大学设立了"君泰"奖学金，鼓励优秀的政法学子打好法学教育基础。

恒源联合党支部参与消费维权绿色通道建设。2010 年 3 月 12 日，丰台区消费安全生态圈暨"丰台彩虹"消费维权服务队成立。3 月 14 日，法律服务队以党员律师为骨干，冒雪举办了第一场"消费与服务——消费者法律支持咨询服务活动"。律师们不顾恶劣天气的影响，耐心细致地为前来咨询的消费者解答相关问题。大约有 500 余人现场咨询各种消费领域的法律问题，免费发放消费者维权知识手册 1000 余本和法律服务联系卡 1000 余张。本次活动受到了消费者的肯定和好评，取得了很好的社会效果。

北京律协党委办公室负责人指出，自律师行业深入学习实践科学发展观活动开展以来，党支部认真查找问题，进一步加大了社会公益活动的力度和范围，很多党员律师都由过去听从律所安排变为积极主动参与各类社会公益活动。据统计，2009 年首都律师办理法律援助业务 10398 件，开展法律服务进社区、进乡村活动 4000 多次，120 余家律师事务所 900 多名律师参加了农村法律服务。律师参加社会公益，一方面肩负起了社会责任，另一方面还改善了自己的社会形象，律师行业得到了老百姓的尊重和认可。

2. 有助于律所科学管理，促进了律所业务的开展

目前北京绝大多数的律师事务所都是合伙制，每个合伙人都可能基于自己的立场对律所整体的经营发展提出不同的看法，如果难以通过有效的机制将合伙人的个人观点形成集体意志，必将影响到律所的健康发展。而党建工作恰恰是这样一种有效的机制，通过党组织从上层统一思想，从党员思想的统一逐步形成统一意志。大成、中伦等一批律师事务所率先实现了党支部书记和高级合伙人在敏感、重大问题上，先在党支部和管委会中统一思想，再形成相应决策和制度的工作局面。中同律师事务所以党的会议带动合伙人会议，重大决策先在支委会上酝酿形成议案后，再提交合伙人会议讨论出台，形成政治领导核心与合伙人行政业务决策高度一致的工作机制。这些措施有利于发挥党组织的政治引领作用，使律所各项事务能够得到科学决策。

在党建开展过程中，由司法所牵头的联合党支部，发挥司法所近距离服务的优势以及地缘优势，把零散的党员组织起来，协调利用社会资源为党员活动提供资金、场地，丰富组织生活内容。据最新律师事务所年检报告显示，海淀区花园路街道自搭建党建工作大平台以来，90%的律师事务所2009年整体收入比2008年有了进一步提高。而在律所内部层面上，律所党支部能够凝聚人心，为律所发展提供强大的推动力。德恒律师事务所党支部工作到位，在为农行 A + H 股上市提供法律服务中，支部书记有意识地派出大批律师党员工作在第一线，饿了吃方便面、困了睡行军床，连续奋战，确保农行成功上市。党员在关键时刻的表率作用感染和触动了全所律师，在服务国家经济建设的同时极大地促进了事务所的自身建设，推动了律所业务又好又快的发展。

3. 有助于司法局和律协进行引导监督，促进律师行业发展

通过规范组织关系接转工作，加强了对党员律师的管理，强化其身份意识和组织观念。市司法局党委制定并下发了《关于在律师管理中做好律师党员组织关系接转工作的通知》，将律师党员流动管理与执业律师的调动管理相结合，将实习、执业、调动、年度考核各个环节全程衔接，确保律师党员跨省市、跨区县、跨行业流动不掉队，努力实现律师党员管理工作常态化。组织关系接转工作强化了党员的身份意识，党员律师普遍有找到组织、找到家的感觉，缴纳党费、开展活动更积极主动。

在各区县实现党员全覆盖主要通过以下四种途径：一是做好律师行业党员发

展工作，按照发展党员的工作要求，重点扶持和培育业务骨干律师加入党组织。据统计，1995～2008 年的 10 余年间，全市律师行业总共发展党员 40 余名（包括行政辅助人员），而 2010 年全市列入发展计划的律师党员就达 50 名，超过了以往 10 余年的总和。2010 年上半年已发展新党员 37 名，党的后备队伍正在不断扩大。二是司法所与无党员律师事务所结对子，通过司法所党组织的力量开展发展党员工作。2009 年 6 月，北京市安定门街道司法所与律师所联合组成了党支部。联合党支部由京昌律师事务所、中地律师事务所和安定门街道司法所党员组成，共有正式党员 12 名，街道司法所所长李英明担任联合党支部书记。经过半年多的发展，联合党支部已接转党员组织关系两人，接收入党积极分子入党申请书 3 封，将辖区内党员律师全部纳入管理，队伍不断壮大。三是大所带小所，即安排组织机构健全、活动开展好的较大规模的律师事务所与无党员律师事务所结对子，并以这种方式促进党员合理流动。如丰台区常鸿律师事务所发挥自身规模优势，牵头成立了恒源律师联合党支部，为党支部活动提供场地、保障经费，设立了党员活动室，购置了活动专用商务车，添置了投影仪等办公用品，解决了附近小规模事务所党员分散、组织难、活动难的问题。四是区县司法局党组织根据党建工作的需要，在本区域内合理引导、调剂党员律师到无党员律师事务所执业。

（三）影响和制约律师行业党建的主要问题

1. 新社会组织党员发展配套政策规定尚未完善

新社会组织党员发展配套政策规定尚未完善且可供借鉴参考的成熟经验不多，诸如发展指标、发展年限等操作层面的问题严重制约了基层党员队伍的发展进度。如海淀区受发展指标制约，一直未发展党员。2010 年在区委组织部安排下，特批在机关发展计划之外以行业名义单独上报发展计划，党员发展情况有所好转。

2. 对年轻律师培养、发展工作的力度不够

年轻律师的入党积极性不高，目前年轻的律师党员绝大部分是在院校在读期间完成的发展工作。入党积极分子的教育培训工作跟不上形势发展的需要，特别是不能结合律师行业的特点和实际开设培训课程。绝大多数区县的律师入党积极分子的培训工作依托区直机关工委开办的每年一至两期的入党积极分子培训

班，且必须经过 40 课时的集中培训教育时间。而律师执业的流动性很难保证集中时间的培训，有不少发展对象不得不放弃培训，直接影响了党员发展工作进度。

3. 以往的党建工作没有与律师和律师事务所的业务发展紧密结合起来

加强党的建设对广大律师包括党员律师来说在增加时间成本后，对自身的业务发展起不到帮助和促进作用，因此重经济效益而忽视党建工作的现象较为普遍。

4. 律师执业的相对独立性影响了党员发展工作的质量

律师执业的独立性较强，一般是独来独往的"自由人"，有的与律师事务所只是挂靠关系，管理相对松散，律师事务所对律师的了解不多，无法进行组织考察与培养。有的负责发展工作的组织委员不能固定，有的小所因党员流动造成支部名存实亡，对入党积极分子的培养难免流于形式。实际工作中，不少党支部在发展党员工作中存在着培养时间过短、培养联系人缺乏跟踪考察、因律师转所而中断培养、发展材料不全和程序混乱等现象；少数支部存在标准不高、把关不严的问题，影响了党员发展工作的质量。

5. 尚未解决专职党务工作力量不足的问题

从已成立协会的区县看，党委（总支）书记一般由主管副局长担任，秘书长大多由公律科长担任，他们自身已承担了大量的行政管理工作，再兼顾律师党建则显得力不从心。目前在全市范围内推行的司法所联系律师事务所制度，在司法所九项职能之外又增加了专业性很强的党务工作，这只是权宜之计，如果长期没有专人负责，势必影响党建工作的长远发展。

（四）进一步加强律师行业党建工作

1. 创新律师行业管理与服务，着力解决制约律师行业发展的瓶颈问题

除积极与市编办沟通，努力健全市、区两级律师行政管理机构、加强管理力量外，还需要起草相关制度和规范性文件，明确律师发展方向，优化律师执业环境，合理调控律师队伍的规模和区域布局，为全面统筹律师工作奠定基础。同时，继续抓好三项重点工作的落实。一是要全面理顺党建工作管理体制，实现律师党建的行业管理；二是选好配强律师事务所党支部书记，实现支部书记 100% 由事务所主任或主要合伙人担任；三是进一步强化党建工作联络员制度，借助地区司法所的力量，最大限度地消除"空白所"，实现律师党员全覆盖目标。

2. 发挥律师党支部的作用，加强对入党积极分子的培养考察工作

加大党支部书记、组织委员以及党务工作者培训力度，提高从事党员发展工作有关人员的专业水平，掌握党员发展培养考察程序，保证律师党员发展工作不走样不变形。不断完善各项制度，如党员联系入党积极分子、入党积极分子培养教育、入党积极分子培训制度等党员发展工作制度。认真执行党建工作与业务工作同时规划、同时建设、同时考核、同时奖惩，切忌为了追求发展速度和数量而忽视质量。在培训形式上，建议加大信息化建设力度，针对律师的行业特点，利用网络资源开展在线学习，探索信息化党建新机制；结合时事政治宣传，组织网上党课，网上发布教育提纲和讨论课题。建立入党积极分子信息化管理数据库，及时掌握各律师党支部入党积极分子的基本情况，建立电子档案。

3. 以党建促所建，加强"两所"联系，发挥律师专业优势，为促进经济平稳较快发展提供优质、高效的法律服务

要以创新的精神加强对"两所"联系工作和党建联络员工作的组织领导。第一，要进一步规范司法所联系律师事务所工作制度，加强制度设计，使此项工作质量更高，工作更扎实，效果更明显。一是司法所联系沟通律师事务所工作要做到四清楚，即对辖区的律师事务所基本情况清楚、业务发展和党建工作情况清楚、存在的突出问题清楚、阶段性的工作目标清楚。二是要做到领导上墙、联系人上墙、联系制度上墙，使制度更加规范、透明。第二，要加强律师事务所党建工作。区县司法局要坚定不移地抓好律师事务所党建工作，要根据律师事务所和律师的特点抓好律师党建工作。律师事务所党支部要加强党建工作，积极吸收优秀律师加入党的组织，努力提高律师党员的业务能力。第三，司法所要为辖区律师事务所发展积极搭建平台，为律师事务所的业务发展提供支持和帮助，使律师事务所和司法所联系更加紧密，工作相辅相成。

4. 进一步健全完善律师事务所内部管理制度，监督、指导律师依法执业

强化律师事务所主任、合伙人的管理责任，切实解决部分律师事务所发展后劲不足、规章制度不完善、监督管理不到位与部分律师执业理念不端正、服务作风不扎实的问题，确保律师在执业过程中不发生有损社会主义建设大局、有损人民根本利益、有损社会和谐稳定的行为。

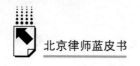
八 律师服务收费管理办法颁布

2010 年 5 月 30 日，北京市发展和改革委员会、北京市司法局根据国家发展改革委、司法部《关于印发〈律师服务收费管理办法〉的通知》（发改价格［2006］611 号）的有关规定，经市政府批准，将《北京市律师诉讼代理服务收费政府指导价标准（试行）》、《北京市律师服务收费管理实施办法（试行）》予以颁布并试行（以下简称"《标准》"和"《办法》"）。《标准》和《办法》的出台，使得律师服务收费问题再度成为人们关注的焦点，并在社会上引起了强烈的反响。

（一）北京市律师服务收费《办法》和《标准》颁布的背景

律师服务收费问题历来是律师制度研究的重要课题，律师收费"对于诉讼的进程，委托人诉诸司法制度的能力均有影响，因此，律师收费不仅体现了委托人与律师关系中的经济因素，还体现了律师和司法制度之间的关系"。[①] 由于律师职业的特殊性，律师收费涉及行业利益、公众利益和社会利益三者之间的关系，如何寻求三者之间的平衡应作为一个不可小视的社会问题加以研究。

中国律师服务收费制度发展至今已经经过了几次大的修整，其中相关的文件主要有：1956 年司法部颁布的《律师收费暂行法》，1981 年司法部、财政部颁布的《律师收费试行办法》，1990 年司法部、财政部、国家物价局颁布的《律师业务试行收费办法》，1997 年国家计划委员会、司法部颁布的《律师服务收费管理暂行办法》，以及 2006 年国家发展与改革委员会、司法部颁布的《律师服务收费管理办法》。从整体上讲，每一次律师收费制度的改革都是顺应时代的变化和社会的需求而进行的调整，其中 2006 年的《律师服务收费管理办法》确定了律师收费实行政府指导价和市场调节价，第 6 条明确规定政府指导价的基准价和浮动幅度由各省、自治区、直辖市人民政府价格主管部门会同同级司法行政部门制定。基于此，从 2006 年开始各地方政府均着手制定相应的律师收费标准细则，但有些经授权的地方司法行政部门基于本地的现实情况和困难没有立即出台具体的"收费标准"，而且也有相当一部分地区制定的律师收费标准不符合实际情况而最终"难产"。

---

① 王进喜：《美国律师职业行为规则理论与实践》，中国人民公安大学出版社，2005，第 40 页。

北京市司法局和北京市发改委一直在共同酝酿具体的律师收费标准，北京市司法局在制定标准之前，还委托了两家会计事务所对全市 50 家以诉讼为主的律师事务所 2005 年所有的诉讼案件个案收费情况进行了详细调研，为北京市的《办法》和《标准》的制定，做了充分的准备工作。

（二）《办法》和《标准》的主要内容及其法律依据

《办法》规定，律师服务收费实行政府指导价和市场调节价相结合的原则。对于非诉讼法律服务实行市场调节价，由律师事务所与委托人协商确定收费标准。而对民事诉讼、行政诉讼、国家赔偿、刑事诉讼等案件以及各类诉讼案件的申诉，律师事务所提供法律服务将实行政府指导价，而且对于律师服务收费方式、律师服务收费合同、律师服务收费管理和相应的法律责任加以规定。

《标准》则详细规定了律师承办各类诉讼案件的具体收费标准和最高限额。民事案件按照审判阶段，以每件 3000～10000 元的标准收费，或以标的额的 2%～10% 的比例收费，还可以实行风险代理收费，但最高收费金额不得高于与委托人约定的财产利益的 30%。刑事案件收费按照各办案阶段分别计件确定收费标准。行政诉讼案件和国家赔偿案件以每个审判阶段计件确定收费标准，计件收费标准为每件 3000～10000 元。对于法律关系复杂、律师办案时间明显多于同类的案件、涉及疑难专业问题、对律师专业水平要求明显高于同类的案件，重大涉外案件及有重大社会影响的案件，经律师事务所与委托人协商一致，按照不高于规定收费标准的 5 倍收费。

《标准》和《办法》的法律依据何在呢？《北京市律师服务收费管理实施办法（试行）》第 1 条规定：“依据《中华人民共和国价格法》、《中华人民共和国律师法》和国家发展改革委、司法部《律师服务收费管理办法》等有关法律、法规和规章，结合本市实际情况，制定本办法。”《价格法》第 18 条规定，对于“重要的公益性服务价格”，“政府在必要时可以实行政府指导价或者政府定价”。显然，“律师诉讼代理服务”被当做“重要的公益性服务”看待。对此，中国政法大学律师学研究中心主任王进喜教授认为，律师服务是可以归类于“公益性服务”的，因为律师收费制度不仅体现了律师和委托人的关系，还体现了律师同司法制度、司法利益的关系。“就后者而言，律师收费决定了委托人诉诸司法的可能性，并对司法效率及社会关于司法制度公平性的整体观念有影响。此外，律师收费制度与法律援助制度、诉讼保险制度等一起，共同构筑了保障公民诉诸司法能力的制度框架。因此，考察律师收费问题是有一定的公共政策基础的，公共利益是一个重要的维度。"①

《律师法》的相关规定，为"律师收费实行政府指导价"提供了更为明确的法律依据。该法第59条规定："律师收费办法，由国务院价格主管部门会同国务院司法行政部门制定。"而《律师服务收费管理办法》第6条的规定，则明确把"政府指导价的基准价和浮动幅度"的定价权，授予了"各省、自治区、直辖市人民政府价格主管部门"及"同级司法行政部门"。可见，律师收费实行政府指导价是有明确法律依据的，北京市的收费标准和收费管理办法在合法性上没有疑义。②

（三）律师服务收费办法的配套措施

为了保障《办法》和《标准》的及时顺利实施，北京市律师协会制定了《北京市律师服务收费合同必备条款（示范文本）》及《北京市律师事务所计时收费指引》，并开展了一系列的活动。2010年5月14日，北京市律协召开《北京市律师事务所计时收费规则》研讨会，王隽副会长、律师事务所管理指导委员会付朝晖主任、外事委员会王卫东主任、协会秘书长李冰如、副秘书长王笑娟参加研讨，市司法局律管处萧骊珠处长应邀到会。与会人员讨论了北京市律师事务所计时收费所涉及的范围、收费标准、计时收费清单等，并对《北京市律师服务收费合同必备条款（示范文本）》草案进行了修订。6月10日，律协召开《北京市律师事务所计时收费规则》征求意见座谈会，白涛副会长主持会议，涉及计时收费的律师事务所的部分律师代表也参加了座谈。6月18日，协会纪律处分委员会裁判委员会召开工作会议，会议由王隽副会长主持，9名裁判委员会委员、行业纪律部主任张翠珍参加会议，市司法局律管处惩戒科科长朱玉柱应邀参会，会议针对《北京市律师服务收费管理实施办法（试行）》中关于律师服务费争议调解的有关规定，根据中华全国律师协会《律师协会律师服务收费争议调解规则（试行）》，研究形成了北京律协的实施意见。

律协颁布的合同示范文本涵盖了律师服务收费的方式、依据、标准、数额、交

---

① 转自《律师收费是否需要"指导"?》，2010年5月19日正义网－检察日报，参见 http：//news. jcrb. com/jxsw/201005/t20100516_ 356668. html，最后访问时间：2010年10月14日。
② 转自《律师收费是否需要"指导"?》，2010年5月19日正义网－检察日报，参见 http：//news. jcrb. com/jxsw/201005/t20100516_ 356668. html，最后访问时间：2010年10月14日。

付时间、争议解决方式等。在收费方式上，规定了计件收费、按标的额比例收费、计时收费、风险代理收费等收费方式，经双方协商还可以合并采取两种以上收费方式。每种收费方式都要单独列项，载明收费标准及最终计算数额。计时收费方式精确到以 6 分钟为最小计费单位，收费的依据则要充分考虑耗费的工作时间、法律事务的难易程度、委托人的承受能力、律师可能承担的风险和责任以及律师的社会信誉和工作水平。这些因素都是律师收费可以在指导价基础上上浮的决定条件。[①]

此外，对于在律师服务费之外的诉讼费、仲裁费、鉴定费、检验费、评估费、公证费等委托人需另行支付的费用以及律师办案的差旅费的支付方式也都明确进行了约定。示范文本还规定，如果双方就律师费及相关费用的收取发生争议，应当友好协商解决，协商不成的，可以提请北京市律师协会调解处理，也可以申请仲裁或向人民法院提起诉讼。[②]

九　普降会费，惠及会员

2010 年 4 月 12 日，修订后的《北京市律师协会会费管理办法》公布实施。根据该管理办法，专职律师个人会费每人每年由 2500 元降到 2000 元；新入行律师首年免会费，次年会费减半；70 岁以上的老律师免收会费；公职律师免交个人会费；远郊区县合伙律师事务所及外省市律师事务所驻京分所，团体会费减半；个人律师事务所免交团体会费。这意味着，自 2010 年起北京律师的会费将全面下调，惠及广大会员。

（一）事件回顾

1. 缘起

（1）2000 年审议通过的《北京市律师协会会费管理办法（试行）》实施近

---

① 孙莹：《律师收费出合同示范文本　计时"精确"到 6 分钟》，《北京晚报》，参见 http: // www. chinadaily. com. cn/dfpd/beijing/2010 - 06 - 03/content_ 409276. html，最后访问时间：2010 年 10 月 14 日。

② 孙莹：《律师收费出合同示范文本　计时"精确"到 6 分钟》，《北京晚报》，参见 http: // www. chinadaily. com. cn/dfpd/beijing/2010 - 06 - 03/content_ 409276. html，最后访问时间：2010 年 10 月 14 日。

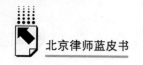

十年来，北京律师人数由几千人发展到2.1万余人，协会新办公楼的贷款已于2009年全部还清，律师协会的财务状况明显改善。

（2）一些会员提出了降低会费的建议。

（3）刚刚进入北京律师行业的青年律师面临的困难引起了协会的重视。

2. 前期调研论证

为了科学合理地收取和使用会费，自2009年下半年以来，北京律协做了大量的调研工作，召开了多次论证会和座谈会，听取了来自18个区县不同规模律师事务所和不同年龄段、不同执业年限的律师，以及部分律师事务所主任和行政主管等百余人的意见，征求了协会律师代表、理事、监事的意见；北京律协还收集了全国律协收缴会费排名前16位的省市律协的会费标准。经过比较、研究、总结，几易其稿，最终确定了新的会费标准调整方案。

3. 会议讨论表决

2010年3月31日，第八届北京市律师协会理事会第七次会议在北京稻香·湖景酒店举行，会议由会长张学兵主持。会上，周塞军副会长就《北京市律师协会会费管理办法（试行）》的修订情况进行了说明，与会理事就《北京市律师协会会费管理办法（试行）》（修订草案）进行了讨论，并就新执业律师会费减免的时间计算问题提出了修改意见和建议。

会议议定，在新执业律师会费减免的时间计算问题上，在新执业律师连续执业的前提下，首个执业年度免收个人会费，第二个执业年度减半收取个人会费。经表决，与会理事全票通过了《关于提请律师代表大会审议〈北京市律师协会会费管理办法〉（修订草案）》。

2010年4月9日，第八届北京市律师代表大会第三次会议在北京稻香·湖景酒店召开，会长张学兵主持会议。会上周塞军副会长作了关于《北京市律师协会会费管理办法（试行）》修订草案的说明，经理事会第七次会议通过议案，决定提请八届三次代表大会予以审议。与会代表分成了6个小组，就会费管理办法修订草案等六个问题进行了热烈的讨论，并提出了许多富有建设性的意见和建议。

与会代表对会费管理办法修订草案进行了表决。经表决，同意182人，不同意1人，弃权1人，根据《北京市律师协会章程》第22条第2款的规定，《北京市律师协会会费管理办法（试行）》（修订草案）获得通过。

（二）律师情况反馈

此次会费调整受到了广大会员的普遍欢迎，如北京市融商律师事务所执业 9 年的马里律师表示："新的会费管理办法反映了广大会员的意愿，是有生命力的，是经得起历史检验的。"

作为"老律师免收会费"的受益者，已年届 70 岁的原中华全国律师协会会长高宗泽律师表示："照顾年过古稀之人是一种社会道德，北京律协想到了，也做了，免收会费是一项实实在在的举措。"他号召仍在执业的老律师们："在我们享受会员权利之时，应想到所有七十岁以下的执业律师们，并尽我们的所能为北京乃至中国律师业的发展做点有益的事。"

本次会费调整最大的亮点——对青年律师的会费减免措施受到了会员们的高度赞扬。如北京市天依律师事务所执业 3 年的王勇律师表示："会费调整的举措对实习期满首次申请执业的律师，其积极意义尤为显著：实习律师经过一年实习期，各方面素质虽然得到一定锻炼和提高，但独立承办案件的能力至少还需一到三年的历练和磨难才能基本具备和完善。这期间，新执业律师在办案质量、案源开拓能力等方面都有局限性。对他们而言生存是第一位的，北京律协的会费减免措施适时出台，遵循了律师成长的规律，体现了对新执业律师成长、发展的关怀，将有助于缓解律师执业之初的生存困惑感，在一定程度上减少过度、恶性竞争，对北京律师行业的健康发展有积极的促进作用。"

新会费管理办法实施后第一位享受免收会费待遇的新执业律师——罗剑兴奋地说："北京市律师协会减免会费的方式体现了行业对我们这些新执业律师的关心和爱护。作为新执业律师，我们也将不辜负行业和社会对我们的期望，努力提升自己的业务素质和职业道德修养，为振兴整个律师行业尽自己的一份力量。"

在对会费调整表示赞赏的同时，部分律师也表示对会费的使用方式十分关心。马里律师建议北京市律师协会加强宣传力度，使更广大的律师会员了解到，会费都是用在了"维护律师合法权益，使大多数律师受益"等方面。

北京市亿达律师事务所达锋涛律师认为会费标准是否合理，关键在于会费的使用方式是否合理。达锋涛律师建议，会费使用应该在目前的基础上，更加透明、严格和务实一些。

（三）事件点评

律师协会作为社会团体法人，是律师的自律性组织，其担负着律师法赋予的行业管理的重要职责，而协会的运作离不开经费的支撑。会费是协会定期向会员收取的费用，收取会费是保证协会经费来源的主要渠道，向会员收取会费不仅合理、合法，也符合国家行业惯例。

一直以来，北京律师协会规范会费的收取、使用和管理，以保障协会履行律师法规定的职责。随着北京律师行业发展，对会费进行改革，体现了协会工作的与时俱进，和作为会员之家服务会员的工作作风。此次会费改革关系到律师自身的利益，同时也影响到律协各项职能的行使、工作经费的开支预算以及工作计划的制定，改革的出发点是最大程度地维护每一位律师的利益。

北京律协本次对会费管理办法进行的修改，既是对广大会员呼声的积极回应，更是为了规范会费的收取和使用，使其更科学、合理和制度化。从长远和整体来看，这次修订只是北京律协规范会费管理的一个阶段性举措，但它代表着一个方向——会费取之于律师，用之于律师，会费的设定和调整，将体现民主化、科学化，更好地维护每一位律师的利益。

作为本次会费调整的亮点，对青年律师和老年律师的会费减免优惠体现了我国尊老爱幼的传统美德。这种人文关怀是律协的责任和义务，也是其成熟的体现。

1. 青年律师的成长关系到整个律师行业的可持续发展

青年律师是律师行业继续发展的重要动力，更是整个社会法治建设的一个重要组成部分。将会费标准向青年律师倾斜，给他们一个融入行业的缓冲期，帮助他们健康成长，这些都体现了协会对他们的扶持与人文关怀。

2. 老年律师为我国律师事业贡献了他们的一生

律师制度恢复重建 30 多年来，一些老律师陆续退休，但一些年逾古稀的老律师仍每年坚持年度考核，他们更多的是执著于职业身份的寄托和眷念。保留他们的律师身份对于树立行业荣誉感，引领全体律师对职业使命的追求颇有益处。北京律协免会费的举措是对老年律师的感谢和人文关怀。

十　第二届北京律师论坛成功举办

2002 年 12 月，以"律师与法治"为主题的"2002 首届北京律师论坛"在京举行。论坛对北京律师业的发展历程进行了总结和成果展示，对十六大召开和中国加入世贸组织之后我国进一步加强法治社会建设的前景和律师业所肩负的历史使命进行了展望。该论坛成为改革开放以来北京律师首次集中亮相和全面展示，在社会上受到广泛关注，在业内外受到高度评价。

2010 年 11 月 27～28 日，北京市律师协会举办了以"规范与超越"为主题的"第二届北京律师论坛"，旨在探讨新形势下的律师行业发展之路，共享新世纪律师业务的丰硕成果，推动律师行业的进步，提升律师的社会地位。本次论坛是继"2002 首届北京律师论坛"后的又一次盛会。论坛共设一个主会场和六个分会场。开幕式和主论坛于 11 月 27 日上午在主会场举行，司法部、全国律协、市政法委、市公检法、市司法局等单位的领导，著名学者和律协顾问以及商界领袖等作为嘉宾参会，主会场内容为领导讲话、专家演讲、发布《北京律师社会责任报告》。分论坛于 11 月 27 日下午和 28 日上午在六个分会场举行，分别就律师事务所管理、公司证券法律、金融法律、知识产权法、房地产与建筑工程、侵权责任法、民事诉讼与仲裁、环境资源法律、WTO 与国际贸易、公益法律服务、文化创意产业、刑事法律业务共 12 个专题进行研讨。

1. 律师事务所管理分论坛

律师事务所管理分论坛是第二届论坛 12 个分论坛中唯一涉及律师事务所管理的分论坛。这个分论坛从律师事务所一系列的管理问题中筛选出律师执业中的利益冲突作为分论坛的主题。与会律师在主题发言中就律师执业中利益冲突的起源与发展、利益冲突的绝对禁止与相对禁止、利益冲突与风险防范、利益冲突与律师事务所管理、利益冲突中行业协会的作用等问题进行了研讨。

2. 公司、证券、并购、破产法律分论坛

公司、证券、并购、破产法律分论坛的主题为"积极推动后危机时代公司证券法律服务的新发展，充分发挥并购重组和破产的制度功能"。

3. 金融法律分论坛

金融法律分论坛面对余波未平的金融危机和瞬息万变的金融市场，以"金融业变革和律师的新机会"为主题，交流了金融法律行业的发展信息，探讨了金融法律专业问题，分享了金融法律专业的经验和成果。

4. 创新与知识产权分论坛

创新与知识产权分论坛上，北京市知识产权律师与业内嘉宾汇聚一堂展开

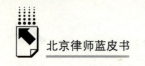
对话和交流，分享了各自领域的专业成就，共同展望了中国知识产权法律服务市场的前景。分论坛发言精彩迭出，加深了知识产权学术研究、司法审判、行政管理、律师业务和企业事务从业者之间的沟通和理解，取得了良好的效果。

5. 房地产与建筑工程法律分论坛

房地产与建设工程分论坛的主题为"中国城市化快速推进中的房地产暨建设工程法律问题"。

6. 侵权责任法分论坛

侵权责任法分论坛旨在为全体北京律师提供一个探讨和交流的平台，以利于沉浮于实践中的律师进行深度的研究和探讨，向当事人提供准确的法律适用服务。案例与法条的穿插，理论与实践的结合，数据与画面的辉映，嘉宾与现场的互动，使得侵权法分论坛别开生面、牵动人心。

7. 民事诉讼与仲裁分论坛

民事诉讼与仲裁分论坛采取演讲律师与点评嘉宾一对一互动的形式，围绕"程序正义——实现实体正义的根本保障、仲裁在和谐社会中的作用、诚实信用原则在合同法领域的适用"等主题进行了交流、研讨。

8. 环境资源法律分论坛

环境资源法律分论坛六位点评嘉宾与七位主题发言人聚焦环境责任与保障、矿权交易与投资、能源开发与立法、旅游产权与保护等问题，进行了热烈的研讨和交流。

9. 国际贸易与投资法律实践分论坛

在国际贸易与投资法律实践分论坛上，北京律师分享了在国际贸易、国际投资、反垄断、WTO 事务法律实践活动的经验，并探索国际法领域最新发展趋势和变化，以便提升高端律师业务的服务质量，为创建和谐国际商业秩序保驾护航。

10. 公益法律分论坛

在公益法律分论坛上，来自于业界并在公益法律服务方面卓有成绩的律师和常年关注公益法律事业的专家学者一起就律师的社会责任、律师在社会主义法治建设中的作用、构筑和谐的劳动关系、三农法律问题、未成年人保护、建立法治政府、建设和谐物业关系、推进法律援助等议题进行了广泛深入的探讨，为广大律师在今后执业过程中积极践行社会责任、参与公益法律事业提供参考与借鉴。

11. 文化创意产业分论坛

在文化创意产业分论坛上，与会者就建立产权交易市场促进文化体制改革、演艺经纪合同若干法律问题、建立有中国特色的电影分级制度促进中国电影产业的繁荣发展、动漫及衍生品的法律服务等文化创意产业中新出现的法律问题进行了热烈探讨。

12. 刑事法律分论坛

刑事法律分论坛的主题为"程序辩护与实体辩护"。在分论坛上，9 名演讲律师围绕律师程序性辩护实务探索、受贿罪辩护、经济犯罪与死刑适用、刑辩律师的思维和语言、刑事被害人权益保护、刑辩律师的风险与防范、刑事辩护的核心及价值等多个刑事领域引人关注的题目，发表了精彩演讲。

本届论坛收到全市律师积极参与投稿的论文 900 余篇，编委会精心编选了 500 多篇论文，结集六卷予以出版，分别为：诉讼业务卷、商事业务卷、民事侵权与知产业务卷、环境资源文化创意与国际贸易卷、公益法律服务与利益冲突管理卷、刑辩案例卷。经过第二届北京律师论坛筹委会多次评选，共选出优秀论文 72 篇。其中一等奖论文 12 篇，二等奖论文 24 篇，三等奖论文 36 篇。

参考文献

1. 北京律师协会 2009、2010 年度工作简报。
2. 北京律师协会网站消息。
3. 《北京律师社会责任报告》。
4. 北京市司法局：《关于建立区县律师协会进一步完善我市律师管理和服务体制的工作意见》。

大事记

B.9
北京律师六十年大事记

周塞军　王碧青*

1949 年

● **9月2日**，中共中央发布了《关于改革律师制度的指示》。指示提出四项要求：（1）旧律师不能继续执业；（2）新中国将改革私律师为主、公设辩护人为辅的旧律师制度，建立公律师为主、私律师为辅的新律师制度；（3）对作恶多端、贪污腐化、声名狼藉或者反革命的律师，将予以惩处或责令改业，余者经过一定的思想和业务学习改造后，可继续从事律师业务；（4）新政权将设立政法大学或新法学院研究院，以培养新法学干部和改造旧司法人员。

1950 年

● **7月**，中央人民政府政务院公布《人民法庭组织通则》，该法律文件第6条规

---

* 周塞军，北京中银律师事务所律师；王碧青，北京中银律师事务所律师。

定："县（市）人民法庭及其分庭审判时，应保障被告有辩护和请人辩护的权利。"

● **12 月**，中央人民政府司法部发出了《关于取缔黑律师及讼棍事件的通报》，明令取缔了国民党的旧律师制度，解散了旧的律师组织，并停止了旧律师的活动。

1954 年

● **7 月 31 日**，司法部发出《关于试验法院组织制度中几个问题的通知》，其中指定在北京、上海、天津、重庆、沈阳等大城市试办人民律师工作。

● **8 月**，北京市开始试行辩护制度，北京市政府在北京市高级人民法院内成立辩护组，由人民法院抽调干部组成辩护组，担任辩护工作。

● **8 月**，中央人民政府司法部电示各省、市人民法院，指示河北、山西、河南等 18 个省市和京、津、沪三个直辖市立即着手建立司法厅（局）。

1955 年

● **2 月 18 日**，北京市人民委员会第一次会议决定，将北京市人民法院原设的司法行政处划出，成立北京市司法局。

● **3 月 29 日**，北京市司法局正式成立，专管全市的司法行政工作。地址为北京市西城区司法部街后身 1 号，局长为贺生高。司法局的主要职能是：主管各级人民法院内部机构建设，培训司法干部，主管律师、公证、法制宣传、人民调解委员会和人民陪审工作。北京市人民法院的辩护组改由北京市司法局领导。北京律师的行政管理工作由司法局组织实施。

● **4 月**，北京市司法局按照司法部的指示，着手筹建北京市律师协会。

● **11 月 2 日**，司法部正式批准北京市司法局成立北京市律师协会筹备委员会。

1956 年

● **2 月 18 日**，北京市律师协会筹备委员会正式成立，主任委员陈守一。北京市律师协会筹备委员会的任务是：建立律师基本队伍，筹备成立律师协会，并在律师协会正式成立前先行组织律师开展业务，接收会员，在北京市司法局的指导和监督下，成立一个或数个人民法律顾问处，领导、监督法律顾问处的工作。律师协会筹备委员会办公地址为前门外炭儿胡同 22 号。筹委会成员由北京市司法局聘请政法院校的教授、学者和曾在法院担任审判工作的人员组成。

● **4 月 24 日**，北京市第一法律顾问处成立，设专职律师 11 人，地址在前门外炭儿胡同 22 号。该法律顾问处是新中国成立后北京的第一家律师执业机构。

● **9 月 21 日**，北京市第二法律顾问处成立，设专职律师 17 人，地址在东四区旧鼓楼大街娘娘庙胡同 12 号。

● **12 月 25 日**，北京市第三法律顾问处成立，设专职律师 10 人，地址在西城区南长街内小桥北河沿 2 号。

1957 年

● **7 月**，"整风运动"和"反右派"斗争扩大化，随后部分司法行政干部（包括局级领导干部）、律师被精简下放。该年内，市司法局机关下放和处理干部 10 人，市律师协会下放和处理 13 人。

1958 年

● **10 月 10 日**，北京市人民委员会第二次会议决定，北京市司法局改组为北京市人民委员会司法处。

● **11 月 10 日**，北京市司法局根据北京市人民委员会第二次会议关于调整北京市人民委员会组织机构的决定，改组为北京市人民委员会司法处。

● **11 月 17 日**，北京市第一、二、三法律顾问处合并为北京市法律顾问处，办公地点在西城区司法部街后身 1 号。

1959 年

● **7 月 2 日**，国务院批复，同意北京市撤销北京市人民委员会司法处，司法处的工作于 8 月并入北京市高级人民法院。在此后的 20 年，除有外国人参与旁听的刑事案件由法院指定辩护人出庭外，其余案件均无辩护人员参与诉讼活动。

● 7 月 20 日，北京市律师执业机构撤销。

1966 年

● 5 月，"文化大革命"开始，随后政法工作受到严重冲击，公、检、法机关被"砸烂"，由法院代管的司法行政工作也被取消。

1978 年

● 3 月 22 日，北京市高级人民法院向北京市委、北京市革委会提出《关于恢复北京市律师协会筹备委员会和北京市法律顾问处的请示报告》。

1979 年

● 4 月 9 日，中共北京市委决定建立北京市律师协会，恢复律师制度。北京市的律师执业机构又重新建立，同时，再次成立了北京市法律顾问处，开展律师业务，并逐步发展。

● 8 月 6 日，北京市编制委员会批复同意北京市律师协会筹备委员会和北京市法律顾问处暂定编制 48 人。

● 8 月 10 日，中共北京市委政法部向中共北京市高、中级人民法院委员会发出通知，任命陈守一为北京市律师协会筹备委员会主任，傅志人任律师协会筹备委员会秘书长。北京市律师协会筹备委员会开始组建律师队伍和律师协会工作人员的调配工作。

● 12 月 1 日，北京市第一法律顾问处建立，地点设在前门东大街 12 号楼。

● 12 月 20 日，北京市律师协会应约接待了西班牙记者莫拉梅斯和美籍记者秦家聪。

1980 年

● 2 月 2 日，北京市人民政府根据中共中央文件精神，发出《关于成立北京

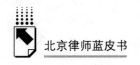

市司法局的通知》。规定北京市司法局是北京市人民政府的职能部门，领导律师组织、公证机关的工作。

● **2 月 15 日**，北京市司法局在北京市高级人民法院大法庭正式宣告成立。局长崔虎。北京市司法局下设一室四处，其中四处为公证律师处，主管公证、律师工作。司法局具有两个直属机构：（1）北京市律师协会，主要职责是实施律师行业管理，负责律师工作经验交流，推进律师工作的开展，增进国内外律师工作联系，维护律师合法利益等；（2）北京市法律顾问处，主要负责组织律师参加刑事辩护、民事代理及法律咨询、代写法律文书等工作。

● **8 月**，北京市第二法律顾问处建立，地址在朝阳门外二条南下坡。

● **8 月**，北京市第二法律顾问处接受北京市城市建设开发总公司的聘请，指派律师任该公司的法律顾问。律师担任企业事业单位的法律顾问，是一项新的工作。

● **11 月 3 日**，北京市政府发出《关于建立区、县司法行政机构的通知》，要求各县和海淀、丰台、门头沟、石景山、燕山区建立法律顾问处，承担本区、县的律师业务。法律顾问处为事业单位。

● **12 月 22 日**，房山县率先建立法律顾问处，是北京市第一家区县级的律师执业机构。截至 1981 年 9 月，全市 19 个区、县全部建立了法律顾问处。至 1982 年底，全市律师工作人员达 256 人。

1981 年

● **5 月 7 日**，北京市司法局根据《中华人民共和国律师暂行条例》的规定，批准授予周玉玺、傅志人、周纳新等 41 人的律师资格。这是 20 世纪 80 年代恢复律师制度后北京市首批被授予律师资格的人员。

● **5 月 19～21 日**，北京市司法局召开第一次律师工作会议，北京市律师协会，北京市第一、第二法律顾问处和各区、县司法局的负责人及律师，北京市公、检、法和首都新闻单位共 72 人参加了会议。会议修订了《北京市、区、县法律顾问处工作细则》、《北京市律师守则》、《北京市、区、县书记员工作细则》、《法律顾问处案件立卷和归档试行办法》。

● **5 月 30 日**，根据司法部"设在直辖市的法律顾问处，一般相当于政府的处级单位，设在区、县的法律顾问处，一般相当于区、县人民政府的科级单位"这一要求，北京市法律顾问处定为处级单位，配备正、副处级干部担任法律顾问处的主任、副主任。各区、县法律顾问处定为科级单位，配备正、副科级干部担任区、县法律顾问处的主任、副主任。

● **6 月**，北京市第二法律顾问处与北京市城市建设开发总公司正式签订了常年法律顾问合同。

● **7 月 6 日**，北京市司法局制定了《关于律师会见在押被告人的有关规定》。

● **9 月 1 日**，北京市司法局、北京市财政局、北京市编制委员会联合发出《关于法律顾问处和律师协会编制及经费问题的通知》，规定法律顾问处属于司法事业单位。

● **10 月 5 日**，鉴于各区、县法律顾问处均已建立，为集中力量，加强法律顾问处的工作，北京市司法局决定将北京市第一、第二法律顾问处合并，成立北京市法律顾问处。

● **11 月 20 日**，北京市司法局制定了《关于律师与被告人通信问题的规定》。

● **12 月 31 日**，北京市建立了 19 个区、县法律顾问处，共有律师 178 人。

1982 年

● **1 月 18 日**，北京市司法局向市编委请示，给予市法律顾问处增加 26 人编制。

● **4 月 12 ~ 14 日**，北京市律师协会第一次代表大会召开，会议讨论通过了《北京市律师协会章程》及 1982 年律师协会的工作安排，会议选举产生了北京市律师协会第一届理事会。

● **6 月 20 ~ 22 日**，北京市律师协会召开律师代书会议。全市 20 个法律顾问处、41 位律师参加了会议。这次会议，是北京市恢复律师制度后第一次代书专业会议。

● **6 月 21 日**，北京市司法局公证律师处分为公证工作管理处和律师工作管理处。

● **6 ~ 8 月**，北京市编委会批复市司法局，给予区、县法律顾问处增加编制

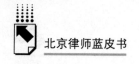

269 人。

- **11 月 11 日**，北京市司法局发出《关于随律师出庭的书记员在庭审中不得参加辩论的通知》，规定书记员随同律师出庭的任务是担任记录，不得在庭审中参加辩论。

- **12 月 31 日**，北京市司法行政系统共有市、区、县司法局 20 个，法律顾问处 23 个，律师工作人员 256 人。

1983 年

- **11 月 23 日**，北京市律师协会代表团应邀到美国访问，先后访问了纽约、华盛顿、芝加哥、旧金山、洛杉矶等城市。参观了海特、凯克、利里克等四个大的律师事务所，与纽约、华盛顿哥伦比亚特区、旧金山市律师协会的同行进行了专业座谈；会见了美国联邦最高法院首席大法官沃伦伯格和其他大法官，进行了其他多项活动。

- **12 月 31 日**，北京市司法行政系统（未含劳改、劳教工作机构）核定编制总计 1885 人（行政编制 1196 人、事业编制 689 人），其中市级 549 人（市律师协会 30 人、市法律顾问处 165 人），区、县级 1336 人。

1984 年

- **1984 年**，北京市法律顾问处改称为北京市律师事务所。

- **12 月 18 日**，北京市司法局批准成立北京市第六律师事务所。该所由中国政法大学的教师组成，是北京市第一家兼职律师事务所。

- **12 月 18 日**，北京市司法局批准成立北京市第一特邀律师事务所和北京市第二特邀律师事务所。北京市第一特邀律师事务所主要由北京市法院系统的离、退休人员组成，北京市第二特邀律师事务所由司法部离、退休人员组成。

1985 年

- **1 月 4 日**，北京市司法局批准成立北京市第三特邀律师事务所，该所由法院系统离、退休人员组成。

• **1 月 5 日**，北京市司法局决定将刑事辩护律师事务所改称为北京市第一律师事务所；北京市民事代理律师事务所改称为北京市第二律师事务所；北京市经济律师事务所改称为北京市第三律师事务所；北京市法律咨询律师事务所改称为北京市第四律师事务所。并增设北京市侨委律师事务所和专利律师事务所。

• **1 月 31 日**，北京市司法局批准成立北京市第四特邀律师事务所。该所由北京市政治协商会议的离、退休人员组成。

• **2 月 5 日**，北京市司法局批准成立北京市第五特邀律师事务所。该所由最高人民检察院部分离、退休干部及中国人民大学、北京警察学院离、退休教师组成。

• **3 月 5 日**，北京市司法局批准成立北京市第六特邀律师事务所。该所由最高人民检察院的离、退休人员组成。

• **3 月 6 日**，北京市司法局批准成立北京市第八律师事务所。该所由北京市妇女联合会内部取得律师资格的人员组成，主要受理维护妇女、儿童合法权益及有关婚姻、家庭方面的案件。

• **3 月 20 日**，北京市司法局批准成立北京市第十律师事务所，该所由中国人民大学的教师组成。此后北京市司法局又先后批准北京外国语学院、北京市政法管理干部学院、北京市法学会、北京大学、司法部研究所、首都经贸大学等单位设立兼职律师事务所。

• **4 月 1 日**，北京市司法局批准成立北京市第七特邀律师事务所。该所由最高人民法院的离、退休人员组成。

1986 年

• **4 月 12 日**，司法部发布了《关于全国律师资格统一考试的通知》，决定从 1986 年起，实行全国范围内的律师资格统一考试。考试合格者，由司法部授予律师资格。北京市的全国律师资格统一考试由北京市司法局负责组织。主要工作内容是组织报名、审核、印发准考证、考场设置、考试监督、判卷、登录成绩、颁发律师资格证书等。

• **5 月 8 日**，加拿大律师协会主席罗伯特·韦尔斯与北京市律师座谈对外经济法律顾问工作。参加座谈的北京市律师协会负责人傅志人介绍了北京市律师队伍的发展现状及工作情况，韦尔斯先生对加中贸易合作问题表现出浓厚兴趣。

● **6月6日**，北京市司法局制定兼职律师注册登记办法，规定兼职律师每年注册一次，兼职律师每年必须到法律顾问处（律师事务所）履行职务60个工作日。不能完成工作量或违反律师工作纪律、违背职业道德者，不予登记。

● **6月27日**，北京市司法局发出《重申严格禁止非律师人员以律师身份承办业务的通知》。

● **7月**，全国律师行业自律性组织——中华全国律师协会成立。

● **7月6日**，北京市司法局重申会见在押被告人有关规定。

● **11月11日**，经国务院批准，撤销燕山区和房山县，设立房山区，燕山区司法局并入房山区司法局。从此，北京市有18个区、县司法局。

● **11月**，北京市第二届律师代表大会召开，选举产生了第二届理事会，任期自1986年11月至1990年12月。

● **12月20日**，北京市司法局分别发布《北京市兼职律师事务所经费管理暂行规定》和《北京市特邀律师事务所经费管理暂行规定》，规定兼职律师事务所和特邀律师事务所实行"单独核算，自收自支，结余留用"的经费制度。

1987 年

● **2月1日**，北京市司法局制定了《律师刑事辩护工作规程（试行）》、《律师民事代理工作规程（试行）》、《律师担任法律顾问工作规程（试行）》、《法律工作的若干规定（试行）》、《法律顾问处书记员工作若干规定（试行）》、《法律顾问处（律师事务所）工作若干规定（试行）》、《法律顾问处立卷归档办法（试行）》。

● **8月27日**，房山县与燕山区的建制合并，为确保律师、公证业务的正常进行，北京市司法局同意房山区司法局在该区设立第一法律顾问处、第二法律顾问处。

● **10月12日**，中央职称改革工作领导小组转发司法部《律师职务试行条例》，北京市司法局据此制定了《〈律师职务试行条例〉实施细则（试行）》，决定设立北京市律师职称改革工作领导小组，并组建北京市司法局律师高级职务评审委员会和律师中级职称评审委员会。

● 11 月 15 日，北京市律师协会第二届理事会第二次会议决定，会费调整为由各律师事务所按其年收入总额的 2% 缴纳。

1988 年

● 5 月 18 日，北京市司法局将特邀律师事务所与其他类型的律师事务所统一编号，不再冠以"特邀"字样。

● 7 月 29 日，北京市司法局批准成立北京市第一家合作制律师事务所——北京市经纬律师事务所，也是全国首家成立的合作制律师事务所。

1989 年

● 6 月，北京市和各区县司法局，组织了一批政治素质好、业务能力强的律师，开展对动乱、暴乱案件的辩护工作。全市有 17 个律师事务所共受理此类案件 329 件。

1990 年

● 从 1990 年开始，北京市司法局对各区（县）局所属的和市属专职律师事务所的专职律师建立了律师个人业务考绩档案，藉以加强对专职律师的管理。

● 9 月，根据司法部的指示，针对北京市律师中存在的问题，北京市司法局决定对律师队伍和律师管理工作进行一次认真的整顿。

● 12 月 17～19 日，北京市律师协会召开了第三届会员代表大会。会议通过了关于工作报告的决议，通过了经修改的《北京市律师协会章程》，选举出第三届理事会理事 34 人，其中常务理事 9 人。北京市司法局局长孙常立当选为律师协会会长；北京市司法局副局长周纳新，全国人大常委会委员、中国政法大学教授江平，国务院参事李嘉华当选为副会长。

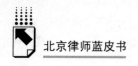

1991 年

● **7 月**，北京市律师整顿工作结束。这次整顿从三个方面进行：一是思想整顿，二是纪律整顿，三是管理工作整顿。通过整顿，促进了律师队伍的思想建设和业务发展。

● **9 月 3~4 日**，北京市司法局召开全市 45 家律师事务所主任会议，传达全国律师事务所主任会议，传达全国律师为清理"三角债"经验交流会议精神和司法部部长蔡诚的重要讲话。

● **9 月 14 日**，北京市第九届人民代表大会常务委员会第二十九次会议通过并公布了《北京市保障律师执行职务若干规定》。

● **12 月 31 日**，北京市律师协会常务理事会为使疑难案件的讨论和研究向深层次发展，推动北京律师各项业务在理论上和学术上逐步提高，加强律师的业务研修，决定成立专业委员会。

1992 年

● **1992 年**，北京市司法局在"国办"律师事务所全面推行了效益浮动工资制，这是市司法局深化律师体制改革的重要措施。

● **4 月**，北京市司法局先后批准成立了陆通、竞天、大成、商海、通商、海问六家专业合作制律师事务所。六个所都是按照司法部关于"合作制律师事务所的人员实行自愿结合，不占国家编制，独立核算，自负盈亏，负责人由民主选举产生"的规定组建的。他们业务分工明确，主要是为房地产和能源开发、国际国内金融事业、航空客货运输、证券股票市场、国际商贸活动、中国大陆和香港地区的经济法律事务等提供法律服务。

● **8 月 2 日**，北京市司法局在东城区文化馆举办了全市第一次公开招聘律师洽谈会。

● **10 月**，北京律师培训中心落成，它是司法局为适应改革开放和经济建设需要，自筹资金建设的一所培训基地。

● **11 月**，经司法部批准，美国高特兄弟律师事务所、欧洲阿达姆斯联合律师事务所、英国路卫德邻律师事务所、英国邓何贝王国际法律事务所、香港廖绮云律师事务所分别在北京设立办事处。

1993 年

- **1 月 12 ~ 14 日**，北京市司法局在全市范围内组织进行了由司法部命题的全国第一次企业单位法律顾问统一考试。
- **3 月 22 日**，司法部、中国证券监督管理委员会确认了第一批具有从事证券法律业务资格的律师事务所，北京市的君合律师事务所、对外经济律师事务所、通商律师事务所、经纬律师事务所、海问律师事务所、中银律师事务所、大地律师事务所等在列。
- **6 ~ 12 月**，北京市朝阳区、石景山区、房山区和延庆县先后成立了"法律法规培训中心"。
- **7 月**，北京市君合律师事务所经司法部同意，在美国纽约开设了北京市君合律师事务所驻纽约办事处，成为我国首家在国外开设办事处的律师事务所。

1994 年

- **3 月 1 日**，北京市司法局批准成立北京市国证律师事务所，该所是北京市第一家以合伙人共同申请成立的律师事务所。
- **3 月 4 日**，北京市女律师联谊会成立。该联谊会是在北京市律师协会直接领导下的群众组织。
- **3 月 12 日**，北京市司法局"律师档案库"成立。其全称为"北京市人才服务中心中转库律师库"，隶属于市人才服务中心中转库，业务上受其指导和管理。
- **3 月 25 ~ 26 日**，北京市律师协会举办了律师职业道德培训班，全市 100 多家律师事务所主任参加学习了《律师职业道德和执业纪律规范》。
- **4 月**，北京市司法局授权北京市所属区县司法局可根据本地区实际需要，审查批准建立律师事务所，并对律师事务所实施领导、管理和监督。
- **4 月 15 日**，北京市司法局批准成立了三家以个人姓名命名的律师事务所：谢朝华律师事务所、张涌涛律师事务所、李文律师事务所。

● **4 月 21 日**，北京市君合律师事务所召开新闻发布会，向大家宣布君合律师事务所用发展的资金在首都北京设立"君合律师人才奖学金"，每年奖励名额至少 5 名，每名奖励 1 万元。

● **5 月 9～10 日**，国际商务法律研讨会在北京召开，共有 14 个国家的律师、商务法律专家参加会议，他们就投资、商务、税法、知识产权、仲裁及律师在市场经济中的作用等法律问题进行了研讨。

● **10 月 6 日**，第一次外国律师事务所驻京办事处管理工作会议在京召开。

● **1994 年底**，北京市司法局在全国成立了第一个律师党支部。此后，按北京市司法局要求，凡具有 3 名以上党员的律师事务所必须建立党支部。不足 3 名的，几个所组成联合党支部。

1995 年

● **8 月**，北京市公职律师事务所成立。这是根据国务院批转《司法部关于深化律师工作改革的方案》的精神，由市政府法制办牵头，由 9 个局、委的 21 名律师组成的第一家公职律师事务所，其宗旨是为政府决策提供法律服务。

● **8 月 14 日**，北京市律师协会成立了金融专业委员会。

● **1995 年**，北京市司法局加快了对全市基层法律事务所管理工作，相继制定了《北京市法律事务所审批登记管理办法》、《关于区县司法局直管法律事务所和法律工作者年检、注册的暂行规定》、《关于法律事务所设立分所的管理办法》、《北京市基层法律事务所等级评比及奖励办法》、《北京市高级人民法院、北京市司法局关于法律事务所、法律工作者参加诉讼代理有关问题的暂行规定》5 个规范性文件。

● **10 月**，北京律师协会进行了换届选举，选举产生了由 51 名执业律师组成的第四届理事会和 9 名律师组成的常务理事会，改变了原有律师协会的行政管理模式和行政官员占主要成分的组织模式。

1996 年

● **1 月 18 日、11 月 19 日**，张涌涛律师事务所、乾坤律师事务所分别与中国平安保险公司北京分公司签署了律师责任保险协议。

- **2 月 12 日**，北京市司法局在国际饭店召开命名表彰大会，对从全市 263 个律师事务所、3799 名律师中评选出的十佳律师给予表彰。十佳律师是：田文昌（京都律师事务所）、左增信（通州律师事务所）、刘延岭（天驰律师事务所）、张学兵（中伦律师事务所）、张涌涛（张涌涛律师事务所）、陈兴良（地石律师事务所）、苗青（东方律师事务所）、徐家力（隆安律师事务所）、梁文茜（四海律师事务所）、彭雪峰（大成律师事务所）。

- **2 月 27 日**，北京市司法局作出《关于对美国谢尔曼·思特灵律师事务所北京办事处予以警告处分的决定》。《决定》指出，美国谢尔曼·思特灵律师事务所北京办事处在 1994 年年检工作中无故拖延，不按要求提供年检材料，影响了本市外国律师事务所驻京办事处的年检工作。

- **3 月**，经中国人民银行批准，中国首个法律援助机构"法律援助基金会"正式成立。它标志着北京市的法律援助工作开始纳入规范化、法制化轨道。全国人大常委会副委员长雷洁琼出任"北京市法律援助基金会"名誉主席。

- **5 月 24 日**，北京市律协在中国政法大学礼堂举办律师法第一期培训班。聘请全国人大法工委民法室处长贾东明就律师法的立法意义、律师的性质、律师执业的基本原则、律师的权利义务、法律援助及法律责任等内容进行授课。全市 500 多名律师参加培训。

- **6 月 5 日**，北京市司法局发出《关于我市律师在"严打"期间办理刑事辩护案件若干法律、政策问题的通知》，对北京市律师在"严打"期间办理刑事辩护案件需要注意掌握的法律、政策界限提出 5 条意见。

- **9 月 10 日**，以巴黎律师工会主席让·雷内法尔杜瓦特为团长的法国巴黎商业法庭代表团拜会北京市律师协会。

- **9 月 12 日**，北京市司法局作出《关于对43 家律师事务所名称冠以"北京市"或"北京"的决定》，根据北京市人民政府［1996］第 5 号令和北京市机构编制委员会办公室［1996］第 9 号通知精神，凡经北京市司法局审批的律师事务所，其名称前必须冠以"北京市"或"北京"字头。

- **9 月 16 ~ 18 日、23 ~ 25 日**，北京市司法局、市律协在律师培训中心联合举办两期律师法研讨班。区县司法局主管局长及律管科负责同志参加学习。市司法局副局长贾午光就律师法的意义、作用及相关规定作报告。

● 10 月 3 日，北京市司法局发出《关于转发〈肖扬同志在司法部进一步加强律师队伍建设电视电话会议上的讲话〉的通知》，要求各区县司法局、各直属单位、各律师事务所将肖扬部长的讲话连同《司法部关于严格执行〈律师法〉，进一步加强律师队伍建设的决定》一并贯彻执行。

● 10 月 15 日，新当选的香港律师公会会长陈爵先生率香港律师代表团拜会北京市律师协会。市司法局副局长贾午光，市律师协会会长武晓骥，秘书长吴文彦，副秘书长张在萱，常务理事张涌涛、张学兵、苗青参加座谈。双方就律师事务所的设立形式、管理等问题进行了探讨和交流。

● 10 月 18~21 日，北京市律师协会在律师培训中心举办《刑事诉讼法》培训班。全市 140 余名律师参加培训。培训班聘请中国政法大学、最高人民法院、最高人民检察院、公安部、律师事务所等单位的专家、学者对修改后的《刑事诉讼法》与公、检、法机关工作及律师辩护相关的一些问题进行了讲解。参加培训的律师经过考核合格后，取得由市律协颁发的办理刑事案件上岗证，否则不得办理刑事案件。

● 10 月，北京市律师参与修改后的《刑事诉讼法》审判试点工作。本月在北京市中级人民法院，东城区、海淀区、丰台区、顺义县等人民法院刑庭先后举行了 8 次适用新审判方式的试点。在这 8 起案件中，市部分律师受当事人委托或法院指定参加开庭审判。

● 11 月，北京市司法局、北京电视台联合摄制了以反映北京市律师制度恢复 17 年以来，特别是近几年律师制度改革所取得的成就的系列电视专题片，片名为《伫立潮头，护法维权》。

● 12 月 5 日，作为北京市青年律师志愿者服务团首批团员的五家律师事务所在团中央主持的签约仪式上与五家中、小学校签订了担任校外法律辅导员的协议书。司法部部长肖扬出席了签约仪式并讲话，团中央书记处常务副书记刘鹏、团中央书记处书记周强、北京市司法局副局长贾午光视察并慰问了参加活动的青年志愿者。

1997 年

● 1 月 3 日，北京市司法局转发司法部《律师事务所登记管理办法》、《合伙律师事务所管理办法》、《律师资格考核授予办法》、《国家出资设立的律师事务所管理办法》、《合作律师事务所管理办法》、《律师执业证管理办法》、《兼职从事律师执业人员管理办法》、《律师资格全面统一考试办法》等8个《律师法》配套规章。

• **1月3日**，北京市司法局转发最高人民法院《关于执行〈中华人民共和国刑事诉讼法〉若干问题的解释（试行）》和公安部《关于律师在侦查阶段参与刑事诉讼活动的规定》的通知。

• **3月8日**，北京市律师协会第十一个专业委员会——妇女权益委员会成立。12名女律师参加了会议并成为该委员会委员。会议选举大正律师事务所律师牛琳娜为该专业委员会主任，华坤律师事务所律师张桂文、天宁律师事务所律师郝惠珍为副主任。会议讨论了1997年度妇女权益委员会的工作。

• **4月22日**，《北京律师》杂志编委会召开成立大会暨第一次会议，北京市司法局贾午光副局长到会讲话。律协副会长赵小鲁主持会议。

• **5月15日**，上午，以法国巴黎律师公会原理事、公会对华律师事务所负责人Jacques Sagot先生为首的巴黎律师公会代表团一行11人，对北京律协进行了拜访，并同北京律师进行了座谈。

• **6月25日**，北京市律师协会四届三次理事会召开，选举产生了北京市律师执业纪律处分委员会、北京市律师执业纠纷调解委员会。

• **7月1日**，北京市律师协会开始实行理事接待投诉制度。即每天有一名理事在协会接待当事人对律师的诉讼，并对该投诉提出处理意见。

• **9月20日**，应汉城律师协会的邀请，以会长武晓骥为团长的北京律师代表团一行8人，于9月20～26日对汉城律协进行了为期一周的访问。

• **10月8日**，律师职称评审委员会召开1997年度初、中、高级律师职称评审会议，北京律师中共有26人申请职称评定。经研究，陈文被评为二级律师；凌力峰等3人被评为三级律师；范庆祝等15人被评为四级律师。

• **11月29日**，北京市律师协会在中国人民公安大学礼堂举办党的"十五"大文件专题讲座第一讲。聘请全国企业兼并、破产和职工再就业工作领导小组办公室负责人陈宏俊讲授"企业兼并、破产、重组与律师业务"。1100余名律师参加了讲座。

1998 年

● **2 月 14 日**，北京市律协劳动法专业委员会在中国人民公安大学礼堂举办劳动法培训班，聘请劳动部劳动争议处处长范占江讲授劳动立法现状及执法状况。全市 1000 余名律师参加了培训。

● **2 月 16 日**，北京市律师协会召开《北京律师》杂志编委会会议，会议确定了专业文章审稿把关程序及重头文章的组稿问题。

● **2 月 26 日**，北京市律师协会律师维权委员会成立并召开了第一次会议。会议讨论了中华全国律师协会下发的《维护律师执业合法权益委员会规则（讨论稿）》和北京律师维权委员会工作规则的起草问题。

● **2 月 28 日**，北京市律师协会规章制度工作委员会在君合律师事务所召开了第一次会议，研究起草北京市律师协会律师纪律处分委员会规则、律师执业纠纷调解委员会规则、维护律师合法权益委员会规则等规则草案。

● **3 月 2 日**，北京市司法局下发《北京市司法局关于〈司法部关于开展律师队伍整顿活动的通知〉实施意见》，《意见》就整顿活动的意义、整顿活动各阶段安排等作了具体部署。

● **3 月 14 日**，北京市律师协会在中国人民公安大学礼堂举办知识产权培训班，聘请最高人民法院知识产权庭庭长杨金琪讲授知识产权审判实务，1000 余名律师参加了学习。

● **3 月 20 ~ 22 日**，北京市律师协会在市律师培训中心召开四届四次理事会，43 名理事参加了会议，通过了《回顾与展望——北京市律师协会 1997 年工作报告》和《北京市律师协会规则》等规范性文件。

● **4 月 1 日**，北京市司法局发布《北京市司法局关于外省、市人员在北京市所属律师事务所执业的管理规定》和《律师执业证管理办法实施细则》等管理规定。

● **4 月 4 日**，北京市律师协会在中国人民公安大学礼堂举办刑诉法培训班，聘请司法部律师司干部周塞军讲授最高人民法院等六家联合发布的《关于刑事诉讼法实施中若干问题的规定》。

● **4 月 8 日**，北京市律师协会因在希望工程活动中作出的突出贡献，受到中国青基会的表彰并成为首批希望工程志愿者工作站，并被授予"希望工程志愿者劝募行动工作站"站牌。

● **4月11日**，北京市律师协会期货专业委员会在中国人民公安大学礼堂举办期货业务讲座，聘请市高级人民法院经济庭庭长何通胜讲授期货交易纠纷若干问题。

● **4月20日**，北京律师足球队正式成立，共有队员18名。

● **4月29日**，北京市司法局下发《关于印发〈北京市司法局关于律师、公证员专业技术职务任职资格与申报条件的规定〉的通知》，要求各区县司法局、市局律管处、市局公管处、市律师协会、各市属律师事务所、市公证处贯彻执行。

● **4月29日到5月3日**，应北京市律师协会邀请，以汉城律师协会会长郑在宪先生为团长的汉城律师协会代表团一行15人，对北京进行了友好访问。访问期间，在北京锦江大厦举行了"北京·汉城第七次法律研讨会"，北京和汉城的30多名律师参加了研讨会。

● **5月8日**，司法部在北京市电信局召开首批部级文明律师事务所命名表彰电视电话会议。全国共有20家律师事务所被授予部级文明律师事务所称号，北京市君合、大成、天元、金杜、中伦、共和等六家律师事务所荣获此称号。

● **5月9日**，北京市律师协会知识产权专业委员会召开"人才流动与知识产权保护"研讨会，劳动部和社会保障部范占江处长、国家经贸委孙才森处长等近50人出席了研讨会。

● **8月3日**，北京市律师协会在北京人民广播电台开播"值班律师"节目。这是继"律师沙龙"之后，由北京市律协主办的第二个专题节目。

● **8月17日**，北京市律师协会制定的《北京市律师协会理事会规则（试行)》、《北京市律师协会律师纪律处分委员会规则（试行)》、《律师违纪处分办法（试行)》、《律师执业纠纷调解处理委员会规则（试行)》、《维护律师执业合法权益委员会规则（试行)》等项行业管理规章，经过修改，正式下发各律师事务所。

● **9月3日**，北京电视台召开"热线律师"节目开播一周年座谈会，北京市司法局贾午光副局长就"热线律师"节目的内容、形式及发展方向作了发言。

● **9月19日**，北京市律师协会召开各专业委员会主任会议，会议回顾、总结了三年来各个专业委员会的工作开展情况。

● **10月29日**，北京市律师协会为北京市21名离、退休老律师颁发"终身荣誉律师"铜牌，以表彰他们为北京律师业的恢复、发展、壮大、改革作出的贡献。

- **11 月 20 ~ 22 日**，北京市律师协会在北京颐泉宾馆召开第五次律师代表大会，来自全市 290 个律师事务所的 162 名律师代表出席会议。
- **12 月**，北京市律师协会设立权益部，负责处理侵害律师权益案、反映律师的呼声、组织律师文体活动、办理律师福利等事宜。

1999 年

- **1 月 6 ~ 8 日**，为做好"148"法律服务专用电话在北京市的推广工作，北京市司法局和丰台区司法局组织联合考察组，赴山东省东明县对"148"专用电话的组织机构、运行机制、工作程序等情况进行考察，并在此基础上制定了试点工作方案，确定在丰台区进行试点工作。
- **1 月 11 日**，北京市司法局发布《北京市律师事务所〈聘用合同〉标准格式及必备条款》，并下发通知要求各律师事务所聘用人员均应按该《条款》有关规定与受聘人员签订聘用合同。
- **1 月 12 ~ 14 日**，全国律协在裕龙大酒店举办继续教育人员业务培训班。培训班聘请加拿大律师协会专门负责律师继续教育的三位专家授课。内容包括律师继续教育的方式、培训议题的选择、继续教育的组织结构、课程设置等。
- **7 月 9 日**，北京市律师协会向各律师事务所转发科干局《关于填报留学人才需求信息的通知》。
- **8 月 3 日**，北京市律师协会向山东《齐鲁晚报》发函，就该报 6 月 18 日刊登的一篇题为《京城律师竟成杀人凶手》的侵权行为提出抗议。
- **8 月 11 日**，北京市司法局下发《关于印发〈北京市司法局"148"法律服务专线管理规定〉的通知》，要求各区县司法局落实执行。
- **9 月 28 日**，北京市律师协会召开合伙制律师事务所管理问题座谈会。
- **10 月 22 日**，最高人民法院研究室三名同志到北京市律师协会征求意见，听取北京律师对正在起草的《关于适用〈中华人民共和国合同法〉若干问题的解释（一）》的意见。

● **11 月 7 日**，北京市司法局党组研究同意市律师协会推选一级律师李秀云为市政府参事室参事。

● **12 月**，北京市律师协会召开五届四次理事会。会议表决通过了《1999 年工作报告》、《1999 年会费决算报告和 2000 年预算方案》、《律师事务所广告宣传管理办法》、《北京律师执业责任保险办法》、《北京律师医疗互助会办法》、《北京律师业务培训办法》和《执业律师宣誓制度》。

2000 年

● **3 月 4 日**，北京市律协召开北京市女律师联谊会恢复大会。40 名女律师作为女律师联谊会委员参加了会议。会议选举了女律师联谊会常务委员、副会长和会长。

● **6 月 30 日**，北京市司法局律管处、北京市律协举办 1999 年度违纪投诉 2 起以上的律师事务所主任强制培训班。市司法局孙超美副局长、市律协纪处委主任王立华在培训班上就律师职业道德、执业纪律、律师事务所管理等问题作了讲话。共有 25 家律师事务所在 1999 年度被投诉 2 起以上。

● **7 月 10 日**，2000 年全国律师资格考试报名工作开始。北京市律协根据北京市司法局机构改革方案，自 2000 年开始承接每年的律考组织工作。

● **11 月 7 日**，北京市律师协会受国务院发展研究中心的委托，组织部分律师召开座谈会，就律师事务所登记工作的归属进行了讨论。国务院发展研究中心主任丁宁宁和北京律协武晓骥会长、张庆副会长、季丽枝秘书长参加了会议。与会人员一致认为，在中国目前情况下，根据律师事务所的性质和特点，律师事务所的核准登记归司法行政部门较为符合国情，而不能归为工商或民政部门登记。

2001 年

● **3 月 15 日**，北京市律协与中国平安保险公司北京分公司在平安大厦正式签署《律师执业责任保险协议》。

● **3 月 15 日**，北京市律协在第九届全国人民代表大会第四次会议和第九届全国政协委员会第四次会议召开之际，为全国人大起草了《关于增加全国人大

代表名额中法律界专业人士的比例的议案》，为全国政协起草了《关于在全国政协界别划分中设立律师界别的提案》。这是全国人大和全国政协的提案中，第一次涉及律师参政议政问题。

● **4月5日**，北京市律师协会发布《北京市律师协会出国培训助学金申请办法（试行）》和《〈北京市律师协会律师互助办法〉实施细则（试行）》。

● **4月29日**，全国律师电视辩论大赛总决赛在中央电视台第九演播厅落下帷幕，北京律师代表队最终荣获本次大赛特等银奖。

● **5月15日**，为解决律师会见难问题，北京市律协向市司法局递交了刑事业务委员会起草的《北京市律师协会建议进一步保障律师会见犯罪嫌疑人、被告人规定的请示》和《北京市高级人民法院、北京市人民检察院、北京市公安局、北京市安全局、北京市司法局关于律师会见犯罪嫌疑人、被告人有关问题的规定（意见稿）》。

● **6月27日**，北京市律协在《北京法制报》开辟的"律师专版"正式出版，该版于每周三出版。

● **7月3日**，由北京市司法局和北京市律协联合举办的"《北京市律师执业规范（试行）》新闻发布会"在中国科技会堂召开。发布会上武晓骥会长介绍了《规范》出台的背景及目的，主要执笔人北京汉华律师事务所张晓维律师介绍了《规范》起草的过程。

● **9月14～16日**，北京市律师协会第六次代表大会在北京市海淀区稻香湖培训中心胜利召开。本次大会审议并通过了北京市律师协会第五届理事会工作报告、关于会费收支情况报告，选举了北京市律师协会第六届理事会、监事会。

● **12月29～30日**，中国共产党北京市律师协会第一次代表大会在密云县云佛山度假村召开。大会审议并通过了题为《以"三个代表"重要思想为指导切实加强律师队伍党的建设》的工作报告，选举成立了北京市律师协会第一届党委。北京市律师协会将设立党委办公室，具体负责律师党建工作。

2002 年

● **2月1日**，北京市律协在国宏宾馆报告厅召开30个专业委员会的成立大会。为了适应入世后律师业务与国际的接轨，借鉴发达国家律协专业委员会专业分工细的经验，北京市律协将专业委员会从原来的 11 个增加至 30 个。

• **3 月 18 日**，北京市律师协会、美国芝加哥—肯特法学院、北京大学法学院合作设立的 LL. M. 学位北京律师项目在北京大学法学院举行了开学典礼。

• **3 月 24 日**，北京市律师协会选举第五次全国律师代表大会代表、理事候选人会议在十月大厦召开，16 名律师当选为第五次全国律师代表大会代表，其中的 9 名律师当选为第五次全国律师代表大会理事候选人。

• **5 月 20 日**，第五次全国律师代表大会在北京召开，来自全国 34 个省、市、自治区的司法厅局领导和律师代表 300 余人参加了会议。北京市共派出代表 33 名，其中特邀代表 3 名，律师代表 30 名。经过大会选举，共有 6 名律师当选中华全国律师协会常务理事。

• **12 月 7 ~ 8 日**，首届北京律师论坛在北京会议中心召开，此次论坛的主题是"律师与法治"，国内各地包括香港律师会正副会长、香港大律师公会执委会在内的 1500 余名律师同行参加了会议。司法部张福森部长、北京市委吉林副书记发表了重要讲话，国务院法制办副主任李适时、著名法学家江平和北京市律师协会会长张庆在开幕式上作了主题演讲。

2003 年

• **1 月**，北京市司法局制定了《扩大北京市公职律师试点工作方案》，为 17 名法律援助公职律师颁发了执业证书，进一步推动了公职律师试点工作的开展。

• **3 月 10 日**，为切实维护当事人的合法权益，维护北京律师业的整体利益，提高整个行业的诚信服务水平，北京市律师协会出台了《北京市律师诚信信息系统管理办法》，建立了律师行业诚信体系。《北京市律师诚信信息系统管理办法》对律师和律师事务所在执业过程中有关诚信信息的收集、披露、使用进行了规定，向社会提供律师及律师事务所的基本执业状况及诚信状况。该信息在北京市律师协会网站上向社会披露及接受查询。

• **3 月 24 日**，北京市律师协会网站——"北京律师网" www. bmla. org. cn 开通仪式在法律家俱乐部多功能厅召开。北京市司法局副局长杨艺文和北京市律师协会会长张庆、副会长彭雪峰参加了开通仪式。

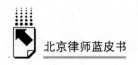

- **3月27日**，北京市司法局为首批 37 名公司律师颁发了执业证书，联想集团、光大集团、中信实业银行、华夏银行、用友软件股份有限公司和燕山石化公司成为北京首批公司律师试点单位。

- **4月23日**，在北京市人民政府于当天晚上发布《北京市人民政府关于对非典型性肺炎疫情重点区域采取隔离控制措施的通告》后，北京市司法局、北京市律师协会连夜组织部分律师召开紧急会议，组织律师就《通告》中涉及的法律依据及现在和今后可能遇到的法律问题进行了研究，并根据相关法律，从专业角度完成了《关于对〈北京市人民政府关于对非典型性肺炎疫情重点区域采取隔离控制措施的通告〉的几点建议》的文件。

- **2003年**，"非典"期间，北京律师主动出击，编辑、整理完成了《关于抗击"非典"中所涉法律事项的法律意见书》，内容覆盖面广，实用性、时效性强，受到了司法部及北京市委有关领导的充分肯定和高度评价。

- **4月26日**，北京市律师协会为战斗在防治"非典型肺炎"第一线的广大医护人员表达了北京律师界的诚挚敬意并决定捐款人民币 20 万元。

- **5月6日**，北京市律师协会向北京市人大常委会法工委和中华全国律师协会提交了《对民法（草案）的意见和建议》。

- **6月5日**，北京市律师协会通过北京律师网发布了《北京市律师协会办理未成年人法律援助案件律师协作网络成员报名通知》，成立了北京市律师协会办理未成年人法律援助案件律师协作网络。

- **8月**，为了共同推进司法改革、维护律师办理刑事案件正当权益，北京市律协和北京市检察院二分院签订了《关于"检务公开、便利诉讼"的协作书》。《协作书》规定了多项措施，有利于检、律双方交流，有利于律师开展辩护活动。

- **8月19日**，北京市律师协会完成了《北京市律师协会律师纪律处分委员会规则》和《北京市律师协会律师纪律处分办法》的修改工作。新的规则更加丰富、充实，增强了可操作性；引进了纪律法庭审理机制，体现了公平、公正的原则；增加了纪律委员会的主动审查职能；增设了规范执业指引制度及规范执业建议书制度。

- **9月6日**，由北京市未成年人保护委员会、北京市律师协会主办的"北京市未成年人维权律师聘任仪式暨未成年人法律援助专业知识培训"在国家行政学院礼堂举行。首批受聘的北京未成年人维权律师共有 150 名，全市 900 余名律师参加了此次会议。

- **9 月 28 日**，北京市律师协会为终身荣誉律师赠送律师服仪式在十月大厦召开。

- **9 月 28 日**，北京市律师协会为了帮助青海贫困藏族同胞解决用电问题，共捐款人民币 20.5 万元，购买了 185 台太阳能户用小电源。

- **10 月 24 日**，由北京市司法局主办、北京市律师协会协办的"京港律师合作交流研讨会"在北京饭店举行。此次研讨会是"第七届京港经济合作研讨洽谈会"的一个专场活动，研讨会秉承"优势互补、共创繁荣"的宗旨，围绕《内地与香港关于建立更紧密经贸关系的安排》中关于开拓法律服务市场、共创京港律师合作主题展开。

- **11 月 12 日**，由北京市律师协会副会长彭雪峰带队的北京律协回访希望小学代表团一行 7 人抵达宁夏回族自治区隆德县桃园乡，对桃园乡"北京律师希望小学"进行回访。在此次回访中，北京律师向该希望小学捐赠电脑 7 台、科技丛书 50 套、单本图书 219 册和文具 300 套。

- **12 月 12～13 日**，北京市第六届律师协会第二次代表大会在北京律师培训中心召开。会议由北京律协会长张庆主持。北京市第六届律师协会的 105 名律师代表和来自 14 个区县司法局的 22 位特邀代表参加了会议。北京市司法局副局长孙超美、律管处处长董春江出席了会议。司法部律师公证工作指导司胡占山处长受律公司委托特到会表示祝贺。

2004 年

- **1 月 10 日**，北京市律师协会业务指导与继续教育委员会在怀柔雁栖湖律师培训中心召开了 2003 年专业委员会总结表彰大会，北京市律师协会会长张庆、副会长张涌涛、秘书长季丽枝、常务理事巩沙、庞正中，以及 26 个专业委员会的负责人共 50 余人参加了此次会议。会上评选了 2003 年最佳专业委员会、优秀专业委员会各 5 个，最佳专业委员会主任、优秀专业委员会主任各 5 名。

- **1 月 15 日**，北京市律师协会评选表彰北京市司法系统先进集体先进个人活动领导小组召开会议。会议决定推荐 9 家律师事务所和 13 名律师为北京市司

法系统先进集体、先进个人。

● **2 月 27 日**，北京市 10 家律师事务所和 15 名律师在北京市司法局召开的北京市法律援助工作会议上受到表彰，被授予北京市法律援助先进律师事务所和北京市法律援助优秀律师。

● **3 月 25 日**，北京市司法行政系统先进集体、先进个人表彰大会在远望楼举行。北京市君合律师事务所等 9 家律师事务所和陈志华等 20 位律师在此次活动中受到表彰。北京律协副秘书长李冰如也被评为先进个人。

● **4 月 9 日**，北京市律师协会新版网站正式开通，新网站名称为"首都律师"，同时正式建立起了北京律师诚信信息系统和律师网上培训系统。

● **4 月 15 日**，北京市律师协会与《中国律师》杂志社共同举办"纪念北京市律师制度恢复 25 周年"活动。计划从行业管理、专业发展、律所建设、队伍成长、律师文化等六方面反映 25 年来北京律师发展道路。此项活动于 7 月份开始。

● **4 月 21 日**，北京市律师协会、北京市司法局律师工作管理处与北京市人民检察院反贪局在国家行政学院共同签署了《关于进一步加强工作联系保护诉讼参与人合法权益的意见》。北京市委政法委鲁为处长、北京市人民检察院反贪局于春生局长、张笑英副局长，北京律协张庆会长、张涌涛副会长、巩沙常务理事，北京市司法局律管处柴磊副处长等参加了签字仪式。

● **5 月 21 日**，北京市律师协会新增专业委员会成立大会在十月大厦举行。新增的 16 个专业委员会是：政府法律顾问专业委员会、体育运动法律事务专业委员会、并购与重组法律事务专业委员会、航空法专业委员会、新闻出版法律事务专业委员会、汽车法律事务专业委员会、专利法专业委员会、动物保护法律事务专业委员会、物业管理法律事务专业委员会、土地法专业委员会、商标法专业委员会、会计审计法律事务专业委员会、著作权法专业委员会、招标投标法律事务专业委员会、复转军人权益保障专业委员会、票据法专业委员会。

● **7 月 21 日**，依据《北京市律师诚信信息系统管理办法（试行）》、《北京市律师协会会员纪律处分规则》的规定，北京律协将纪律委员会作出的受到谴责（含）以上的行业纪律处分的案件（第二批）在首都律师网予以公布，请社会各界予以监督。

● **8 月 2 日**，《北京市律师协会关于北京律师行风社会评议调查问卷》在首都律师网上发布。调查问卷共有 18 个问题，主要围绕律师职业道德水平、业务素质、服务质量、诚信执业、收费问题等。截至 23 日活动结束，共回收问卷1027 份。

● 8 月 15 日，根据全国律协《关于对全国律师队伍集中教育整顿活动学习动员阶段工作成果进行考核的通知》精神，北京律协对全市律师队伍集中教育整顿活动学习动员阶段工作成果进行了考核。共有 633 家律师事务所的 7666 名律师参加考核，参考率达 91%。未组织考核的律师事务所为 35 家、律师 763 人。在参加考核的律师事务所中，18 家律师事务所的 161 名律师于 8 月 17 日下午在十月大厦参加了北京律师教育整顿学习成果统一考核。

● 9 月 25 日，北京律协组织全市 686 家律师事务所进行了"律师在您身边"——"9·25"律师宣传日免费法律咨询活动。据统计，全市约 2400 名律师为广大市民提供免费法律咨询，当天共接待市民来访近 4000 人次，接听市民咨询电话 6800 余人次。此外，十余家律师事务所还在社区、居委会、办公楼前开展了现场法律咨询活动。

● 10 月 11 日，北京律协将《北京市律师协会关于推荐北京市大成律师事务所等 10 家律师事务所为全国优秀律师事务所候选单位的函》及相关材料送交中华全国律师协会。经过申报、审核、公示，10 家律师事务所符合《全国优秀律师事务所评定标准》。这 10 家律师事务所是：大成所、浩天所、金杜所、京都所、君合所、经纬所、建元所、天元所、炜衡所和中伦金通所。

● 10 月 22 日，在北京市社区服务中心 4 层会议室举行了"96156 社区法律咨询热线"开通新闻发布会。北京律协常务理事、宣传联络工作委员会主任王隽、北京市社区服务中心副主任底志欣、北京律协秘书处宣传联络部负责人刘军出席会议。北京市律师协会与 96156 北京市社区公共服务热线合作，组织 14 家律师事务所，在近 3 个月的时间内每周六执机 96156 热线，义务为居民解答生活中的法律问题，为居民开辟一条方便、可信的法律咨询和援助途径。

● 10 月 25 日，北京市律师协会副会长张涌涛、奥运法律事务专业委员会主任李京生等 5 位律师来到第二十九届奥林匹克运动会组织委员会，将一份名为《奥运法律框架——与 2008 年北京奥运会有关的若干法律问题研究》的法律意见书交到奥组委法律事务部负责人刘岩的手中。

● **11 月 24 日**，"优秀中国特色社会主义事业建设者"表彰大会在北京市委第一会议室召开。北京市经纬律师事务所王以岭律师、金诚同达律师事务所庞正中律师被授予"优秀中国特色社会主义事业建设者"荣誉称号。此外，北京市大成律师事务所彭雪峰律师、大地律师事务所赵小鲁律师和环中律师事务所王雪华律师在"优秀中国特色社会主义事业建设者"评选活动中，因事迹突出，获得荣誉证书。

● **12 月 9~11 日**，北京市律师协会作为参展单位参加了在北京展览馆举行的"全国行业协会成就汇报展览会"。该展览会由民政部、国家发展和改革委员会、国务院国有资产监督管理委员会共同主办，是新中国成立以来首次举办的全国行业协会展览。司法部副部长段正坤、全国律协秘书长贾午光和司法部、全国律协、各地律协的领导参观了北京律协的展位。协会以展板、实物、幻灯片等方式展示了北京市律师协会 25 年的发展历程和现状。

● **12 月 10 日**，北京市律协参加民政部在人民大会堂举行的全国先进民间组织表彰大会，并被授予"全国先进民间组织称号"。这是新中国成立以来第一次在全国范围内表彰取得优异成绩的社会团体、基金会和民办非企业单位。

2005 年

● **2 月 4 日**，第二批赴港交流实习的北京律师完成实习，从香港返回北京。北京律师走访了香港律政司、中国委托公证人协会有限公司、中国法律服务（香港）有限公司等机构，并分别在 10 家律师事务所进行了业务交流。

● **3 月 25~27 日**，第七次北京市律师代表大会在中央民族干部学院召开。来自全市 700 余家律师事务所的 173 名律师代表和 44 名区县司法局特邀代表参加了本次代表大会。大会审议通过了《第六届北京市律师协会理事会工作报告》、《第六届北京市律师协会监事会工作报告》和《第六届北京市律师协会（2002~2004 年度）会费收支情况报告》，选举了第七届北京市律师协会理事会和监事会，研究讨论了律师工作的发展方向和目标。

● **3 月 27 日**，第七届北京市律师协会理事会第一次会议召开。会议由会长李大进主持。七届律协理事会全体理事参加会议。会议选举王立华、巩沙、彭雪峰、金莲淑理事为第七届北京市律师协会副会长；聘任萧骊珠为第七届北京市律师协会秘书长。

● **4 月 27 日**，第七届北京市律师协会专门委员会主任联席会召开。会议由副会长巩沙主持。会长李大进，副会长王立华、巩沙、彭雪峰、金莲淑及各专门委员会主任、副主任、秘书长参加会议。本届律协下设 13 个专门委员会，分别为"权益保障委员会"、"纪律委员会"、"业务指导委员会"、"教育培训委员会"、"律师代表工作委员会"、"规章制度委员会"、"宣传联络委员会"、"财务委员会"、"事务所管理指导委员会"、"会员事务、福利及文体委员会"、"外事委员会"、"女律师工作委员会"和"律师行业发展研究委员会"。

● **5 月 31 日**，北京市律师协会将理事会推选出的参加第六次全国律师代表大会的代表、理事候选人名单及登记表上报全国律协。

● **6 月 14 日**，在第六次全国律师代表大会上，北京市君合律师事务所等 11 家律师事务所和佟丽华等 8 名律师分别被授予全国优秀律师事务所、全国优秀律师的光荣称号，王灿发等 16 名北京律师因为在律师行业管理工作中作出无私奉献受到全国嘉奖。

● **8 月 10 日**，北京律协向北京市司法局提交了《关于〈律师法〉（修订草案送审稿）的修改意见和建议》。

● **9 月 5 ~ 10 日**，以总监事赵小鲁为团长的北京律师代表团一行 8 人，前往韩国首尔参加第十四届首尔—北京法律研讨会。关景欣律师代表北京律协在研讨会上作了《当前中国法律框架下的外资并购》的主题发言，韩方作了《首尔地方律师会律师赔偿责任保险制度概况》和《关于韩国的律师业务管理制度》的主题发言。

● **10 月 24 日**，以美国刑事律师协会第一副主席 Martin Pinales 先生为团长的代表团一行 13 人拜会了北京市律协。双方就中美两国在死刑、刑事证据规则、刑罚的裁量及执行制度、犯罪嫌疑人的权利、刑辩律师的权利及工作现状等方面问题进行了交流和探讨。

● **10 月 31 日**，国际律师协会候任会长 Fernando Pombo 先生等一行 4 人拜会了北京市律协，双方就今后的合作设想交换了意见。

● **11 月**，北京律协在全市范围开展律师工作调研，听取律师事务所管理合伙人、行政主管、区县司法局律公科、七届律协律师代表对协会各项工作的意见和建议。

个主题进行了交流和探讨。

- **11 月 4～5 日**，北京律协与挪威律师协会在北京友谊宾馆召开"律师在法治国家中的角色与作用"研讨会。北京律协会长李大进、副会长巩沙、副秘书长刘军等，挪威律协会长安德斯·瑞斯德尔、法律顾问约翰·克劳迪出席了会议。会上，中挪双方与会人员就律师与人权、媒体在司法过程中的定位、从法官角度看律师在刑事审判中的角色与作用、律师会见权等问题进行研讨，并结合案例从司法体制、法律传统和理念及权利救济机制的角度分析了审前程序辩护过程中遇到的困难、产生原因及未来的走向。

- **11 月 15 日**，"第十届京港经济合作研讨洽谈会"在香港会展中心拉开序幕。以北京市司法局局长吴玉华为团长的北京律师代表团 26 人参加了京港系列交流活动。北京律协李大进会长、香港律师会罗志力会长分别致辞。香港律政司副法律政策专员黄继儿介绍了《CEPA 补充协议三》实施对内地、香港法律服务业合作的影响以及前景，北京市司法局律管处副处长柴磊介绍了两地法律服务业互动的基本情况及对《CEPA 补充协议三》有关内容的理解。

- **12 月**，北京市律协专业委员会专刊《律师大视野》创刊。

- **12 月**，北京市律协女律师工作委员会发布了《2006 年北京市女律师现状和发展报告》。

2007 年

- **1 月 13 日**，北京律协举办 2007 年度第 1 期律师业务培训，由教育培训委员会副主任周塞军主持，1122 名律师参加。授课教师为信息网络与电子商务法律事务专业委员会李德成主任，培训题目为"信息网络与知识产权律师实务"。2007 年，北京律协共举办律师业务培训 17 期，共有约 2.3 万人次参加。

- **1 月 18～23 日**，以理事、外事委员会副主任吴以钢为团长的北京律协出访团一行 5 人访问美国。出访团拜会了旧金山律师协会和伯克利大学法学院，就互派律师到律师事务所实习、青年律师继续教育和留学等问题进行了商讨。

- **3 月**，北京律协紧急抽调 5 名政治可靠、精通业务、纪律性强的律师参与到国务院信访局集中审核分析重信重访典型案例的工作。

- **3 月 17 日**，第七届北京市律师协会第三次代表大会召开，115 名律师代表和 33 名特邀代表参加，会长李大进，副会长王立华、巩沙、彭雪峰、金莲淑，总监事赵小鲁，秘书长萧骊珠和副秘书长李冰如、王笑娟、刘军出席。司法局副局长董春江和律管处副处长柴磊、王文锦应邀出席。大会由王立华副会长主持。会议审议《第七届北京市律师协会理事会 2006 年工作报告》、《第七届北京市律师协会监事会 2006 年工作报告》；通报《北京市律师协会 2007 年工作要点》、《北京市律师协会 2006 年会费收支情况报告》和《北京市律师协会 2007 年会费预算方案》。

• 3 月 21 日，以李大进会长为团长的北京律协代表团一行 9 人赴英国访问。代表团拜会了英国事务律师公会、大律师公会和一家法律学院，并就纪律处分、继续教育、业务指导和一些交流合作项目等方面同英方进行了交流。

• 6 月 4 日，北京市律协接待了由多姆贝克会长带队的德国律师协会代表团。全国律协冯秀梅副秘书长以及北京律协李大进会长、萧骊珠秘书长和刘军副秘书长出席。会上，李大进会长向德国客人介绍了北京律师的发展状况，双方就感兴趣的话题进行了交谈，并互赠礼品。中午，代表团参观了金杜律师事务所。

• 6 月 25 日，北京市律协接待了以印度最高人民法院高级律师、国内外仲裁案件仲裁人 K. Ramam-oorthy 为团长的印度仲裁会访华团一行 25 人。刘军副秘书长主持座谈，外事委员会副主任吴以钢、仲裁法律事务专业委员会和华贸硅谷律师事务所律师，以及国际事务部李凯主任参加。印度代表团成员就涉外仲裁在印度的实施、调解在印度经济中的作用进行了阐述。吴以钢副主任和仲裁法律事务专业委员会委员介绍了中国仲裁法律事务的相关问题。

• 8 月 30 日，中央组织部部务委员、组织局局长傅思和到北京律协调研指导律师行业党建工作。中央组织部组织局六处处长单向前、助理调研员苏金鑫，市委组织部副部长吕和顺、组织二处处长王兴聘，市司法局副局长、律协党委副书记董春江，律协党委副书记、会长李大进和秘书长萧骊珠等参加了座谈。与会人员围绕律师行业党组织的架构、基层党组织的活动开展、流动党员的教育管理等问题进行了探讨。

• 9 月 21 日，北京律协召开低创收律师事务所和律师座谈会。会议由金莲淑副会长主持。会员事务委员会主任任丽颖、副主任谢炳光及来自 20 家律师事务所的合伙人和律师参加。与会人员就协会如何为低创收律师事务所和律师提供服务进行了讨论。

系统先进集体"荣誉称号，授予北京市建元律师事务所王隽等15名律师"北京市司法行政系统先进个人"荣誉称号。

• **5月13日**，北京市律协在首都律师网发布《关于号召全市律师事务所和律师为地震灾区群众抗震救灾捐款的倡议书》，倡议全市律师事务所和律师献出一份爱心，和灾区人民携起手来，共同抵御灾害，恢复生产，重建家园。截至5月30日17时，捐款总额达14869057.88元，来自近700家律师事务所、超过11000名律师及律师事务所工作人员。

• **6月3日**，北京律协与北京市人民检察院共同召开"实施修订后律师法座谈会"。会议就检察机关建立接待律师制度、律师查询案件进展情况、律师申请检察机关调查取证、律师阅卷等具体问题达成共识。7月7日，座谈会纪要下发，全市各级检察机关和全市律师遵照执行。

• **7月2～4日**，以李大进会长为团长的北京律协地震灾区慰问团赴四川成都、德阳、什邡慰问。

• **7月18日**，《北京市律师协会律师事务所管理评价体系标准及评估指南》经第七届理事会第十四次会议审议通过，成为衡量律师事务所管理水平的标杆和促进完善律师事务所管理工作的有效工具。

• **7月30日**，北京律协发出《关于公布"首都政法网"在线咨询律师事务所值班表（第二期）的通知》。2008年8月至2009年3月，23家自愿报名并通过审核的律师事务所将轮流承担首都政法网论坛《律师咨询与解答》栏目的在线咨询工作。

• **8月1日**，北京律师行业党建数据库建立完成。该数据库功能演示在市局办公楼进行。市司法局副局长、律协党委书记董春江和市司法局副巡视员、组织处处长邓建生等参加了观摩，并对数据库的框架结构、信息内容、使用权限和运行方法等方面提出了改进意见。

• **8月8日**，北京律协会长李大进，副会长王立华、巩沙、彭雪峰，总监事赵小鲁，理事张学兵，监事蒋京川，秘书长李冰如，副秘书长刘军，金杜律师事务所律师宁宣凤和黄涛成为北京奥组委志愿者，隶属赛时奥组委法律事务部及权益保障和查处侵权流动团队，协助奥组委法律事务部开展权益保障和查处侵权的工作。

• **8月28～29日**，北京市律协在怀柔律师培训中心举办了为期两天的学习贯彻全国律师行业党的建设工作会议精神暨"大学习大讨论"培训班。各区县司法局主管副局长、公律科长以及市律师协会理事、监事、代表和律师事务所党支部书记共 155 人参加了培训。

● 9 月，北京市律协、北京市大成律师事务所荣获"全国司法行政系统抗震救灾工作先进集体"称号。

● 10 月 8 日，第十七届北京—首尔律师协会交流会在北京建银大厦召开。研讨会由外事委员会委员姜山赫主持，巩沙副会长和首尔地方辩护士会河昌佑会长先后致辞。中韩律师就劳动法相关议题作了主题演讲。

● 10 月 9 日，北京市司法行政系统奥运会残奥会总结表彰大会在北京会议中心举行。北京市副市长赵凤桐出席大会并讲话，市委政法委副书记段桂青、司法部政治部副主任徐辉出席大会。北京律协和 5 家律师事务所、18 名律师受到表彰。

● 10 月 21 日，北京市律协参加北京市第一中级人民法院"深化司法公开提高司法透明度"座谈会。吴在存副院长介绍了一中院贯彻落实司法公开十年来的主要做法，李大进会长就保障律师权利、完善信息公开制度、联系制度、监督制度等方面提出了意见和建议。

● 11 月，北京市律师协会信息网络与电子商务法律事务专业委员会等 5 个专业委员会论丛编印完成。丛书包括：《信息网络法律理论与实务》、《北京律师典型商标纠纷案例选》、《未成年人保护法律事务研究与实务》（上下册）、《社会主义新农村建设法律问题研究论文集》和《媒体侵权典型案例精析暨风险防范》。专业委员会系列丛书为北京律师又搭建了一个互相学习法律实务、交流执业经验的平台。

● 11 月 3 日，北京市律协在市司法局报告厅召开了北京市律师行业奥运工作表彰大会，受表彰的先进集体和先进个人代表近 200 人参加会议。会上，彭雪峰副会长宣读了《关于北京市律师行业奥运工作先进集体先进个人表彰的决定》。

● 11 月 3 日，北京律协举办律师事务所行政主管培训，近 700 名行政主管参加。会议由律师事务所管理指导委员会主任王隽主持。中国政法大学律师学研究中心教授王进喜就《律师事务所管理评价体系标准及评估指南》的起草背景、内容安排等方面进行了深入细致的讲解。

李庄涉嫌刑事犯罪事件的情况通报》，将有关情况和协会对李庄律师涉嫌刑事犯罪事件的态度向全市律师事务所和全市律师通报。

2010 年

● **1月**，北京市律师协会经第八届北京市律师协会理事会第六次会议审议决定增设申请律师执业人员管理考核工作委员会，主要负责对申请律师执业人员的审核、培训和面试考核工作等。

● **2月8日**，中共中央政治局常委、中央政法委书记周永康同志在北京市委书记刘淇、市长郭金龙、司法部部长吴爱英等领导的陪同下，前往北京盈科律师事务所慰问首都律师并致以节日的问候。视察过程中，周永康同志仔细阅读了盈科律师事务所深入开展学习科学发展观活动的相关图片和资料，亲切慰问了律师代表，对盈科律师事务所加强党的建设、充分发挥党员律师先锋模范作用、积极服务社会公益事业的做法表示赞赏。他强调，要进一步加强律师党建工作，以党建带动整个律师队伍建设，有效发挥律师深入基层化解矛盾纠纷的积极作用，努力做社会和谐的促进者。

● **3月21日**，第八届北京市律师协会理事会第七次会议召开。会议审议通过了《关于延期召开第八届北京市律师代表大会第三次会议的议案》、《关于提请律师代表大会审议〈北京市律师协会理事会2009年工作报告〉的议案》、《关于提请律师代表大会审议〈北京市律师协会2009年会费预算执行情况报告〉的议案》、《关于提请律师代表大会审议〈北京市律师协会2010年工作计划〉的议案》、《关于提请律师代表大会审议〈北京市律师协会2010年会费预算（草案）〉的议案》、《关于提请律师代表大会审议〈北京市律师协会会费管理办法〉（修订草案）的议案》。

● **4月7~11日**，北京律协代表队赴香港大学参加国际当事人咨询（ICCC）竞赛。这是中国大陆选手首次参加此项竞赛。北京律协代表队获得第九名，得到各国选手及评审的一致认可。

● **4月12日**，《北京市律师协会会费管理办法》颁布实施。根据该办法，专职律师个人会费每人每年由2500元降到2000元，新入行律师首年免交会费，年满70岁的律师免交会费。

- **5月5日**，北京市发展和改革委员会、北京市司法局联合颁布《北京市律师诉讼代理服务收费政府指导价标准（试行）》、《北京市律师服务收费管理实施办法（试行）》，对律师收费方式、收费标准进行了调整和规范。

- **5月8日**，北京市律师协会与中国国际经济贸易仲裁委员会、国际争议解决专家组织（IDR Group）在京联合举办题为"中国境外的国际争议解决：从各国际机构下看仲裁的规则与程序"的研讨会，就跨国争议类型、石油与能源纠纷、国外仲裁机构情况以及中方在国外仲裁程序中遇到的问题进行了讨论。会议期间还穿插模拟仲裁庭（Mock Arbitration Hearing），展现了庭审案例分析。

- **6月30日**，第八届北京市律师协会理事会第八次会议召开。审议通过了《律师执业年度考核委员会和律师执业年度考核复查委员会设置方案及组成人员名单》、《关于增补人大代表与政协委员联络委员会副主任的议案》、《北京市律师协会会员执业纠纷调解处理规则》、《北京市律师协会执业纪律与执业调处委员会规则》、《北京市律师协会执业纪律与执业调处委员会听证规则》、《北京市律师协会纪律处分决定执行细则》、《北京市律师协会投诉立案规则》及《北京市律师协会执业纪律投诉调解规则》。

- **7月13日**，《北京市律师协会执业纪律与执业调处委员会规则》、《北京市律师协会投诉立案规则》、《北京市律师协会执业纪律投诉调解规则》、《北京市律师协会执业纪律与执业调处委员会听证规则》、《北京市律师协会纪律处分决定执行细则》、《北京市律师协会会员执业纠纷调解处理规则》6个规则在首都律师网上公布实施。

- **7月22日**，北京市律师协会张学兵会长、姜俊禄副会长、李冰如秘书长等随同北京市司法局于泓源局长带领的北京市司法行政系统代表团赶赴青海玉树地震灾区进行慰问，并参加了北京市司法行政系统向青海司法行政系统的捐赠仪式。

- **9月18日**，北京市律师行政应诉工作服务团在京成立。北京市律师协会在理事、监事、61个专业委员会中遴选了一批政治觉悟和执业水平较高、热心公益的律师共63人作为行政应诉工作服务团成员。服务团主要为政府应对突发事件、重大涉法问题提供决策的能力，为政府依法行政提供优质的专业化法律服务。

- **9月24~26日**，北京市律师协会会长张学兵率团赶往四川省什邡市回澜镇，参加了北京市律师希望小学暨回澜镇陈家观小学的命名仪式，并实地考察了北京市律师协会援建希望小学项目。由北京市律协出资 800 万元全资援建的新学校占地近 12000 平方米，建筑面积 2228 平方米，解决了周围三个半行政村近 200 个孩子的读书问题。

- **9 月 28 日**，第八届北京市律师协会理事会第九次会议在协会四层视频会议室召开。会议由张学兵会长主持。会议审议通过了《北京市律师事务所计时收费指引》、《北京市律师协会重新申请律师执业人员和异地变更执业机构人员审查考核办法》、《北京市律师协会申请律师执业人员实习管理办法》等规则草案。

- **10 月初**，应英国律师公会的邀请，以姜俊禄副会长为团长的北京市律师协会代表团一行 11 人出访英国，参加了 2010 英国法律年开年仪式和相关活动，拜会了英国律师公会、大律师公会和法学院，参观了 Nabarro 和 Slaughter and May 两家律师事务所。此外，考察团还看望了在英国参加"英国青年律师培训计划"的北京律师。

- **10 月 12 日**，北京市律师协会发布了《北京市律师事务所计时收费指引》和《北京市律师协会重新申请律师执业人员和异地变更执业机构人员审查考核办法》两个行业规则。

- **10 月 15 日**，通过首都律师网发布三份律师事务所劳动合同范本，分别适用于执业律师、行政管理人员、律师助理和实习律师，以帮助律师事务所准确适用《劳动合同法》及《劳动合同法实施条例》，依法规范用工管理。

- **10 月 19 日**，北京市律师协会与海淀公安分局在海淀看守所就保障律师会见权益、规范法律服务进行了专题座谈，并举行《保障律师会见权益规范法律服务协议书》签订仪式。

- **10 月 21 ~ 22 日**，青年律师工作委员会在十月大厦对第二批入选公益法律咨询热线的 60 家律所 461 名志愿律师进行了岗前培训。会议期间还为 2009 ~ 2010 年度优秀公益律所、优秀公益律师、优秀联络人颁发了奖状，为 2010 ~ 2011 年度志愿律师事务所颁发了铜牌。

- **10 月 28 日**，北京市律师协会、云南省律师协会、云南省红河州元阳县和云南省大理白族自治州剑川县人民政府就人畜饮水工程项目签订协议书。根据该协议，北京市律师协会向元阳县、剑川县捐款共约 155 万元，用于饮水工程建设。

● **11 月 5 日**，北京市律师协会举办了"律师事务所劳动合同范本"培训活动，特别邀请了劳动合同范本的起草人之一、协会劳动与社会保障法律专业委员会主任吴颖萍担任主讲，就劳动合同的订立、履行与变更、解除与终止、法律责任等问题进行了详细的讲解。100 余名行政主管参加了现场培训。

● **11 月 15 日**，北京市律师协会召开北京市律师协会团工委第一次会议，北京市司法局纪委书记、组织处处长邓建生同志出席并主持会议。会上成立了北京市律师协会团工委，北京市司法局律管处副处长栾淼淼任书记，北京律协副会长张小炜任常务副书记，副秘书长刘军、青年律师工作委员会主任董刚、副主任余昌明任委员。

● **11 月 15 ~ 21 日**，以白涛副会长为团长的北京市律师协会代表团一行 10人出访台湾。11 月 16 日，该团成员参加了由中华仲裁协会、台北律师公会、中国国际经济贸易仲裁委员会、北京市律师协会联合举办的"两岸仲裁、调解及争议审查委员会（DRB）制度及实践研讨会"。出访期间，该代表团拜会了台北律师公会，并访问了寰瀛法律事务所和理律法律事务所。为了进一步促进海峡两岸律师界的交流合作，北京市律师协会与台北律师公会签订了交流协议书。

● **11 月 17 日**，北京市律师协会组织第一期重新申请律师执业人员和异地变更执业机构人员面试考核工作。担任面试考官的是协会考核评审委员会成员刘军副秘书长、陈秀改律师、李宝珠律师、许智慧律师、杨卫平律师，以及市司法局律管处满宇峰。此次面试考核，共有 20 人参加，15 人考核合格。

● **11 月 22 ~ 24 日**，北京市律师协会张学兵会长出席了在北京召开的全国律师工作会议和全国律师党建工作会议。22 日，中共中央政治局常委、中央政法委书记周永康出席全国律师工作会议并讲话。

● **11 月 24 日**，司法部党组书记、部长吴爱英，中组部部务委员兼组织二局局长陈向群，司法部副部长赵大程，司法部政治部主任尹晋华以及与会代表 200余人，参观考察了北京市大成、中伦、德恒三家律师事务所的律师行业党建工作和基层党组织建设情况。参加全国律师党建工作会议的与会代表还参观了 2010年以来北京市律师行业党建工作成果展。张学兵会长陪同参观。

● **11 月 27 ~ 28 日**，以"规范与超越"为主题的第二届北京律师论坛在北京会议中心举行。司法部、北京市委、市司法局的相关领导和 1000 余名北京律师参加会议，研讨新形势下的律师行业发展与民主法治建设。

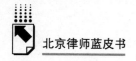

- **11 月 27 日**，北京律协副会长姜俊禄在第二届北京律师论坛上发布了律师界首份社会责任报告——《北京律师社会责任报告》。报告显示有 97.09% 的律师愿意履行社会责任，76.87% 的律师已经以各种形式履行了社会责任。

- **12 月 3 日**，"首都慈善公益日"，北京律协女律师联谊会会长张巍、副会长任燕玲、郝春莉，秘书长周淑梅，执委李小波，律协副秘书长刘军一行 6 人，来到北京 SOS 儿童村，看望那里的孩子们，并为孩子们购买了 400 册价值 5000 元的图书，为 8 个家庭筹建了家庭图书室。

图书在版编目（CIP）数据

北京律师发展报告. No. 1，2011/王隽，周塞军主编. —北京：
社会科学文献出版社，2011.9
（北京律师蓝皮书）
ISBN 978 – 7 – 5097 – 2615 – 0

Ⅰ. ①北… Ⅱ. ①王… ②周… Ⅲ. ①律师 – 工作 – 研究报告 –
北京市 – 2011 Ⅳ. ①D926.5

中国版本图书馆 CIP 数据核字（2011）第 159476 号

北京律师蓝皮书
北京律师发展报告 No.1（2011）

主　编/王　隽　周塞军
执行主编/冉井富

出 版 人/谢寿光
总 编 辑/邹东涛
出 版 者/社会科学文献出版社
地　　址/北京市西城区北三环中路甲 29 号院 3 号楼华龙大厦
邮政编码/100029

责任部门/社会科学图书事业部（010）59367156　　　责任编辑/刘晓军　赵建波
电子信箱/shekebu@ ssap. cn　　　　　　　　　　　责任校对/黄　利
项目统筹/刘晓军　　　　　　　　　　　　　　　　责任印制/岳　阳
总 经 销/社会科学文献出版社发行部（010）59367081　59367089
读者服务/读者服务中心（010）59367028

印　　装/北京季蜂印刷有限公司
开　　本/787mm×1092mm　1/16　　印　张/19
版　　次/2011 年 9 月第 1 版　　　　字　数/326 千字
印　　次/2011 年 9 月第 1 次印刷
书　　号/ISBN 978 – 7 – 5097 – 2615 – 0
定　　价/70.00 元

盘点年度资讯 预测时代前程

从"盘阅读"到全程在线阅读
皮书数据库完美升级

·产品更多样

从纸书到电子书，再到全程在线阅读，皮书系列产品更加多样化。从2010年开始，皮书系列随书附赠产品由原先的电子光盘改为更具价值的皮书数据库阅读卡。纸书的购买者凭借附赠的阅读卡将获得皮书数据库高价值的免费阅读服务。

·内容更丰富

皮书数据库以皮书系列为基础，整合国内外其他相关资讯构建而成，内容包括建社以来的700余种皮书、20000多篇文章，并且每年以近140种皮书、5000篇文章的数量增加，可以为读者提供更加广泛的资讯服务。皮书数据库开创便捷的检索系统，可以实现精确查找与模糊匹配，为读者提供更加准确的资讯服务。

·流程更简便

登录皮书数据库网站www.pishu.com.cn，注册、登录、充值后，即可实现下载阅读。购买本书赠送您100元充值卡，请按以下方法进行充值。

充值卡使用步骤：

第一步
· 刮开下面密码涂层
· 登录 www.pishu.com.cn 点击"注册"进行用户注册

第二步
登录后点击"会员中心"进入会员中心。

SSDB
社科文献资源库
SOCIAL SCIENCE
DATABASE

 社会科学文献出版社 皮书系列
SOCIAL SCIENCES ACADEMIC PRESS (CHINA)

卡号：7691304782889486
密码：

（本卡为图书内容的一部分，不购书刮卡，视为盗书）

第三步
· 点击"在线充值"的"充值卡充值"，
· 输入正确的"卡号"和"密码"，即可使用。

如果您还有疑问，可以点击网站的"使用帮助"或电话垂询010-59367227。